Satsangs - Vorträge
Band 2

von
Swami Paramatmananda

Mata Amritanandamayi Mission Trust
Amritapuri P.O., Kollam 690 525, Kerala, Indien

Satsangs - Vorträge
Swami Paramatmananda
Teil 2

Titel der Originalausgabe:
Talks By Swami Paramatmananda
Volume 2

Copyright 2005 Mata Amritanandamayi Center.
Alle Rechte vorbehalten. Kein Teil dieses Buch darf, außer für Rezensionen, ohne Erlaubnis des Herausgebers reproduziert, gespeichert oder weitergeleitet werden, sei es durch elektronische oder mechanische Mittel, in Form von Fotokopien, Bandaufnahmen oder auf andere Weise.

——————————— *Talks 2 (German)* ———————————

Publiziert von:
Mata Amritanandamayi Math
Amritapuri, Kollam, Kerala, Indien
Website: www.amritapuri.org
Email: inform@amritapuri.org

Herausgeber der deutschen Ausgabe:
Verein Amrita e.V.

Erste Ausgabe in Deutsch: Februar 2005, 500 Kopien
Aus dem Englischen übertragen von Ralph Weil

ISBN 3-933852-22-6

Vorwort

Dieses Buch ist dem Jagadguru (Weltenguru) Mata Amritanandamayi mit tiefer Hingabe, respektvoller Hochachtung und Ehrerbietung gewidmet.

Seit 1968 hat Swami Paramatmananda das Leben eines Entsagenden in Indien geführt. Mit neunzehn Jahren ging er dorthin, um die spirituelle Essenz dieser großen und alten Kultur in sich aufzunehmen. Er hatte das Glück, sich über die Jahre hinweg in der Gesellschaft zahlreicher Heiliger und Weiser aufhalten zu können. Der Höhepunkt war die Begegnung mit seinem Guru, Mata Amritanandamayi, im Jahre 1979. Da er einer ihrer ersten Jünger war, wurde er gebeten, die Leitung des ersten Ashrams im Westen, dem *Mata Amritanandamayi Center* in Kalifornien (USA) zu übernehmen, wo er sich von 1990-2001 aufhielt.

Viele Bewohner und Besucher des Zentrums haben uns berichtet, dass Swamis Vorträge für sie zu den Höhepunkten der Veranstaltungen dort gehörten. Seine Themen beinhalten seine Erfahrungen in Indien, sein Verständnis von Texten aus indischen heiligen Schriften und Episoden seines Lebens auf dem spirituellen Pfad. Mit Witz und Humor gelingt ihm eine Ost-West-Synthese, und er schuf ein Forum spiritueller Wissensvermittlung für Menschen aus allen Lebensbereichen.

Ursprünglich waren seine Vorträge nur auf Kassette erhältlich, aber mittlerweile sind sie schriftlich aufgezeichnet worden. Die Vortragsbände bergen Perlen der Weisheit für zukünftige Jahre.

Der Herausgeber der amerikanischen Ausgabe: M.A, Center, 1. März 2000

Inhaltsverzeichnis

Vorwort 3
Hindernisse auf dem Pfad –
Ratschläge für das Sadhana 1 7
   Karma in Einklang mit Erkenntnis 9
   Swamijis Erinnerungen 10
   Die Wichtigkeit ungeteilter Aufmerksamkeit 14
   Mantra-Japa hilft dabei,
      den Zeugenzustand zu erreichen 18
   Die Geschichte von Samarta Ramdas 21
Hindernisse auf dem Pfad –
Ratschläge für das Sadhana 2 24
   Die frühen Jahre Ammas 24
   Mantra ging verloren 29
   Die Geschichte vom Rajaguru und dem König 33
   Schwierigkeiten auf dem Pfad der Hingabe 34
   Swamijis eigene Schwierigkeiten
      auf dem Pfad der Werke 35
Wie man zum Absoluten wird 40
   Versuche, ein Leben zu führen,
      das frei ist von Erwartungen 40
   In welcher Hinsicht kann Sadhana helfen? 44
   Über den Teenager, der wissen wollte,
      wie man mit schwierigen Situationen umgeht. 48
   Sadhana wird sogar eurem Leib Stärke verleihen 51
   Die Praxis des Vedanta ist sehr schwierig 55
   Die Geschichte von Sadashiva Brahmendra 57
Wie man Gleichgewicht erlangt 62
   Wir können uns durch Sadhana ändern 66
   Karma-Yoga hilft,
      Frieden des Gemüts zu erlangen. 70
   Die Geschichte des Swami,
      der keinen Platz auf Erden finden konnte 75

Inhaltsverzeichnis

Die Geschichte von Manj
  und seinem Guru Maharaj 78
Freier Wille und Gnade 84
  Ein Mahatma erscheint Swamiji im Traum 84
  Die Geschichte des kleinen Jungen, der den
    Willen besaß, das Schicksal zu überwinden 86
  Die Geschichte Markandeyas, dem es bestimmt
    war, nur sechzehn Jahre zu leben. 89
  Die Geschichte Harischandras
    und der Gnade des Guru 91
  Die Geschichte des Devotee, der
    durch Ammas Gnade dem Tod entkam 97
  Wie Marylin und Shakti unverletzt
    einen Autounfall überstanden 99
  Es ist nötig, dass wir unsere Identifikation
    mit dem Körper aufgeben 100
Die Welt ist ein Traum 103
  Warum ist in dieser Welt alles so voller Leiden? 104
  Es ist nötig, unsere Energien
    auf ein höheres Ziel zu richten 106
  Das Ego ist wie ein alter, muffiger Hut 110
  Werde wie der Sand 116
Die Natur des Egos 119
  Die Geschichte vom eingesperrten Löwen 119
  Warum Amma über das Ego spricht 120
  Der Roman von Victor Hugo: Les Miserables 124
  Die Geschichte des Dichters Valmiki 126
  Das wahre Wesen des Verlangens 130
Selbstlosigkeit und Selbstsucht 138
  Swami Vivekananda über Selbstlosigkeit 139
  Wie man loskommt von der Selbstsucht 141
  Ammas Mission 141
  Ein wirklicher Devotee 142
  Die Geschichte der zwei rechtschaffenen Brüder 144
  Die „Selbstsucht" von Heiligen 146
  Die wirkliche Pflicht von Eltern 151

Das richtige Verhältnis zur Nahrung einnehmen 153
Über Freigiebigkeit 159
Die Vision eines Mahatma 160
Die Geschichte von der
Anleitung eines Mahatmas 166
Die Essenz aller Belehrungen 174
Sadhana und Verwirklichung 177
Das wahre Opfer 178
Die Praxis im täglichen Leben 183
Die Beseitigung der Widerstände
führt zur Seligkeit 188
Der Segen von Guruseva 191
Der Guru sorgt für Hindernisse 191
Christus, der Avatar 1 194
Die Gründe des Unglücklichseins 195
Alle sind Sat-chit-ananda 198
Direkte Erfahrung ist Wahre Spiritualität 200
Mahatmas erscheinen, um der Menschheit
den Weg zu Gott zu zeigen 201
Die Worte Christi 207
Geistiger Reichtum ist der wirkliche Schatz 209
Die Reinheit des Gemüts lässt
das innere Licht strahlen 211
Hingabe an den Willen des Herrn 212
Die Pforte zu Gott ist eng 215
Christus, der Avatar 2 219
Religion und Spiritualität sind verschieden 220
Die größte Hilfe ist ein Avatar 220
Der Nachdruck, der auf die Hingabe
an einen Avatar gelegt wird 222
Vom Wert der Wunder 228
Im Einklang sein mit Gott und Guru 230
Ein Avatar kann nicht getötet werden
ohne sein Einverständnis 235
Ein ungewöhnlicher Traum 237
Glossar 240

Hindernisse auf dem Pfad – Ratschläge für das Sadhana 1

Swamiji liest zunächst sieben Verse aus „Für meine Kinder" (Nr. 91-97) vor:

„Jeder wird sagen, dass es ausreicht, Karma (Handlung) zu vollziehen. Um aber Karma zu praktizieren, ist Erkenntnis notwendig. Eine Handlung ohne Erkenntnis kann nicht als sinnvoll betrachtet werden. Tätigkeiten, die mit Aufmerksamkeit (Shraddha [1]) ausgeführt werden, führen uns hin zu Gott. Nur durch Shraddha kann Konzentration erreicht werden.
Oftmals denken wir erst, nach dem eine Handlung beendet ist, darüber nach, worauf wir hätten achten sollen. Gewöhnlich sagen wir uns erst nach dem Verlassen des Prüfungssaales: „Oh, es wäre besser gewesen, auf diese Weise zu antworten." – Was für einen Sinn macht es, darüber hinterher zu sinnieren? Kinder, um welche Tätigkeit es sich auch handelt, Shraddha ist in jedem Fall notwendig. Keine Tat, bei welcher es an Aufmerksamkeit mangelt, besitzt irgendeinen Nutzen. Ein spiritueller Aspirant (Sadhak) ist dazu in der Lage, sich noch nach Jahren genau an die Details einer bestimmten Handlung zu erinnern, da er sie damals mit äußerster Aufmerksamkeit ausgeführt hat. Selbst in scheinbar trivialen Angelegenheiten sollten wir Achtsamkeit walten lassen.

---

[1] Das Wort „Shraddha" kann sowohl „Glaube, Vertrauen" als auch „Achtsamkeit" heißen. Hier ist Letzteres gemeint.

Wir gehen sehr vorsichtig mit einer Nadel um, auch wenn wir sie als einen unbedeutenden Gegenstand ansehen. Ohne ungeteilte Aufmerksamkeit sind wir nicht fähig, den Faden durch das Öhr zu führen. Sind wir während des Nähens für einen Augenblick unaufmerksam, werden wir uns mit der Nadel in den Finger stechen. Niemals werden wir sie achtlos herumliegen lassen, denn jemand könnte auf sie treten und sich verletzen. Einen solchen Grad von Achtsamkeit muss auch ein Sadhak bei seiner Arbeit an den Tag legen. Während der Arbeit sollte nicht gesprochen werden; andernfalls erlangt man keine Konzentration. Keine Handlung, die ohne Konzentration ausgeführt wird, besitzt irgendeinen Wert. Vergesst bei der Arbeit nicht Mantra-Japa (Mantra-Rezitieren). Wenn die Arbeit solcherart ist, dass Japa unmöglich ist, dann betet, bevor ihr mit der Arbeit beginnt: „Gott, ich tue Dein Werk. Gib mir die Stärke und die Fähigkeit, sie zu verrichten. Ich arbeite ja nur aufgrund Deiner Kraft." Ein Mensch, der sich während der Arbeit ununterbrochen an Gott erinnert, ist ein wirklicher Karma-Yogi, ein wahrer Aspirant. Er sieht Gott in jeder Arbeit, die er ausführt. Sein Sinn verweilt nicht bei der Arbeit, sondern ruht in Gott. Zuerst ist äußere Aufmerksamkeit nötig. Solange wir nicht in unserem äußeren Verhalten wachsam sind, können wir auch nicht unsere innere Natur besiegen."

Das waren eigentlich sieben oder acht Verse; alles, was Amma hier sagt, steht miteinander in Zusammenhang. Die zentrale Aussage ist die, dass man keinesfalls Selbstverwirklichung, die Seligkeit Gottes oder auch nur wirkliches Glück erreicht, indem man einfach nur aktiv ist, d.h. den Weg des Karma-Yoga beschreitet. Das ist ein Aspekt. Wir gehen nachher alle Punkte im Einzelnen durch. Zweitens kommt

Hindernisse auf dem Pfad - Ratschläge für das Sadhana 1

es darauf an, dass eine Handlung *(Karma)* mit *Shraddha* verrichtet werden muss. Achtsamkeit wiederum führt zu Konzentration. Außerdem wird jemand, der seine Handlungen mit *Shraddha* ausführt, große Gedächtniskraft erlangen. Die Fähigkeit, sich zu erinnern, wird wachsen. Wenn ihr einer Tätigkeit nachgeht, solltet ihr mit ganzem Herzen und ungeteilter Aufmerksamkeit bei der Sache sein. Während man auf solche Weise aktiv ist, sollte außerdem das *Mantra* wiederholt werden. Falls das nicht möglich ist, sollten wir, bevor wir mit einer Arbeit beginnen, während der wir kein *Japa* machen können, zu Gott beten und ihn darum bitten, sein Instrument zu sein.

Ein Mensch, der alle genannten Punkte in die Tat umsetzt, wird ein *Karma-Yogi* genannt.

Er lebt sozusagen nicht mehr in dieser Welt, obwohl sein Körper sich hier weiterhin umherbewegt; sein Gemüt befindet sich die ganze Zeit über in Gott. Nur, indem wir unsere äußere Natur überwinden - mit anderen Worten, indem wir diese Dinge genau befolgen – wird es uns möglich sein, auch die inneren *Vasanas* (Gewohnheiten) zu kontrollieren. Amma hat in diesen wenigen Versen die ganze Wissenschaft des *Karma-Yoga* zusammengefasst; davon abgesehen ist es auch eine Darstellung der Spiritualität als Ganzes.

Karma in Einklang mit Erkenntnis

Die meisten von uns sind ganz gewöhnliche Menschen. Wir stehen am Morgen auf und erledigen unsere Angelegenheiten. Manche praktizieren Meditation oder andere spirituelle Übungen, bevor sie dann zur Arbeit oder zur Schule gehen. Am Abend kommen wir zurück, widmen uns noch dieser oder jener Angelegenheit und gehen dann schlafen.

Das ist das durchschnittliche Leben von durchschnittlichen Menschen. Welche Hoffnung gibt es für solche Leute, wahre Seligkeit und wirklichen Frieden zu erlangen? Nicht jeder kann zu Hause sitzen und sein *Mantra* zehntausend oder zwanzigtausend Mal am Tag wiederholen oder meditieren, eine *Puja* machen oder sich dem Studium der Schriften hingeben etc. Die meisten haben sich um ihr praktisches Leben zu kümmern. Doch wenn das bloße Tätigsein, also *Karma*, uns schon zur Gotteserkenntnis führen würde, dann wäre die ganze Welt voller befreiter Seelen. Das ist aber nicht der Fall. Wenn auch viele Leute von sich behaupten, verwirklicht zu sein, sind es die meisten von ihnen jedoch keineswegs.

Amma sagt uns also, dass es nicht genügt, einfach *Karma* zu vollziehen. Erkenntnis sollte ebenfalls vorhanden sein. Was bedeutet das? Der gesamte restliche Teil dieser Verse handelt von Erkenntnis, d.h. davon, wie wir Karma, unsere Handlungen, auf solch eine Weise vollziehen, dass unser Gemüt still und rein wird. Eine andere Art der Reinigung des Geistes ist nicht möglich, da wir ja in unserem Alltagsleben ständig zum Handeln gezwungen sind.

Das erste also, wovon Amma sagt, dass es während all der Aktivitäten unseres täglichen Lebens von größter Wichtigkeit sei, ist *Shraddha*. Immer wieder verwendet sie diesen Ausdruck – überhaupt alle Mahatmas legen Nachdruck darauf. Wie bereits vermerkt, bedeutet *Shraddha* Aufmerksamkeit oder Sorgfalt.

Swamijis Erinnerungen

Als ich in Tiruvannamalai[2] lebte – das ist eine ziemlich lange Zeit her, etwa dreizehn bis fünfzehn Jahre – hatte ich einige Lektionen in Sachen *Shraddha* zu lernen. Tatsächlich würde ich sagen, wenn ich all das, was ich in diesen dreizehn Jahren in mich aufgenommen habe, zusammenfassen wollte,

---

[2] Eine Stadt in Tamil Nadu (Südindien), in welcher sich der Ashram des großen Heiligen Ramana Maharshi befindet.

so kann es man es eine einzige Lektion in *Shraddha* nennen: Sei achtsam und handle mit Sorgfalt.

Eines Tages führte ich eine *Puja* aus, wie ich es täglich etwa zehn Jahre lang zu tun pflegte. Selbst wenn ich mit dem Zug unterwegs war, wenn ich mich auf einer Pilgerreise befand oder meinem Meister diente, versäumte ich meine *Puja* nicht. Eines Tages nun sagte mein Lehrer: „Ich möchte einfach einmal sehen, wie du deine *Puja* machst." So tat ich es also, während er dabei war. Er bemerkte: „Du schaust ja während der ganzen Zeit nicht ein einziges Mal das Bild an. Du blickst auf das Buch, du schaust auf die Glocke, du schaust auf dieses und jenes. Was für ein *Shraddha* besitzt du eigentlich? Was du hier machst, nennt man ein Ritual.

Das ist *Karma*[3] - Es ist kein *Sadhana* (spirituelle Übung)."

„Wenn du die Blumen nimmst", sagte er, „schau auf die Blumen; lege sie auf die Füße, schau auf die Füße. Wenn du den Räucherduft anzündest und den Rauch auf das Foto zuwehst, schau auf das Räucherstäbchen und danach auf das Foto. Stell dir vor, dass Gott den Duft riechen kann, schau auf seine Nasenlöcher. Lass deine Hand nach oben zum Mund gleiten, und vergegenwärtige dir, dass Gott die Speise zu sich nimmt!"

So tat ich es dann auch. Sofort beim ersten Mal, als ich es versuchte, erlangte ich unglaubliche Konzentration. Automatisch schlossen sich meine Augen zur Hälfte. Ein Gefühl von Liebe gegenüber dem Angebeteten keimte in meinem Herzen auf, wie ich es in all den Jahren zuvor nie erfahren hatte – und auch für den Rest meines Lebens nie erfahren hätte, wenn mir nicht jemand gesagt hätte, wie man eine *Puja* auf die richtige Weise ausführt.

---

[3] Das Wort „Karma" besitzt in diesem speziellen Zusammenhang die Bedeutung „Ritual".

Dies ist die Wirkung von *Shraddha*! *Bhajans* zum Beispiel. Was sagt Amma dazu? Folgendes:

Es besteht kein Nutzen darin, wenn ihr euch die Lunge aus dem Hals schreit. Schließt die Augen. Stellt euch euren Ishta- Devata, euren Herrn vor, und dann singt und seid auf nichts anderes gerichtet. Wenn ihr euch umseht, wenn die Menschen Bhajans singen, werdet ihr feststellen, dass bei vielen von ihnen die Blicke umherwandern. Dies ist keine Konzentration. Sie ziehen keinen Nutzen aus dem Singen von Bhajans, wenn sie es auf diese Weise praktizieren."

Um ein paar andere Beispiele zu geben:
Eines Tages hatte ich gerade meine Kleider gewaschen. Ich schüttelte sie aus und hing sie auf die Leine. Als ich fertig und im Begriff war, fort zu gehen, sagte mein Lehrer: „Warum schaust du nicht genau auf deine Sachen, bevor du weggehst?" Ich betrachtete sie und antwortete: „Was ist daran nicht in Ordnung? Sind sie schmutzig?" „Nein, nein", sagte er, „es hat mit Schmutz nichts zu tun. Schau sie dir nur genau an, und sage mir, ob du irgendetwas Falsches entdeckst." Als ich die Sachen betrachtete, sagte ich ihm: „Ich sehe nichts Falsches daran, nicht im Geringsten." Er entgegnete: „Hast du nicht bemerkt, dass die unteren Enden der Wäschestücke nicht miteinander übereinstimmen? Ein jedes hängt anders. Sie sollten aber zusammen eine Linie bilden. Dann wird auch dein Geist mit sich selbst im Einklang sein." Darauf fragte ich mich verwundert: „Selbst beim Wäscheaufhängen, muss ich *Shraddha* besitzen!"

Ein anderes Mal bat er mich, etwas zu holen, das sich in einem anderen Gebäude befand. Also ging ich hinüber, um es ihm zu bringen. Es gab da ein paar Affen, die in den Bäumen spielten. Ich schaute ihnen bei ihrem Treiben zu und blickte dabei von einer Seite zur anderen. Schließlich erreichte ich das Zimmer und holte den Gegenstand, ich glaube es war Weihrauch. Als ich zurückkam, schaute ich wieder nach den Affen. Mein Lehrer nahm das Räucherwerk an sich und sagte: „Bist du ein Affe?" „Was meinst du damit, ob ich ein Affe bin?", erwiderte ich. „Du verhältst dich genau wie einer von diesen Affen", sprach er. „Du solltest in das Zimmer drüben gehen, den Weihrauch holen, und zurückkommen. Warum schaust du dauernd hin und her wie ein Affe?" „Was ist falsch daran, hin und her zu blicken?" „Es ist völlig in Ordnung bei einem normalen Menschen. Doch für eine Person, die versucht, einen konzentrierten Geist zu erlangen, die versucht, Gott zu verwirklichen, ist es nicht in Ordnung. Denn wenn du dauernd von einer Seite zur anderen schaust, während du gehst, wird dein Geist genau dasselbe tun, wenn du deine Augen schließt und zu meditieren versuchst."

Dies bringt den Zweck von *Shraddha* auf den Punkt. Tatsächlich zielt jedes Wort eines Heiligen immer darauf ab. Wenn wir aufrichtig sind, wenn es unser Ziel ist, Konzentration zu erreichen, *Samadhi* zu erreichen – denn das ist es, was *Samadhi* bedeutet: vollkommene Konzentration - dann werden uns die Heiligen in dieser Weise anleiten. Andernfalls erhalten wir ihre Umarmungen und Küsse, und das war es dann! Weiter führt es nicht. Was wir brauchen sind wahre praktische Anweisungen, wie wir wirkliche Seligkeit erlangen können, göttliche Seligkeit.

Das war ein Beispiel. Die Art und Weise, wie wir sozusagen mit unserem Instrument umgehen (d.h. Körper & Geist), ist wie bei einem Kind. Wie ihr wisst, besitzen Kinder heutzutage Hightech-Spielzeuge. Jeder wird sie schon gesehen haben. Als ich letztes Jahr nach Amerika kam, war ich erschrocken, solche Spielsachen zu sehen, denn ich konnte einfach nicht herausfinden, wie man sie bedient. Sie haben siebenundzwanzig Knöpfe, Hebel, alle möglichen Sachen, Bildschirme; die Dinger bewegen sich so schnell umher, dass man ihnen nicht einmal folgen kann, ohne dass einem die Augen aus dem Kopf fallen. Und stellt euch vor: Was würde passieren, wenn eine wohlhabende Person ihrem zwei - oder dreijährigen Kind eines von diesen Hightech-Spielzeugen geben würde? Der Kleine würde nicht wissen, was er damit anfangen soll. Es würde es in seinen Mund stecken oder es auf den Boden schmettern.

Genauso ist es auch bei uns! Wir haben so ein High-Tech-Spielzeug. Es nennt sich Körper und Geist - und wir wissen nicht, was wir damit tun sollen. Wir wissen nicht, wie es auf die richtige Weise benutzt wird. Wir stecken es sozusagen in den Mund und werfen es auf den Boden. Wir haben keine Ahnung, was wir tun. Der Zweck unseres Körpers und unseres Gemüts ist die Verwirklichung des Selbst – und nicht einfach in dieser Welt zu leben inmitten von Leben, Tod und Begierden, und das war es dann. Es gibt etwas Höheres, es gibt eine höhere Bestimmung für alle menschlichen Wesen, sobald wir einmal dem Pflanzen- und Tierreich entwachsen sind.

Durch Gottes Gnade haben wir einen menschlichen Körper erhalten. Das Ziel des Lebens besteht nicht darin, weiterhin wie ein Tier zu leben. Es geht darum, Göttlichkeit zu erreichen. Das ist unsere wahre Natur. Und was ist das Mittel, um dies zu erreichen? Es ist der Körper und das Gemüt, das wir haben. Sie sind alles, was wir eigentlich besitzen. Also müssen wir lernen, wie sie zu verwenden sind, um das Höchste zu erreichen. Ein Weg dorthin ist *Shraddha*, daher legt Amma soviel Nachdruck darauf.

Die Wichtigkeit ungeteilter Aufmerksamkeit

Beim nächsten Punkt, über den Amma spricht, geht es darum, Dinge zu tun mit ungeteilter Aufmerksamkeit. Dies steht natürlich mit *Shraddha* in Zusammenhang. All diese Dinge sind aufeinander bezogen. Es ist nicht so, als ob es sich dabei um isolierte Bereiche handelte. Doch zum Zwecke der Erläuterung behandeln wir sie hier getrennt. Wenn man genau darauf achtet, wie man selbst und überhaupt alle Menschen agieren, stellt man fest, dass ihr Geist nur zu fünfzig bis fünfundsiebzig Prozent bei der Sache ist. Es sind immer fünfundzwanzig bis fünfzig Prozent, die woanders sind. Wir tun die Dinge nur selten mit voller Aufmerksamkeit und diese Tendenz überträgt sich, wie Amma erläutert, auch auf die Meditation. Nehmen wir an, ihr versucht, zu meditieren oder euch zu Konzentrieren. Da ihr es in eurem täglichen Leben nicht beherzigt, seid ihr auch während der Meditation, während des Bhajan-Singens oder etwa beim Zuhören auf einen Vortrag wie diesem nicht in der Lage, völlig aufmerksam zu sein. Euer Gemüt wird umherwandern. Warum? Weil zu allen anderen Zeiten die Handlungen auf ebendiese Weise verlaufen.

Schaut einfach auf euer tägliches Leben. Was machen die Durchschnittsmenschen? Wenn sie da sitzen und essen, reden sie. Andere sehen fern und essen dabei. So richtet sich die Konzentration zur Hälfte auf das Essen und das Schmecken. Die andere Hälfte geht durch die Augen hinaus zum Fernsehapparat, oder zu der Person, mit der sie sprechen, wobei der Geist über das jeweilige Thema nachdenkt. Der andere Teil genießt die Speise. Was passiert also? Der Geist ist völlig zerstreut.

Ich erinnere mich daran, wie ich einmal an einem Fernseher vorbeiging und aber eigentlich gerade sehr mit einer anderen Sache beschäftigt war. Daraufhin fühlte ich mich, als schaute ich auf dieses und wäre beschäftigt mit jenem, kurzum – ich wurde in Stücke gerissen! Plötzlich gab es zwei Stücke. Ich war zerteilt. Man muss die Dinge also auf vollständige Weise tun. Wenn ihr *Bhajans* singt, öffnet nicht eure Augen und blickt umher. Wenn ihr esst, solltet ihr nicht reden oder fernsehen. Wenn ihr essen wollt, esst; wenn ihr fernsehen wollt, seht fern; wenn ihr *Bhajans* singt, seid auf nichts anderes ausgerichtet.

Eine andere seltsame Sache, die mir im Laufe der Jahre aufgefallen ist: Manche Leute lesen Zeitschriften oder Bücher, wenn sie auf der Toilette sind; oder sie putzen sich die Zähne auf der Toilette, wie es in Indien üblich ist. Somit seid ihr zur Hälfte auf der Toilette und zur anderen Hälfte putzt ihr euch die Zähne oder lest ein Buch. Das mag sehr komisch erscheinen, ist es aber nicht! Denn auf diese Art und Weise geht einer Person ihre Konzentrationskraft verloren. Und dann sagen sie: „Ich meditiere seit fünfundzwanzig Jahren und habe nichts erreicht." Warum nicht? Eben aus diesem Grund. Auf unterschiedlichste Weise läuft der Geist sozusagen aus. Nicht nur durch Sinnengenuss verliert sich der Geist und wird die Konzentration gestört, sondern indem man ein Leben voller Ablenkungen führt.

Man stelle sich vor, ein Chirurg würde seine Arbeit nicht mit voller Konzentration ausführen. „Oh, ich habe den falschen Nerv durchschnitten! Oh, ich habe meine Schere im Bauch des Patienten liegen lassen. Wir müssen ihn wieder öffnen!" Solche Dinge kommen vor. Ich kenne einen Menschen, dessen Arzt den falschen Nerv bei ihm durchtrennt hat, und der sich danach für den Rest seines Lebens in schlechter Verfassung befand. Ich hörte einmal von einem Menschen, bei dem ein Arzt tatsächlich einmal etwas im Körper liegen ließ. So etwas passiert. Wieso? Es ist nicht bloß Vergesslichkeit. Es ist Mangel an Konzentration. Bei einem Chirurgen ist es sehr gefährlich, wenn er davon nicht hundert Prozent besitzt.

Was ist mit einem Menschen, der eine Bombe zu entschärfen hat? Solche Leute müssen außergewöhnliche Konzentration haben. Wenn nicht, Bumm! Alles ist vorbei. Stellen

Hindernisse auf dem Pfad - Ratschläge für das Sadhana 1

wir uns also bei den Dingen, die wir tun, vor, wir seien Chirurg oder Bomben-Entschärfer, vielleicht auch Minenentschärfer, was auch immer. Wie vorsichtig wir dann alles handhaben werden! Amma gibt das Beispiel einer Nadel. Wenn man sie nimmt, ist man vorsichtig; wenn man mit ihr näht, ist man vorsichtig; wenn man sie irgendwo hinlegt, ist man vorsichtig. Warum? Weil es ein gefährlicher Gegenstand ist. Entweder sticht man sich selbst, oder jemand anderes wird gestochen. Diese Art von Sorgfalt muss also in jeder Handlung da sein, wenn man fähig sein will, sich zu konzentrieren. Wenn ihr das nicht könnt, macht nicht Gott dafür verantwortlich. Wir sollten uns besser selbst tadeln für unsere zerstreute Lebensweise. So viel zu ungeteilter Konzentration.

Das nächste, worauf Amma zu sprechen kommt, ist *Japa* (Mantra-Rezitation). Wenn wir arbeiten, sollten wir die ganze Zeit *Japa* machen; zumindest gilt das für die meisten von uns. Wir sollten unser *Mantra* wiederholen. Zu diesem Thema werden Amma wieder und wieder Fragen gestellt. Alle spirituellen Menschen müssen arbeiten. Sogar ein Yogi, der in einer Höhle lebt, muss zur Toilette gehen, muss baden und für sein Essen betteln gehen. Das ist das Minimum. Bei dem Rest von uns aber handelt es sich nicht um Leute wie solch ein Yogi. Wir befassen uns noch mit anderen Dingen. Was kann man also tun? Manche Leute wenden ein: „Ich habe keine Zeit für spirituelle Übungen. Ich muss täglich acht Stunden arbeiten. Ich bin zwei Stunden mit dem Auto unterwegs – eine Stunde hin und eine Stunde zurück...und dieses und jenes. Dann gibt es noch die ganzen familiären Verpflichtungen und Probleme. Wo soll ich also die Zeit hernehmen für spirituelle Praxis?"

Nun, dies ist Ammas Antwort: Das alles ist keine Entschuldigung! An Zeit mangelt es niemals, denn wir können immer *Japa* machen. Dann sagen andere: „Nun, das mag ja angehen, wenn ich auf dem Weg zur Arbeit bin, oder wenn ich körperliche Arbeit verrichte. Dann ist das Wiederholen des Mantras möglich. Aber was ist, wenn ich mein Hirn zu benutzen, wenn ich geistige Arbeit zu leisten und über eine Menge Dinge nachzudenken habe?" In diesem Fall, sagt Amma, sollten wir zu Gott oder zum *Guru* beten, bevor wir mit der Arbeit beginnen: „Lass diese Arbeit eine Gabe an Dich sein. Lass mich Dein Werkzeug sein. Lass mich erfahren, dass ich selber nichts bin und die Kraft zur Arbeit allein von Dir stammt."

Mantra-Japa hilft dabei, den Zeugenzustand zu erreichen

Was geschieht denn, wenn das *Mantra* immer und immer wieder rezitiert wird? Und was passiert, wenn man sich zu erinnern versucht, dass man eher ein Werkzeug ist als eine agierende Person? Man nimmt zur Arbeit eine distanzierte Haltung ein. Ihr entwickelt das Zeugenbewusstsein (*Sakshi-Bhava*), falls ihr dem Pfad der Erkenntnis *(Jnana)* folgt. Beim Pfad der *Hingabe (Bhakti)* fangt ihr an, mehr in Gott zu leben, statt die ganze Zeit über von der Arbeit gleichsam aufgesaugt zu werden. Ihr bemerkt vielleicht, dass euer Gemüt sehr ruhelos wird, wenn ihr voller Anhaftung seid gegenüber der Arbeit; es trägt zur Zerstreuung bei. Wenn ihr ans Werk geht mit der Haltung: „Es muss erledigt werden; es muss schnell gehen; es muss auf eine bestimmte Weise gemacht werden", dann verdirbt eine solche Anhaftung an das Resultat den Frieden des Gemüts. Sie macht es sehr schwierig, Gleichmut und Frieden aufrecht zu erhalten.

Eine Möglichkeit, das zu verhindern, ist *Japa*. Es ist ein sehr praktisches Mittel. Alle *Sadhaks* wenden es in ihrem täglichen Leben an. Wir können nicht einfach die ganze Zeit über da sitzen und meditieren. *Japa* ist aber eine Sache, die

Hindernisse auf dem Pfad - Ratschläge für das Sadhana 1

wir immer tun können und immer tun müssen. Was Amma betrifft, so sagt sie an dieser Stelle: „Wenn ihr arbeitet, macht *Japa*." Wenn jemand von euch den Ashram in Indien besucht hat, werdet ihr festgestellt haben, dass Amma sich an vielen Arbeiten beteiligt, die dort anfallen. Wenn in früheren Zeiten die Leute dabei miteinander sprachen, pflegte sie Bemerkungen zu machen. Heute sagt sie gar nichts mehr und fängt stattdessen an, zu singen. Oder sie wiederholt die Worte: „*Namah Shivaya, Namah Shivaya*", bis es jeder tut.

Sie spricht aus ihrer eigenen Erfahrung. Als sie jünger war (wir lasen vor zwei Wochen darüber), wiederholte sie bei jedem Schritt: „Amma, Amma, Amma." Und wenn sie es vergaß, begann sie wieder von Neuem, sobald sie sich daran erinnerte. Es ist etwas Natürliches, dass wir im spirituellen Leben oder der *Sadhana* diese Dinge wieder vergessen. Eine Zeit lang wiederholt ihr euer *Mantra*, und dann ist es weg. Euer Gemüt wandert woanders hin. Wenn euch das auffällt, solltet ihr wieder von vorne anfangen. Auf die Art und Weise werden die Pausen durch ständiges Üben geringer und geringer. „Übung macht den Meister", heißt es. Das gilt auch für das spirituelle Leben. So machte Amma es also; und immer, wenn sie bei einem Schritt das Mantra vergaß, ging sie den Schritt rückwärts und wiederholte, „*Amma* ..." Erst dann ging sie wieder vorwärts. Dieser Grad von Intensität war da, dieses Ausmaß von *Mantra-Japa* war gegeben. Das ist es, was auch wir praktizieren müssen - Zeit hat dazu jeder.

Selbst heute, wenn ihr länger als fünf Minuten in ihrer Nähe sitzt, könnt ihr auf Ammas Lippen sehen, wie sie sagt „*Shiva, Shiva, Shiva, Shiva.*" Immerzu wiederholt sie diesen Namen. Was hat sie zu erreichen, wenn sie „*Shiva, Shiva*" ausspricht. Sie selbst ist *Shiva*. Man könnte somit sagen, sie rezitiert ihren eigenen Namen. Doch so sind alle *Mahatmas*. Man kann sie die ganze Zeit den Namen Gottes rezitieren hören.

Ich besuchte einmal den *Shankaracharya* in Kanchipuram. Er war auch eine befreite Seele. Ununterbrochen wiederholte er „*Namah Shivaya*". Ramana Maharshi pflegte zu sagen: „*Paramashiva, Arunachalashiva.*" Und bei Amma heißt es „*Shiva, Shiva.*" Was ist also die Bedeutung davon? Für sie alle ist es etwas ganz Natürliches. Der Grund dafür, dass es ihnen über die Lippen kommt, sind wir; wir sollen erkennen, dass das, was für eine selbstverwirklichte Seele natürlich ist, von uns gewöhnlichen Seelen erst noch kultiviert werden muss. Wenn man meditiert, erlangt man einen gewissen Grad an Konzentration. Wenn man aber meditiert, während man tätig ist, erhält man einen weitaus größeren Nutzen. Man sagt, dass Meditation während der Arbeit – also Mantra-Japa, das Sich-Erinnern an Gott – hundert Mal so wirkungsvoll ist, wie die Art von Meditation, bei der man einfach stillsitzt.

Amma spricht über einen *Karmayogi*. Wer ist ein wirklicher *Karmayogi*? Jemand, der immerwährend meditiert. Wenn man sie fragt: „Wie viele Stunden meditiert ihr? Welches *Sadhana* übt ihr aus?", kommen sie in Verlegenheit, denn ihre dauerhafte Empfindung ist, dass sie vierundzwanzig Stunden Meditation praktizieren. Ihr Schlaf ist ebenso ein Zustand der Meditation wie ihr Essen, ihr Baden und ihr Sprechen. Sie verlieren niemals das Gefühl der Gegenwart Gottes, der Gegenwart des Selbst. Was bei all den Übungen passiert, über die wir eben gesprochen haben, ist, dass der Geist langsam und stetig verhaftungslos wird, und an Stelle dieses Wirrwarrs von Gedanken, der für die Menschen eine immerwährende Realität darstellt, tritt der eine Gedanke, der alle anderen ersetzt.

Wenn wir das Glück haben, Amma sozusagen ins Netz zu gehen, dann wird sich dieser Gedanke natürlich auf sie beziehen. Andernfalls mag es sich um unseren *Ishta Devata* handeln, wie etwa Christus, *Krishna* oder *Shiva*. Was immer es ist, wir werden die Gnade Gottes oder des *Guru* erhalten. Worin besteht sie? Wirkliche Gnade bedeutet, dass dieser eine Gedanke, diese eine Empfindung, diese eine Erinnerung all die andersartigen Gedanken und Gefühle in unserem Gemüt zu ersetzen beginnt; und wenn es sich dabei nun um den Gedanken Gottes handelt, dann entsteht die Erfahrung von Frieden, Losgelöstheit, Licht und Wonne. Dann fangen wir an, in dieser Welt unsere Wohnstatt einzurichten. Wenn ihr über eine Form Gottes meditiert, dann mag es sich dabei z.B. um Ammas Form handeln. Viele von euch tun das. Oder ihr meditiert über eine andere Form. Was nun geschieht, ist Folgendes: Wenn ihr anfangt, die Form zu sehen, beginnt ihr ebenfalls, mit ihr zu sprechen. Ihr lebt mit ihr, befindet euch in der Welt dieser Form. Die Welt hingegen wird für euch zu einem Traum - mit dem Ergebnis, dass ihr in dieser Welt nicht mehr in der Weise einer gewöhnlichen Person reagiert. Wenn ihr die Vision eurer geliebten Gottheit (*Ishta-Devata*) erlangt, befindet ihr euch immerzu in einem Zustand der Glückseligkeit. Wenn ihr in einer formlosen Weise meditiert, dann fühlt ihr die Präsenz Gottes und ihr lebt in ihm. Dann verliert die Welt sozusagen ihren Wert. Was für die meisten Menschen äußerst wichtig ist, mutet euch beinahe lächerlich an, denn ihr genießt im Inneren die Seligkeit Gottes.

Die Geschichte von Samarta Ramdas

Viele von euch mögen von *Samarta Ramdas* gehört haben. Er war ein großer Heiliger zu Zeiten der Regentschaft *Shivajis* vor einigen hundert Jahren. *Shivaji* war ein großer Hindu-König. Als die Mogule die Herrschaft in Indien übernahmen, stellte sich *Shivaji* ihnen entgegen, um das *Sanatana Dharma* zu schützen. *Samarta Ramdas,* der in seinem Königreich lebte, war ein Mahatma, eine selbstverwirklichte Seele. Eines Tages kam er an die Tore des Palastes und bettelte um Nahrung. *Shivaji* trat heraus und legte ein Stück Papier in die Bettelschale des Heiligen. *Ramdas* sagte: „Oh, das ist wundervoll! Ist es etwas zu essen?". „Bitte, *Swamiji*, lest das Papier", antwortete der König. Er nahm es und darauf stand: „Hiermit übertrage ich mein gesamtes Königreich an *Ramdas*." Der Heilige blickte auf das Papier und sagte: „Sehr gut! Du nimmst es zurück und regierst es als mein Treuhänder." Und er ging fort und bettelte an der nächsten Tür. Nichts hatte irgendeine Bedeutung für ihn. Das ganze Königreich.....

Im Ernst, eine ähnliche Sache passierte mit Amma. Ein Millionär kam zu ihr und sagte: „Amma, ich will nichts mehr mit Geld zu tun haben. Ich bin seiner überdrüssig. Ich habe für meine Lebzeiten mehr als genug. Ich möchte, dass du all mein Geld nimmst und damit machst, was du willst." Nun stellt euch vor, ihr wäret an Ammas Stelle. Ein Multimillionär würde zu euch kommen und mit aller Ernsthaftigkeit sagen: „Hier ist all mein Geld. Ich will es nicht mehr." Was würdet ihr tun? Wisst ihr, was Amma tat? Sie antwortete: „Sohn, ich benötige nichts. Du behältst es bei dir und wenn ich es brauche, werde ich dich darum bitten." Sie hat ihn natürlich immer noch nicht gefragt. Es gehört ihm immer noch. Wie kann sie so etwas tun?

Normale Leute wie wir werden denken: „Oh nein, was für eine Chance sie da aus der Hand gegeben hat: viele Millionen Dollar. Was könnte ich mit diesen Millionen nicht alles anfangen! Ich müsste nicht mehr arbeiten. Ich könnte mir ein Haus bauen, mir einen Jaguar und was nicht sonst noch alles leisten. Ich könnte um die Welt reisen!" Einige von uns könnten nach Indien gehen und für immer dort leben.

Alle diese Dinge haben keinerlei Bedeutung für eine Person, die die Gegenwart Gottes fühlt. Es gibt da nichts, denn diese Wonne ist so einzigartig, so voller Frieden, voller Freude, voller Glück, so göttlich, dass die ganze Welt angesichts

Hindernisse auf dem Pfad - Ratschläge für das Sadhana 1

dieses goldenen Lichtes sozusagen aussieht wie ein Klumpen Lehm. Wie gelangen wir also zu diesem Zustand? Ammas praktischer Ratschlag lautet: durch Karma-Yoga. Wie wir zu Beginn sagten, ist es kein abgetrennter Bereich. *KarmaYoga* ist unser tägliches Leben, in welchem wir allerdings all diese Prinzipien in die Tat umsetzen, von denen zuvor die Rede war: *Shraddha,* Konzentration, Handeln mit gesammeltem Geist und nicht auf eine zerstreute Weise, *Mantra-Japa,* das Gebet zu Gott, der Versuch, an Gottes Gegenwart festzuhalten, wenn wir einmal diese Höhe erreicht haben, und schließlich: Gleichmütigkeit gegenüber allen anderen Dingen.

Amma beendet die Verse, indem sie sagt, dass die genannten Dinge an erster Stelle kommen. Dann erst könnt ihr hoffen, das Gemüt zu überwinden. Wenn man diese äußeren Konzentrationsübungen zu praktizieren vermag, dann kann man darangehen, die Vasanas, die Wellen, die Gewohnheiten des Gemüts, zu kontrollieren. Erst kommt das Grobe, danach das Subtile. Das heißt nicht, dass wir nicht meditieren oder uns konzentrieren sollen. Wir müssen es sogar tun. Aber diese Dinge sind am Wichtigsten. Andernfalls werden wir viel Zeit verschwenden.

OM NAMAHA SHIVAYA

Satsang im M.A. Center, 1995
Kassette Nr.7, Seite A

Hindernisse auf dem Pfad – Ratschläge für das Sadhana 2

Hat jemand irgendwelche Fragen zu dem gerade gesehenen Video? Einige von euch haben Amma ja noch nicht gesehen, und ich denke, niemand von den Anwesenden hat sie während des *Devi-Bhava* oder des *Krishna-Bhava* erlebt, wenn sie zu tanzen pflegte.

Die frühen Jahre Ammas

In jenen Tagen befand sich Amma oft im *Bhava* (Stimmung, Zustand) Kalis und ihr Tanz war einfach spontane Glückseligkeit – auf diese Weise brachte sie ihre Ekstase zum Ausdruck. Es mag euch aufgefallen sein, dass es zwei Szenen gab, in denen sie sehr zornig war. Bei der einen richtete ich ein Licht auf sie, als sie draußen im Garten tanzte. Es war stockdunkel und ich wollte das Ganze auf keinen Fall verpassen. Also schaltete ich ein sehr helles Licht an. Nun wisst ihr ja, dass eine Person, die sich in Meditation befindet, helles Licht nicht mag. Es stellt eine Ablenkung dar. Umso mehr gilt dies für eine Person, die sich in Ekstase oder in *Bhava*, wie man es nennt, befindet. Das schafft eine künstliche Atmosphäre, um es gelinde zu formulieren.

Technologie, Elektrizität, alle diese Dinge werden ziemlich unangenehm. Es ist sehr schwierig, Fotos oder Filmaufnahmen von Amma zu machen; einfach aus dem Grund, weil ihre Gegenwart eine urzeitliche Realität ist. Gott ist uralt – die Technologie ist modern. Irgendwie wird es ein wenig unangenehm, wenn man diese beiden Dinge zusammenbringt.

Hindernisse auf dem Pfad - Ratschläge für das Sadhana 2   25

Auch drückt sich darin eine gewisse Ehrfurchtslosigkeit aus. Aber ich dachte mir, es sei sozusagen das Risiko wert, Amma zu filmen, bevor sie mit jener Art ekstatischen Tanzens, jener Kali-Stimmung aufhören würde. Wie es schien, würde es bald verschwinden, denn die Male, wo es dazu kam, wurden weniger und weniger. Ich dachte mir, wir würden es in Zukunft nie mehr sehen. Also schlug jemand vor, eine kleine Kamera zu kaufen, eine von diesen 8-Millimeter-Kodak-Geräten. So kam es dazu. Es war nicht einfach, an diese Szenen zu gelangen, denn Amma mag, wie gesagt, keine Kameras und Kassettenrekorder, selbst heute (1995) noch nicht - damals aber hasste sie sie noch hundert Mal mehr. Aber irgendwie habe ich es doch gemacht. Es hat mich gewiss 20 Jahre meines Lebens gekostet... (Lachen.)

Der Grund dafür, warum diese Dinge niemals zuvor zu sehen waren, warum man sie nicht zu einem Video zusammengestellt hat und Amma nicht tanzend gezeigt wurde, ist folgender: Wie alle diejenigen von euch wissen, die Ammas Biografie gelesen haben, galt sie in den ersten sieben Jahren ihres *Bhava Darshan* (1975-1982) in den umliegenden Dörfern als eine Person, die von Gott besessen war. Drei Tage in der Woche pflegte *Krishna* zu kommen und von ihr Besitz zu ergreifen. Um Mitternacht verließ er sie dann und *Kali* rückte an seine Stelle - nun war sie es, die umhertanzte. In den frühen Morgenstunden ging *Kali* - und zurück blieb ein verrücktes Mädchen namens *Amma*. Sie selbst nannte sich so: ein verrücktes Mädchen. - So betrachtete man die Angelegenheit.

Von den abertausenden Menschen, die in den ersten sieben Jahren kamen, um *Amma* zu sehen, waren vielleicht ein oder zwei Personen spirituell ausgerichtet. Bei den anderen handelte es sich um normale weltliche Leute, die davon gehört hatten, dass da in Vallickavu göttliche Dinge vor sich gingen und dass man von Amma alles, was man sich nur wünschte, bekommen konnte. Das Einzige, was man tun musste, war, nach oben zu gehen, zu ihr zu beten - und *Krishna* würde da sein. Du brauchst nicht in einen Tempel zu gehen. Du brauchst dir keine Gedanken zu machen, ob Gott deine Gebete erhört hat oder nicht. Du kannst direkt mit ihm sprechen, du kannst direkt mit der göttlichen Amma sprechen, und sie wird entweder „Ja" oder „Nein" sagen, „es wird geschehen" oder „es wird nicht geschehen".

Es war also ein wunderbar abgekürztes Verfahren; und Amma sagte, dass ihr in diesen sieben Jahren jedes Problem, dass die Menschheit bewegt, zu Ohren kam. Doch nahezu niemand von all jenen war spirituell ausgerichtet, wollte irgendetwas mit Spiritualität zu tun haben.

Ammas Absicht war es, diese ersten sieben Jahre des *Bhava* jenen Menschen, jenen einfachen Leuten zukommen zu lassen. Um dies in der Kultur, in dem Gebiet, in welchem sie lebte, möglich zu machen, erwies es sich als der einzige Weg. Das bedeutet, dass keiner jemals irgendetwas von Selbstverwirklichung oder der Vision Gottes gehört hatte – abgesehen vielleicht von dem Erblicken eines Gottes mit vier Armen. Dies ist die Art von Gottesvision für die Menschen in Ammas Dorf und den angrenzenden Dörfern. Gottverwirklichung? Vergiss es! Niemand hat je von einer solchen Sache gehört. Selbstverwirklichung? Das ist unvorstellbar. Keiner weiß, was „das Selbst" bedeutet. Somit war dies das einzige Mittel, durch das Amma ihre Göttlichkeit sozusagen „unter die Leute" bringen konnte, mit anderen Worten, wodurch sie normalen Menschen ihre Barmherzigkeit unter Beweis zu stellen vermochte. Denn das ist Teil einer Tradition überall in den Dörfern Indiens: dass Menschen der Gnade Gottes teilhaftig werden, indem er zeitweise in sie herabsteigt und durch sie spricht. Es ist ein wohl vertrauter Bestandteil der indischen Religion. So kam es also, dass Amma auf diese Weise agierte. Was nun den Tanz betrifft, so war es tatsächlich ihre Ekstase, die in ihm zum Ausdruck kam. Doch die Leute nahmen es in der Weise auf, dass es *Krishna* ist, der tanzt, wie er es auch in früheren Zeiten, vor 5000 Jahren, getan hat. Die Göttliche Mutter *Kali* ist ebenfalls eine große Tänzerin. Es gibt diesen *Shivatandava* (Shivas Tanz), wo *Shiva* und *Parvati* (Gottes Wirkungskraft oder *Shakti)* auf dem Berg Kailash tanzen – und sie sind allzeit in Ekstase. Wann immer nun Amma die Musik zu hören pflegte, die für den *Shivatandava* gespielt wurde – es gibt einen besonderen Tabla-Stil für diesen Zweck, den ein guter Instrumentalist ausführen kann – so fiel sie in *Samadhi,* und zwar nicht nur während des *Devi-Bhava,* sondern auch zu normalen Zeiten.

Nach sieben Jahren aber wusste Amma, dass eine Veränderung in ihrem Leben anstand – und auch in der Welt. Dies war die Zeit, als die ersten *Brahmacharins* (Mönche), einer nach dem anderen, zu ihr kamen. Ihnen war an anderen Dingen nichts gelegen. Sie interessierten sich nur für Amma - und wegen ihr erwachte auch ihr Interesse am spirituellen Leben.

So könnte man sagen, dass sie *Krishna Bhava* und *Devi Bhava* als eine Sache für die Öffentlichkeit langsam ausklingen ließ; nun wurde es mehr zu einer Segnung für Menschen, die wissen wollten, worin der Zustand der Gottverwirklichung besteht, was es heißt, mit dem Selbst oder mit Gott identisch zu sein. So hat sie es sozusagen zurechtgestutzt, hat alle Verzierungen und alles äußerlich-prunkvolle, das für die normale Öffentlichkeit angebracht war, weggelassen. Alles wurde auf ein Mindestmaß reduziert: Da ist einfach eine Person, die die Göttliche Mutter Selbst ist, die gnädig und liebevoll ist, die den Verehrern Segnungen, Seelenfrieden und Meditation spendet.

So hörte sie also mit alledem auf. Es war in der Zeit, als sich diese Veränderung anbahnte, wo wir den Film drehten. Doch haben wir ihn nie in der Öffentlichkeit vorgestellt, weil wir nicht wollten, dass die Menschen weiter davon ausgingen, Amma sei eine Person, die drei Nächte in der Woche besessen ist. Das hätte sie sozusagen noch mehr in die Ferne gerückt. Es hätte einer Idee Vorschub geleistet, die nicht zu hundert Prozent der Wahrheit entsprach.

Wenn wir sie oder irgendeine andere verwirklichte Person als jemanden betrachten, der immerzu in Gott ruht, dann wird ihre Gesellschaft für uns sehr wertvoll. Doch wenn jemand Gott nur drei Nächte in der Woche besitzt, dann ist seine Gesellschaft auch nur drei Nächte von Wert. (Ein Mann aus dem Publikum: „Ich würde es nehmen!")

Ja, genau das waren auch meine Worte, die ich zu Amma sagte, als ich *Krishna Bhava* zum ersten Mal gesehen hatte. Sie sagte: „Gehst du zurück nach Tiruvannamalai?" Ich antwortete: „Ja, aber *Krishna Bhava* nehme ich mit." Soviel dazu!

Ihr habt gesehen, wie Amma die Wunden des Leprakranken ableckte. Viele Menschen, die die Geschichte gehört haben, glauben sie nicht. Sie sagen: „Oh, das ist einfach eine Menge Unsinn. Ihr wollt uns nur beeindrucken!" - Da ist der Beweis, dass es wirklich geschehen ist.

Als wir den Film machten, waren die Wunden dieses Mannes schon ziemlich gut verheilt. Nur noch von einigen Stellen sickerte Eiter. Doch als er das erste Mal zu Amma kam, war es unglaublich! Man konnte nicht einmal seine Haut finden. Alles war voll Eiter. Augen konnte man gar nicht entdecken; nur kleine Schlitze gab es, so groß wie ein Nadelöhr. Er hatte keine Hare auf dem Kopf. Auf seinem Oberkörper konnte er nichts tragen, die Kleidung wäre völlig durchnässt und durchbohrt worden. Das war vielleicht etwas! Und Amma zu beobachten... Sogar auf dem Film war es schwierig – doch nahe bei ihr zu stehen und ihr zuzuschauen, wie sie das tat, war schlicht und ergreifend...mehr als schwierig! Wir machten uns Sorgen, dass sie krank würde. Aber für sie war es kein Problem. Das ist also eine Seite von Amma, die die meisten Menschen niemals gesehen haben, über die sie nichts wissen. Daher ist es schön, den Film gezeigt zu haben. Manche mögen das, was sie gesehen haben, missverstehen; also habe ich erklärt, worum es in ihm geht.

Mantra ging verloren

In der letzten Woche sprachen wir über einige praktische Ratschläge: Wie kann man besser meditieren? Denn es ist ja nicht damit getan, einfach die Augen zu schließen. Falls ihr jemals meditiert habt – und viele von den hier Anwesenden haben es – wisst ihr, dass das Gemüt nicht einfach ruhig wird, nur weil man es will. Es steht nicht einmal für eine Sekunde still, ja nicht einmal für eine Viertelsekunde. Wieso? Weil unser tägliches Leben eine fortdauernde Reihe von Ablenkungen darstellt, bei der eine der anderen folgt. Wir widmen den Dingen, die wir tun, sehr wenig Aufmerksamkeit. Somit begleitet uns diese Angewohnheit überall, wohin wir auch gehen. Wenn wir nun zu meditieren versuchen, ist dasselbe Gemüt immer noch da. Man kann es nicht einfach in ein Paket stecken und beiseite legen. Ihr versucht, euch auf einen Gegenstand zu konzentrieren, und sofort ist die Tendenz da, an etwas anderes zu denken. Man kann das Gemüt nicht einmal für eine kurze Zeit dazu bringen, bei einem bestimmten Punkt zu verweilen.

Das ist es also, was Amma letzte Woche sagte: dass man bei all seinen Handlungen Achtsamkeit benötigt. Wenn wir essen, sollten wir essen und nichts sonst. Weder sollen wir reden, noch fernsehen. Andernfalls nämlich ist die Folge die, dass euer Gemüt in zwei Teile gespalten wird. Weder seid ihr ganz beim Fernsehen, beim Essen, noch beim Reden. So ist es mit allem: Wenn ihr spazieren geht, geht spazieren. Ich glaube, auch beim *Vipassana* (buddhistische Meditationsform) wird Achtsamkeit gelehrt. Es dient dem Zweck, der Tendenz zur Zerstreuung entgegenzuwirken. Also rät Amma uns, die Aufmerksamkeit einerseits auf die Arbeit, die wir gerade tun, zu richten, und andererseits unser *Mantra* zu wiederholen, damit wir zu einer Haltung der Loslösung gegenüber der Arbeit gelangen. Gewöhnlich sind wir so sehr dem, was wir gerade tun, verhaftet, dass wir wirklich daran gefesselt sind und unsere Gedanken aus diesem Grunde sogar noch schneller laufen. Wenn wir hingegen in der Lage sind, Distanz gegenüber unseren Handlungen zu wahren, wird das Gemüt friedvoller, und wenn wir meditieren – dann sogar noch mehr.

Mantra-Japa wird von allen Weisen der Vergangenheit, der Gegenwart und wahrscheinlich auch der Zukunft als eines der wirkungsvollsten Mittel anerkannt, das Gemüt zu zähmen. Es ist nicht damit getan, dass man einfach in der Ecke sitzt und das *Mantra* 108 mal morgens und abends wiederholt. Vielmehr ist es etwas, das die ganze Zeit über getan werden sollte, es sei denn, man hat Kopfarbeit zu verrichten. Und dies ist ein anderer Punkt, den Amma erwähnt und über den wir gesprochen haben: dass man in dem Fall, wenn man mit Kopfarbeit befasst ist und sein Mantra nicht wiederholen kann, zuvor die Arbeit dem Guru oder Gott darbringt. Während der Tätigkeit sollte die Haltung die folgende sein: „Die Kraft, die mich befähigt, diese Arbeit zu tun, ist nicht meine eigene. Sie gehört Gott, dem Guru oder dem wahren Selbst." Dann wird es keine Anhaftung an die Tätigkeit geben und der Geist wird ruhiger werden.

Hindernisse auf dem Pfad - Ratschläge für das Sadhana 2

In diesem Kapitel geht es um *Pranayama*. *Pranayama* bedeutet Kontrolle des *Prana*, der Lebenskraft, mittels der Kontrolle des Atems. Wir werden darauf später zurückkommen.

„*Pranayama sollte mit äußerster Vorsicht praktiziert werden. Während man die Übungen ausführt, sollte man mit aufrechtem Rückgrat dasitzen. Normale Krankheiten können behandelt und geheilt werden, nicht jedoch die Störungen, die durch unkorrekte Pranayama -Praxis entstanden sind. Beim Pranayama gibt es eine Bewegung der Eingeweide im Bereich des Unterbauchs. Eine bestimmte Zeitdauer ist dafür vorgesehen. Wenn man diese nicht einhält, wird das Verdauungssystem unheilbar geschädigt. Das Essen wird dann unverdaut ausgeschieden. Darum sollte Pranayama nur unter der direkten Anleitung eines Meisters ausgeübt werden. Er weiß, was in jedem Stadium zu tun ist und ist in der Lage, die geeignete pflanzliche Medizin zu verabreichen. Wenn Pranayama allein auf der Grundlage von Bücherwissen ausgeübt wird, ist es schädlich. Niemand sollte das tun.*

Kinder, für jede Stufe wurde die Ausführung einer bestimmten Anzahl von Pranayama Übungen festgelegt. Es kann gefährlich sein, sich nicht genau daran zu halten. Die Auswirkung wird ähnlich sein wie bei dem Versuch, zehn Kilo Reis in einen Sack zu stopfen, der fünf Kilo fasst. Auf der anderen Seite kann durch Bhakti oder Hingabe auch ohne Pranayama Kumbakam (Zurückhalten des Atems) entstehen. Es reicht aus, unterbrochen Japa zu praktizieren. Kumbhaka ist das Stillstehen des Atems, wenn man Konzentration erlangt. Es kann sogar gesagt werden, dass der Atem selbst Gedanke ist. Der Atemrhythmus wird sich entsprechend der Konzentration der Gedanken verändern."

Tatsächlich spricht Amma nie von sich aus über *Pranayama*. Das ist sozusagen nicht „ihr Ding." Diese wenigen Verse stellen eine Art Auslese aus einer Vielzahl von Gesprächen dar, die sie mit verschiedenen Verehrern führte, welche sie über *Pranayama* befragten. Sie selbst war nicht daran interessiert, ebenso wenig wie *Ramana Maharshi* oder *Ramakrishna Paramahamsa*. Keiner von den bekannten indischen Weisen der letzten hundert Jahre empfahl *Pranayama* als ein Mittel zur Gottesverwirklichung. Allerhöchstens sollte man, bevor man sich zur Meditation niedersetzt, den Atem beobachten, bis er sich ein wenig beruhigt hat, und dann mit der Konzentration beginnen – *Pranayama* ist aber keinesfalls als ein Mittel zur Konzentration zu verwenden.

Die wesentlichen Punkte sind folgende: *Pranayama* kann sehr gefährlich sein, wenn wir keinen Meister haben. Es sollte praktiziert werden unter der Anleitung einer Person, die Vollkommenheit darin erlangt hat, und die es als ihren Marga oder Pfad gewählt hat. Darüber hinaus besteht sein eigentlicher Zweck darin, *Kumbhaka* zu erreichen, was Stillstand des Atems bedeutet. Das geschieht, wenn der Atem anhält. Dies kann ebenfalls durch Bhakti oder den Pfad der Hingabe erlangt werden.

Tatsächlich ist jeder Pfad auf seine Weise gefährlich, wenn wir keine Person haben, die uns führt. Zum Beispiel besitzt der Pfad der Erkenntnis, dem viele Menschen im Westen folgen, die Gefahr des Missverstehens und der falschen Umsetzung. Viele Leute wenden die Prinzipien von *Jnyana* (Erkenntnis), also der Aussage „*aham brahma asmi*"[4] („Ich bin Brahman", „Ich bin das Selbst") auf falsche Weise an. Zu fühlen „Ich bin der Leib" oder „Ich bin das Gemüt", „Ich bin das Ego" und dann zu tun, was immer einem gefällt im Namen von „*aham brahma asmi*" führt nur dazu, dass solche Leute bei

---

[4] aham brahma asmi - „Ich bin das Absolute". (Brihadaranyaka Upanishad)

sich selbst und in der Welt ein großes Chaos anrichten. Amma sagt:

„*Wenn du Brahman bist, dann ist es jeder. Es ist nicht so, dass nur eine Person in der Welt existiert, die Brahman wäre. Was du auf dich selbst beziehst, gilt für jedermann.*"

Die Geschichte vom Rajaguru und dem König

Sie erzählt eine nette Geschichte über einen König, der an spirituellen Kursen bei einem *Rajaguru* teilgenommen hatte. Der Guru hatte ihn die Wahrheit *Brahmans* gelehrt, wonach alles das Absolute, mit anderen Worten, alles ein und dasselbe ist. So ging der Herrscher zurück in seinen Palast und sprach mit seiner Königin. Er sagte zu ihr: „Weißt du, Schatz, *Guruji* hat mir erzählt, ‚Alles ist Eins'; daher werde ich heute Nacht mit deiner Dienerin schlafen." Sie sagte: „Was geht hier vor? Was ist das für eine Lehre, die er da aufgeschnappt hat?" So ging sie zum Guru und sprach zu ihm: „*Swamiji*, was habt ihr mit meinem Ehemann gemacht? Ihr habt seinen Geist verdorben! Ihr habt ihm erzählt, jedermann sei Eins, alles sei Eins, alles sei *Brahman*. Nun hat er mich einfach ausgeschaltet und meine Dienerin zu seiner Ehefrau genommen. Sie soll die neue Königin werden!" Er antwortete: „Oh, nein! Das ist eine völlige Fehlinterpretation! Macht Euch keine Sorgen. Ich komme heute Abend zum Essen und versichere euch, dass alles in Ordnung kommen wird." Der *Guru* kam also zum Abendessen und sagte zur Königin: „Wenn ihr ihm den Reis serviert, legt eine heiße Kugel Kuhdung dazu." Sie servierte den Reis, während jeder am Tisch saß. Dann tat sie den Kuhdung dazu und legte einen Deckel darüber. Der König hob ihn hoch und sah den heißen Kuhdung. Er wurde sehr ärgerlich und sprach: „Was ist hier los!" Er rief seine Frau. Doch bevor sie irgendetwas sagen konnte, wandte sich der

Guru dem Herrscher zu: „Hört, *Maharaj*, das da ist *Brahman* und der Reis ist auch *Brahman*. Warum könnt ihr nicht von beidem essen? Es ist alles dasselbe. Es ist alles Eins." Jetzt verstand der König, dass er die Lehre falsch angewandt hatte und sah von seinem Vorhaben ab.

Jene Aussage „All dies ist Brahman"[5] bezieht sich nicht auf die relative oder alltägliche Welt, in der wir leben. Es ist die subtilste Essenz, das Substrat von Allem. Das ist *Brahman*. Wir müssen versuchen, dieses Substrat, das allen gemeinsam ist, in jedem Ding zu erkennen. Vergesst nicht die pragmatischen Unterschiede, die in der Welt existieren. Dies ist nicht die Bedeutung von Vedanta.

Schwierigkeiten auf dem Pfad der Hingabe

Auf dem *Bhakti Marga*, dem Pfad der Hingabe, gibt es natürlich auch eine Menge Schwierigkeiten, vielerlei Gefahren, denen man zum Opfer fallen kann, wenn man keinen lebendigen Lehrer besitzt – letzterer ist auf jedem Pfad überaus wichtig. Beim *Bhakti Marga* besteht eine Schwierigkeit darin, dass wir es mit Emotionen zu tun haben. Man arbeitet mit der Liebe zu Gott. Wir haben also vorsichtig zu sein, dass unsere Gefühle echte Gefühle und nicht einfach nur von äußeren Umständen beeinflusst sind. Einige Leute – wir sprachen, glaube ich, letzte Woche darüber – sie weinen! Sie spielen bei einem *Bhajan* einfach verrückt. Aber sie sind nicht wirklich in Ekstase. Manchmal denken sie an andere Menschen – „Was werden die wohl denken? Dass ich ein großer Devotee bin, wenn ich weine!" - Sie denken nicht so sehr in vielen Worten. Es wird sich mehr im Innern vollziehen, im Unbewussten. Das ist also die eine Gefahr: „Gefühligkeit"

---

[5] sarvam khalv'idam brahma - „All dies ist in der Tat das Absolute". (andogya *Upanishad*)

könnte man es nennen. Es ist keine Hingabe - man könnte es auch „Emotionalismus" nennen. Wirkliche Empfindung ist der innige Gedanke an Gott, der diese Symptome wie Weinen, Tanzen, Schreien mit sich bringt. Es kommt daher, dass das Gemüt, bevor es in Gott aufgeht - der völlige Stille ist - einsgerichtet wird. Somit kommen dann diese Dinge hervor. Ein Mensch mag schwitzen, er mag sich auf dem Boden wälzen, es ist schier unerträglich, eine Art Ekstase, die man nicht aushalten kann. Sie kann sich auf vielerlei Weise ausdrücken. Wir müssen also vorsichtig sein. Ein *Guru* weiß, wann es echt ist und wann nicht.

Etwas anderes: Man sieht viele Devotees, die einer Sache zum Opfer fallen, die sich „Passivität" nennt. – Es ist alles Gottes Wille. Also brauche ich nicht zu arbeiten. Ich brauche mich nicht um meine Familie zu kümmern. Ich brauche auch nicht zu essen. Lass jemanden die Nahrung in meinen Mund stecken. Ich muss sie nicht herunterschlucken. Man soll sie mir die Speiseröhre herunterdrücken. Wo ist da das Ende? Ich muss auch nicht ins Badezimmer gehen. Jemand soll mich dorthin tragen. Ich habe solche Leute getroffen, das ist kein Witz.

Viele Leute haben mich gefragt: „Wie kann ich mich Gott vollständig darbringen? Das würde bedeuten, dass ich nicht fähig wäre, zu essen. Ich wäre nicht in der Lage, auf die Toilette zu gehen. Ich wäre zu nichts fähig – nicht einmal zum Atmen." Das ist ein Fehler. Passivität ist keine Hingabe. Es ist keine Darbringung. Darbringung ist dynamisch, es bedeutet, seine Pflicht zu tun; es heißt, alles, worin immer auch das *Dharma* in jeglicher Situation besteht, als eine Opferhandlung an Gott und den *Guru* zu verrichten, als ein Mittel, um die Gnade Gottes und des *Guru* zu erlangen. Und dann seid nicht enttäuscht, wie immer die Dinge auch verlaufen mögen. Wenn es klappt, in Ordnung, so ist es Gottes Wille. Wenn deine Sache schief geht, ist es auch Gottes Wille. Sei nicht übermäßig erfreut, noch übermäßig traurig über das Ergebnis. Somit sollte auf dem Pfad der Hingabe Passivität vermieden werden.

Swamijis eigene Schwierigkeiten auf dem Pfad der Werke

Dann gibt es den Pfad der guten Handlungen, guten Werke, *Karma Marga*. Ihr habt vielleicht schon Leute gesehen, die damit in großem Ausmaß befasst sind. Sie möchten sozialen Dienst leisten, sie möchten *Guru-Seva* (Dienst für den Meister) machen, alle diese Dinge; und für manche von ihnen entstehen auch daraus zweierlei Arten von Problemen. Wahrscheinlich sind es sogar mehr, doch im Hinblick auf unser Abendgespräch gibt es zwei:

Das eine besteht darin, dass manche Leute darüber auf einen Macht-Trip kommen. Sie wollen alle herumkommandieren. „Du machst dieses Seva, du machst jenes, und wer bist du? Wenn du das nicht tust, bedeutet das, dass du dich dem *Guru* und Gott nicht geweiht hast." So fangen sie an, demütige Verehrer zu peinigen, um sie auf die „Hauptstrasse" von Seva zu führen. S o sollte *Seva* nicht aussehen. Es ist nur ein Mittel, sich an Gott zu erinnern und den eigenen Körper, das eigene Gemüt und die Sprache für den Dienst an Gott und dem Meister zu gebrauchen. Es sollte nicht zu einer Sache werden, die dem ähnelt, was draußen in der Welt und im Büro passiert.

Eine andere Sache ist: Manche sind so sehr im *Karma Marga* engagiert, dass man sie nicht dazu bringen kann, auch nur für einen Augenblick stillzusitzen. „Gehe rüber und meditiere für zehn Minuten." – „Nein, nein! Ich habe keine Zeit, ich habe dieses zu tun, ich habe jenes zu tun..." So sind tatsächlich viele Leute.

Auch ich selbst habe mich in einer bestimmten Phase meines Lebens so verhalten. Ich diente meinem ersten Guru und lief Tag und Nacht hin und her, etwa 10 Jahre lang. Ich konnte nachts nicht mehr als 3-4 Stunden schlafen. Ich konnte nicht einmal ins Bad gehen ohne seine Erlaubnis... Nicht dass ich seine Erlaubnis benötigt hätte, sondern nur um sicher zu gehen, dass er nicht irgendetwas brauchen würde, während ich nicht da war. Man weiß nie, wann der Meister etwas braucht und würde eine goldene Gelegenheit verpassen, nur weil man sich gerade im Badezimmer aufhielt. Das könnte eine unerfreuliche Sache sein.

Es war also ein schwieriges Leben für acht oder zehn Jahre; ich hatte innerlich die ganze Zeit ein nervöses Gefühl. Es ging darum, die Gnade Gottes zu erlangen. Daran ist auch nichts Falsches, ich bin so froh, dass ich das gemacht habe. Heute kann ich es nicht tun. Aber damals geschah es, dass er eines Tages bemerkte, dass es etwas zu viel für mich wurde, und er sagte zu mir: „Gehe in die Meditationshalle des *Ramana Ashrams* und meditiere für eine halbe Stunde." „Nein, ich habe eine Menge Sachen zu tun." – Große Hingabe und Gehorsam! „Nein, nein", entgegnete er, „du gehst jetzt in den *Ashram* und meditierst für eine halbe Stunde. Ich komme später nach und wir gehen dann woanders hin." Ich ging also in die Halle und schloss meine Augen.

Bevor ich meinen Lehrer traf, war ich es gewohnt, dort acht Stunden am Tag zu sitzen. Als ich dann in seinen Dienst trat, wurde es weniger und weniger. So saß ich also jetzt da. Ich schloss meine Augen für eine Sekunde, um sie direkt wieder zu öffnen. „Ist er schon gekommen?" Ich schaue mich um: „Wer sitzt denn da? Was machen die da? Was geht draußen vor? In den Bäumen klettern die Affen umher." Oh, mein Geist konnte einfach nicht stillsitzen! Dann begann ich, nachzudenken: „Das muss ich noch machen, und das habe ich auch noch nicht getan..." Nicht einmal eine Minute...ach was, eine Minute! Nicht eine halbe Sekunde konnte ich mich konzentrieren. Nicht einmal die Augen konnte ich geschlossen halten. Aber letztlich führte alles zum Guten, denn als mein Lehrer dahingeschieden war, als er seinen Körper verlassen hatte, war die ganze Zeit bei mir. Indem man immerwährend an Gott denkt, in jeder Sekunde und alles, was man sein Eigen nennt, aufgibt: seine Gesundheit, seinen Schlaf, seine Nahrung, seine Zeit, einfach alles, wird das Empfinden für Individualität sehr ausgedünnt und das Gefühl für das universelle Wesen, Gott, wird vorherrschend. In diesem Stadium ist es sehr leicht, zu meditieren. Wenn man hingegen selbstsüchtig ist, wird es hart. Es ist eine seltsame Sache.

Ihr mögt euch fragen: „Worin besteht der Zusammenhang zwischen Egozentrik und Meditation? Das sind zwei völlig verschiedene Dinge." Aber sie sind es nicht. Denn es ist das Ego, das individuelle Wesen, das sich wie eine Wolke über das Universale Selbst (*Paramatman*) legt. Wenn nun das Ego dünner und dünner, das Einzelwesen dünner und dünner wird, ist es keinesfalls so, dass du dein Selbst verlierst. Wenn das Ego verschwindet, bedeutet das nicht, dass du fort bist, dass du nicht mehr existierst, sondern dass die Realität (*Sat*) in dir scheint. Das Ego ist nicht die Realität. Es verändert sich unaufhörlich. Die Empfindung des Seins, der Bewusstheit – das ist wirklich, aber das ist nicht das Ego. Aber wir sind die ganze Zeit so von ihm in Besitz genommen, dass wir sozusagen den Kern der Sache verfehlen. Wir verfehlen die Wahrheit. Wir verfehlen die Realität.

Es gibt die Geschichte von einem Lehrer, ich glaube, es war ein Psychologe. Er kam in seine Klasse und öffnete einen riesigen weißen Bogen Papier. Er hing ihn an der Wand auf. In der Mitte des Blattes befand sich ein winziger schwarzer Punkt. Dann forderte er alle seine Schüler auf: „Bitte schreibt auf, was ihr seht." Jeder einzelne Schüler schrieb dasselbe: ein schwarzer Punkt. Niemand schrieb: „Weißes Papier." Sie übersahen das Papier einfach. In gleicher Weise übersieht jeder den Himmel. Man sieht nur die Wolken. Alle sehen nur die Gedanken, sie verfehlen das Bewusstsein, welches die Gedanken offenbart. Deshalb müssen wir auch das Ego auflösen, denn das Bewusstsein – es ist da, es ist das Selbst. Die Gedanken, die Persönlichkeit, die Gefühle, das ist das Ego. Wir sind immer mit Letzterem befasst, anstatt mit dem Gefühl des „Seins" oder des „Ich bin". Wir sind beschäftigt mit dem, was wir sind, oder vielmehr mit dem, was wir gerade nicht sind.

Wir können heute nicht weitermachen, da wir das Video gezeigt haben. Gewöhnlich rede ich etwa eine Stunde, aber heute dachte ich mir, es wäre schön, wenn jeder sich das anschauen würde. Ich denke, nächste Woche können wir uns die andere Hälfte des Videos anschauen und anschließend wieder ein kurzes Gespräch führen. In der Woche danach fahren wir dann mit unserer normalen Routine fort.

OM NAMAHA SHIVAYA

Satsang im M.A.-Center, 1995
Kassette Nr. 7, Seite B

Wie man zum Absoluten wird

„Kinder, unsere Haltung gegenüber jeglichem Ding in der Schöpfung sollte frei von irgendeiner Erwartung sein. Dazu dient Sadhana."[6]

In diesem Vers geht es um das, was wir *Raga* nennen. *Raga* bedeutet Anziehung oder, wie man auch sagen könnte, Begehren. Gewöhnlich schwankt unser Gemüt zwischen der Zuneigung zu einer Sache und der Abscheu gegenüber einer anderen hin und her. Dies verursacht Ruhelosigkeit. Viele von uns sind, nachdem sie eine Zeit lang ein normales Leben geführt haben, zu der Schlussfolgerung gelangt, dass wir niemals mehr ein ruheloses Gemüt haben wollen. Wir sind somit zur Spiritualität gekommen als einer Art permanenten Kur gegen diese Krankheit des Gemüts. Amma sagt, dass es nötig ist eine Haltung der Nicht-Erwartung zu entwickeln, wenn wir jene Tendenz unseres Gemüts verringern wollen, zwischen der Anhaftung an Vergnügen und der Flucht vor Leid hin und her zu pendeln.

Versuche, ein Leben zu führen, das frei ist von Erwartungen

Es ist gut und wünschenswert, ein Leben voller Pflichtbewusstsein zu führen. Aber das ist ein Ideal. Ich habe heute darüber nachgedacht. Bevor ich hierhin gekommen bin, um in Amerika zu leben, war ich ungefähr 25 Jahre in Indien. Ich hatte nicht viel Kontakt mit dem, was man die „reale Welt" nennen würde. Ich lebte ständig in Ashrams. Die Nöte des

---

[6] Brihadaranyaka Upanishad I. 4.10.

Wie man zum Absoluten wird 41

Lebens eines Durchschnittsmenschen, seine Versuchungen, Begierden, ebenso seine Freuden und Vergnügungen – das alles kannte ich nicht. Mein Leben war einfach ein Leben, das durch *Sadhana* bestimmt war. Ich schätze, als ein Teenager ging ich sehr rasch durch alle diese Dinge und kam zu dem Schluss, dass für das Problem des Unglücklichseins das weltliche Leben nicht die Lösung sein kann. Aber ich vermag einzusehen, inwiefern die meisten Leute nicht in der gleichen Weise empfinden.

Neulich unterhielt ich mich mit jemandem. Nachdem ich hierhin gekommen bin, habe ich mit vielen Menschen über ihre praktischen Probleme gesprochen, so auch an diesem Tag. Sie unterhielten sich mit mir über die Schwierigkeiten, denen sie in ihrem Leben begegneten, seit sie jung waren. Eines dieser Probleme, über das sie sprachen, war die Rassendiskriminierung – ein sehr reales Phänomen, das man überall in der Welt antrifft. Wenn du dich in der Minderheit befindest, demütigen dich die Leute. Sie verhöhnen dich und sagen eine Menge unerfreulicher Dinge. Es ist schön und gut, zu sagen: „Ertrage es einfach." Das wäre der spirituelle Blickwinkel und ist auch die ideale Verhaltensweise. Aber in der Praxis ist es nicht so leicht.

Eines Tages besuchte ich jemanden von außerhalb. Ich kam mit dem Auto gerade die Straße heruntergefahren, als ich hörte, wie einige Kinder aus der dortigen Nachbarschaft Mahatma Gandhi beleidigten. Meine erste Reaktion war Ärger und ich richtete ein paar Worte an sie, ungefähr so: „Mahatma Gandhi war eine große Seele, was fällt euch ein, über ihn zu lästern." Aber sie kümmerten sich nicht darum. Sie wussten überhaupt nicht, wer er war. Sie hatten einfach von irgendwo übernommen, wie man über jemanden herzieht, der anders ist als man selbst. Für mich war es schwierig, meine Reaktion gegenüber diesen unwissenden kleinen Kindern zu kontrollieren. Sie wussten nicht, was sie sagten. Sie hatten es von ungebildeten Freunden gelernt oder von Erwachsenen, die in der gleichen Weise handelten. Dann dachte ich mir: „Wie ist es mit Amma? Wie war es in Ammas Leben?" Denn ich versuche immer, alles auf sie zurück zu beziehen. Es muss ein Beispiel in ihrem Leben geben, wie sie mit den entsprechenden Schwierigkeiten umgegangen ist. Tatsächlich, jemand fragte sie: „Amma, warum wurdest du geboren als Tochter eines Fischers und nicht als Tochter eines Priesters oder eines kultivierten Menschen?" Sie antwortete, es wäre geschehen, um unter Beweis zu stellen, dass man trotz vieler Probleme und ungeachtet des völligen Mangels einer spirituellen Kultur Gottesverwirklichung erlangen kann. Man könne das höchste Ziel erreichen inmitten von lauter Hindernissen. Und so dachte ich auch jetzt daran, wie sie die ganze Zeit über mit diesen Dingen umgegangen war. Dies war nur ein Mensch, der über eine dritte Person schimpfte, nicht einmal direkt über mich, obwohl auch ich einen gewissen Anteil daran nahm. Es war nur jemand beleidigt worden, der mir sehr nahestand, man könnte sagen, dessen Ideal mir sehr nahe stand; und doch fühlte ich mich ein wenig verärgert. Dann fing ich an, die Sache von der Seite zu bedenken: „Was war mit Amma? Wie viele Menschen beschimpften sie wegen ihrer Spiritualität!" Auf diese Weise konnte ich etwas Geistesfrieden erlangen.

Doch ich begriff damals, was für eine schwierige Sache es ist, mit diesen unangenehmen Situationen im Leben umzugehen, selbst wenn man ein spirituelles Ideal besitzt – und noch viel mehr, wenn man keines besitzt. Einige Leute erteilen den Rat: „Entwickle dein Selbstwertgefühl oder werde jemand, so dass die anderen Leute nur ja nicht glauben, du seist minderwertig." Doch das ist keine dauerhafte Lösung. Ich bin der Auffassung, wie bedeutend man auch in den Augen der Welt erscheinen mag, wie sehr das auch dem Ego Auftrieb geben mag, am Ende muss es so oder so schief gehen, spätestens im Augenblick des Todes. Die einzige Sache, die im Augenblick des Todes nicht versagt, ist die Hingabe an Gott.

Es ist also leicht, zu sagen, wir sollen frei sein von Erwartungen. Es zu praktizieren, ist es keinesfalls. Doch Amma fordert uns auf, es trotzdem zu versuchen, weil sie fühlt, dass Spiritualität die endgültige Lösung zu jedem Problem ist. Wir können die Löcher mit anderen Dingen flicken, doch am Schluss werden sie ein Leck bekommen, irgendwann, irgendwie.

Weil die Wurzel aller Probleme unser ruheloser Geist ist, müssen wir danach trachten, Ammas Rat auf die beschriebene Weise zu befolgen. Wenn man den elementaren Grund für die Ruhelosigkeit auf den Punkt bringen will, kann man sagen: Sie existiert, weil wir versuchen, Glück zu finden in Dingen außerhalb von unserem Selbst. Das ist auch ganz vernünftig, weil wir unser Selbst nicht als beglückend erfahren. Wir werden herumgestoßen, wir verlieren unseren Geistesfrieden und schließen uns selbst aus vom *Atmanananda*, der Seligkeit, die unser Selbst ist. Also sagt Amma: Versucht wenigstens die Tendenz zu verringern, ständig nach außen zu blicken und von allem, was euch umgibt, entweder in der Form von Anziehung oder von Abneigung beunruhigt zu werden; versucht, eine Haltung der Nicht-Erwartung zu entwickeln. Wenn wir etwas erwarten, sei es von einer Person, einer Sache, ja sogar von einer Situation, und wir werden enttäuscht, was geschieht? Entweder werden wir unglücklich oder werden ärgerlich, oder beginnen sogar, die betreffende Person zu hassen.

In diesem Zusammenhang kommt mir immer ein Sprichwort in den Sinn, das Amma verwendet:

„Versprechungen sind dazu da, um gebrochen zu werden."

Selbst wenn wir also empfinden, dass jemand etwas Bestimmtes zu tun versprochen hat oder wenn man eine Beziehung entwickelt hat und davon ausging, dass sie den und den Verlauf nehme, dass die andere Seite sich auf solche oder solche Weise erkenntlich zeigen sollte - denkt immer daran, dass Versprechungen dazu da sind, um gebrochen zu werden, dass jeder an seinem eigenen Vorteil interessiert ist; das ist die Natur der Dinge. Führt also kein Leben, das auf Erwartungen aufgebaut ist.

In welcher Hinsicht kann Sadhana helfen?

Dazu dient das *Sadhana*. In welcher Weise sollte es einem helfen, diese Haltung zu erreichen? Weil es im Hinblick auf den Pfad der Erkenntnis dazu verhilft, die Haltung eines Zeugen zu entwickeln. Anstatt immer zwischen den Extremen von Anziehung und Abstoßung hin und her zu schwingen, versuchen wir, eine indifferente Haltung gegenüber allem und jedem einzunehmen. Auf diese Weise werden wir nicht so sehr von Erwartungen und Ablenkungen bestimmt.

Es geht also um Meditation, um ein wenig Meditation, ein paar *Bhajans*, ein wenig spirituelles Studium, sogar für Kinder – nicht nur für diejenigen von uns, die bereits ein Drittel, die Hälfte oder drei Viertel ihres Lebens hinter sich haben – sondern auch für Kinder ist spirituelle Praxis wirklich notwendig, denn das wird ihrem Geist etwas Stabilität, ein bisschen Solidität verleihen, damit er nicht so sehr durch alle möglichen Situationen hin und her gerüttelt wird. Ihr müsst euch daran erinnern, dass Amma niemals empfiehlt, dass die Leute einfach gierig auf Spiritualität werden und alles andere hinauszuwerfen, all ihre Wünsche und ihre Ziele, und 24 Stunden am Tag in einer Höhle sitzen. Nein, sie weiß, dass das praktisch unmöglich ist. Doch mildert wenigstens euer weltliches Leben durch etwas spirituelle Praxis. Dazu dient *Sadhana*.

Wie man zum Absoluten wird 45

"Zur Vision Gottes gibt es keine Abkürzung. Obwohl Kandiszucker süß ist, schluckt ihn niemand einfach so hinunter, weil sonst die Kehle beschädigt wird. Er wird langsam aufgelöst und heruntergeschluckt. In ähnlicher Weise sollte Sadhana regelmäßig und mit Geduld praktiziert werden."

Es sind zwei Punkte, auf die Amma hier zu sprechen kommt. Grundsätzlich meint sie zwei Dinge, wenn sie sagt: „Es gibt für die Schau Gottes keine Abkürzung." Das eine ist, dass viele Menschen in das spirituelle Leben sehr vertieft sind und zu vieles zu schnell wollen. Sie beginnen an „spirituellen Verdauungsstörungen" zu leiden. Sie versuchen, viele Stunden am Tag zu meditieren. Sie versuchen, die ganze Zeit *Japa* zu machen. Und was passiert dann? Sie haben nicht die Kraft dazu und werden deprimiert. Mit anderen Worten, sie hatten Ehrgeiz aber kein Verlangen, keine Sehnsucht. Ihr Ehrgeiz war stärker als ihre Fähigkeit. Also rät Amma, Schritt für Schritt vorzugehen, nicht zu viel auf einmal zu machen. Tue etwas regelmäßig, selbst wenn es nur fünf Minuten am Tag sind, und morgen dann sechs Minuten. Mache nicht zu viel.

Die andere Sache, auf die sich Amma hier bezieht, ist der Gebrauch von Drogen im Zusammenhang mit Spiritualität. Manche Leute kommen zu ihr und sagen: „Amma, ist es nicht berechtigt, bewusstseinserweiternde Drogen zu verwenden, um spirituelle Erfahrungen zu machen?" Tatsächlich geht das schon so seit Tausenden von Jahren, auch in Indien. Und Amma heißt das in keiner Weise gut. Sie betont, dass es für wahre Spiritualität kein abgekürztes Verfahren gibt, viel weniger noch für die Vision Gottes. Was wir zu erfahren suchen, ist unser eigenes Selbst, nicht irgendetwas davon Verschiedenes. Demnach sind Drogen so etwas wie Tee und Kaffee. Ihr mögt sehr müde sein, sehr schläfrig; dann trinkt ihr ein Glas Tee oder eine Tasse Kaffee und was geschieht? Ihr seid plötzlich voller Energie. Wo kommt diese Energie her? Ist sie im

Kaffee oder im Tee? Nein, es ist eure eigene Energie, der Tee oder Kaffee hat sie nur zum Vorschein gebracht. Es ist so ähnlich wie bei einem Pferd, das völlig erschöpft ist und das ihr peitscht. Für eine gewisse Zeit wird es nun sehr schnell laufen und dann am Ende, wenn die Wirkung der Peitsche sich abgenutzt hat, was passiert? Das Pferd bricht zusammen, denn es war sozusagen nicht seine wirkliche Energie, es war eine vorübergehende Freisetzung. Mit Drogen ist es genauso. Sie setzen eure eigene Energie frei, doch weil es eine Abkürzung ist, kommt es dazu, dass ihr letztlich eurer Energie beraubt werdet. Ihr geht unter den Null-Level, statt über ihn hinaus. Und den Verlust dann wieder hereinzuholen ist sehr schwierig.

Wenn ihr Nahrung zu euch nehmt, ist euer Körper gesättigt und ihr erlangt wirkliche Stärke, nicht wie bei Tee und Kaffee. In derselben Weise beseitigt die *Sadhana*-Praxis die Hindernisse, die der Erfahrung spiritueller Seligkeit im Wege stehen; dann können wir wirkliche Fortschritte machen – nicht durch Drogen. Es gibt für die Schau Gottes keine „Abkürzung". Es ist seit 20-30 Jahren ein großes Problem der westlichen Welt, dass die Leute im Namen von Spiritualität eine Menge Rauschmittel einnehmen.

„Ohne Liebe zu Gott ist es nutzlos, Japa zu machen oder zu meditieren. Diejenigen, die meinen, sie können mit dem Sadhana beginnen, nachdem sie Liebe zu Gott entwickelt haben, sind jedoch Faulpelze. Sie gleichen denen, die darauf warten, dass die Wellen des Ozeans sich legen, bevor sie in ihm baden."

Viele von euch haben Amma gesehen, wenn sie *Bhajans* singt, in welche Ekstase sie dann gerät... Diejenigen, die einige Zeit mit ihr in Indien verbracht haben, sind möglicherweise Zeuge gewesen, wie sehr sie versunken ist in das, was man *Samadhi* nennen könnte. Sie befindet sich in tiefer Seligkeit. Sie nimmt die Dinge anscheinend kaum wahr. In den alten Tagen geriet sie des Öfteren in eine Stimmung, in der sie anfing zu lachen – nicht über irgendetwas, was uns bekannt gewesen wäre. Sie begann einfach zu lachen, und lachte und lachte und lachte und lachte – für etwa ein oder zwei Stunden. Dann wurde sie für eine weitere Stunde völlig still und ruhig wie ein Stein. Wenn man dies sieht, inspiriert es einen zu der Einsicht, dass es da etwas gibt, das sich Göttliche Wonne nennt, und dass wir das gerne erfahren möchten. Darin besteht der große Nutzen des Zusammenseins mit einem *Mahatma* oder einem Weisen, dass Spiritualität oder spirituelle Erfahrung zu einer realen Sache werden. Dann ergreift es Besitz von uns und wir wollen es auch erlangen. Aber Amma sagt uns hier, dass wir dafür arbeiten müssen.

Es gibt zwei Arten von *Bhakti*, zwei Arten von Hingabe: *Gauna-Bhakti* und *Raga-Bhakti*.

Gauna-Bhakti, das ist genau das, was die meisten von uns tun. Wir machen etwas *Japa*, singen *Bhajans*, lesen spirituelle Bücher, lernen Musik. Wir machen all die verschiedenen spirituellen Praktiken, die es gibt. Man geht zu Pilgerstätten, besucht Amma, all die Dinge, die wir tun können. Doch empfinden wir nicht diese Wonne. Was wir also tun müssen, ist, damit fortzufahren. Denn eines Tages werden wir plötzlich etwas fühlen. Unser Herz wird schmelzen. Es mag ein *Bhajan* sein, ein großartiger *Bhajan* ...

Oder wir kommen zu Ammas *Darshan*. Selbst wenn wir nüchtern sind wie ein Stein, öffnet sich unser Herz in diesem Augenblick. Oder wir riechen einen Duft, der uns intensiv an einen spirituellen Ort erinnert, an dem wir einst waren; oder wir denken an eine heilige Person und sind einfach voll von göttlicher Liebe. Das wird *Raga-Bhakti* genannt, wenn du erfüllt bist von *Raga*, erfüllt von Liebe, von Leidenschaft für Gott. Doch es entsteht durch *Gauna-Bhakti*. Wir können nicht

sagen: „Oh, ich wünschte, ich könnte mich auflösen in göttlicher Liebe, und bis es dazu kommt, werde ich gar nichts tun", denn auf diese Weise kommt sie nicht. Das ist es, was Amma sagt, dass man darauf nicht warten kann; es wäre so, als ob man darauf warten würde, dass die Wellen verschwinden, bevor man ein Bad im Ozean nimmt. Ihr müsst es tun...Dann entwickelt es sich zu *Raga-Bhakti*.
Manchmal mögen wir fühlen: „Oh, das ist wirklich schwer. Nun versuche ich es schon seit so vielen Jahren und fühle immer noch keine Hingabe. So viele *Sadhanas* habe ich ausprobiert, aber ich bin immer noch nicht in der Lage, mich zu bessern." Wir dürfen wegen der Schwierigkeiten nicht aufgeben.

Über den Teenager, der wissen wollte, wie man mit schwierigen Situationen umgeht.

Ich erinnere mich an eine Geschichte, nicht unbedingt spirituellen Charakters, aber eine Geschichte von jemandem, der niemals aufgab. Es war eine Person, welche die Straße entlang fuhr, ein Teenager. Er fuhr also mit dem Auto die Straße entlang und schlief am Steuer ein, spät in der Nacht. Er kam von der Fahrbahn ab, fuhr gegen einen Baum und brach sich die Wirbelsäule. Sechs Monate lag er im Krankenhaus. Dann kam er nach Hause. Auch dort gab es eine Menge Schwierigkeiten. Während dieser Zeit dachte er: „Was für einen Sinn hat mein Leben noch? Wie soll ich mit dieser Sache fertig werden? Ich habe nicht die geringste Idee, wie ich mit der Tatsache umgehen soll, sechs Monate im Bett zu liegen. Und wie soll ich mit dem Unfrieden in meinem Zuhause klar kommen?" Er wusste also wirklich nicht, was er tun sollte. Er fand darüber hinaus, dass seine Ausbildung sehr unbefriedigend war. Tatsächlich stellt sie für die Menschen der modernen Welt einen Ort der Zuflucht dar, anstelle der kulturellen Tradition, die dieses Bedürfnis in früheren Zeiten

Wie man zum Absoluten wird

erfüllte. Seine Ausbildung hatte ihn nichts gelehrt, außer hinauszugehen und eine Arbeitsstelle zu bekommen. Wie sollte man alle diese Probleme handhaben, wie mit diesen schwierigen Situationen umgehen.

Das war das Gute an der Tradition, sie lehrte uns alles von A bis Z: wie man sein Leben zu führen, sogar, wie man zu sterben hatte. So begann er eine Untersuchung durchzuführen. Er besuchte viele Leute, ungefähr 2000 Schüler, und fragte sie: „Glaubst du, dass deine Ausbildung dich auf das wirkliche Leben vorbereitet hat, deine tatsächliche Situation, wenn du die Schule verlassen hast?" Die Antwort von 85-90% der Befragten war „Nein, absolut nicht!" Er ging also zu mehreren Erziehern, doch niemand war bereit, ihm zu helfen. Sie sagten: „Gehen Sie zurück zur Schule. Sie sind ein junger Mann. Sie wissen überhaupt nichts! Sie sollten sofort zurückgehen, ein College besuchen und einen Beruf ergreifen." Aber er akzeptierte das „Nein" nicht als Antwort, denn er war überzeugt, dass es sich dabei um etwas handelte, was bewältigt werden musste.

Er konzipierte also eine Art System, wie man eine gewisse Selbstachtung erlangt. Er fand nämlich heraus, dass viele der jungen Leute keinerlei Selbstachtung besaßen, keinen Sinn für ihren Wert, für ihren Nutzen hatten. Viele von ihnen fühlen sich einsam. Da ist niemand, mit dem sie kommunizieren können, selbst mit ihren Eltern nicht. Und ihre Freunde haben dasselbe Problem. Er fühlte die Notwendigkeit, etwas zu tun. Eine Art Management war erforderlich, man könnte es Krisenmanagement nennen. Wie kann man mit diesen schwierigen Situationen, die plötzlich auf jeden zukommen, fertig werden? Dafür entwarf er, wie gesagt, ein System - wie man Beziehungen aufbaut, so dass man sich in Harmonie befindet mit jedermann, sowohl in der Familie als auch auf der Arbeit und in der Schule. Für alle diese Dinge also, die man zwar nicht in der Schule, aber dafür aus der Tradition lernt, oder von denen man annimmt, dass man sie von der Tradition lernt, entwickelte er ein Konzept. Niemand war daran interessiert. Dann borgte er sich Geld, er verschuldete sich mit 35.000 Dollar. Schließlich war er soweit, aufzugeben. Jemand riet ihm: „Versuche es doch bei diesen gemeinnützigen Stiftungen, welche Ausbildungsprogramme finanziell unterstützen. Darauf schrieb er an 155 Adressen, um finanzielle Unterstützung zu bekommen. Niemand war bereit, ihm auch nur einen Penny zu geben. Und wieder wollte er aufgeben. Doch er sagte sich: „Nein, ich muss es versuchen, denn es gibt keinen anderen Weg, wenn mein Herz mir sagt, dass es das ist, was ich zu tun habe. Selbst wenn es zu einem völligen Fehlschlag führt, ich mache weiter!"

Solch eine Willenskraft besaß er! Schließlich schrieb er einen Brief an eine Firma, ich glaube, es war Kellogg, dieses Unternehmen, das Frühstückskost produziert, und bat um 55.000 Dollar, damit er sein Ausbildungsprogramm beginnen könnte. Sie riefen ihn an und sagten ihm: „Wissen Sie, wir haben beschlossen, dass wir ihnen die 55.000 Dollar nicht geben können." Er war im Begriff, in Tränen auszubrechen, aber sie eröffneten ihm: „Wir haben beschlossen, Ihnen 155.000 Dollar zu geben!" Er nahm also das Geld und entwickelte sein Programm. Schließlich bekam er den größten staatlichen Zuschuss in der amerikanischen Geschichte! Er erhielt 65 Millionen Dollar, um die Sache weiterzuführen. Am Ende landete er bei 100 Millionen Dollar Unterstützung von verschiedenen Institutionen. Sein System wird jedes Jahr in 30000 Schulen etwa 3 Millionen Schülern überall in der Welt gelehrt.

Ich erinnere mich jetzt nicht aus dem Kopf an die Namen des Mannes oder des Systems. Warum ich diese Geschichte erzähle? Wisst ihr, wir sprechen über alle diese spirituellen Dinge, „Du sollst dieses tun, du sollst jenes tun, mache *Japa*, verfeinere dein Gemüt, versuche, dein Gemüt zu reinigen." Wir wissen, es ist sehr schwer, und ihr solltet nicht einfach denken: „Es ist nur leicht, darüber zu reden, aber unmöglich, es zu tun." Es ist sehr wohl möglich. Wenn ihr die Lebensgeschichten von *Mahatmas* lest, stellt ihr fest: Sie taten es. Glaubt nicht, dass man einfach als *Mahatma* geboren wird. Jeder, der zu solch einer großen Seele wurde, war im Allgemeinen ein gewöhnlicher Mensch, als er geboren wurde – und sie alle arbeiteten hart. Sie waren einfach inspiriert, so zu handeln. Sie dachten: „Es gibt keinen anderen Weg, es gibt keine andere Lösung!" Wenn ihr in der gleichen Weise fühlt, „Es existiert keine andere Lösung, diese Probleme zu beseitigen, die in meinem Leben aufkommen", dann erlangt ihr die Stärke, es zu tun. Genau wie dieser Mann, der fühlte, dass es keinen anderen Weg gab, als zum Nutzen der Welt dieses System zu entwickeln. Er hatte ein hohes Ideal, und von diesem hohen Ideal bezog er seine Kraft – und erreichte es.

Glaubt also nicht, Spiritualität sei ein Ding der Unmöglichkeit. Glaubt nicht, in der Seligkeit Gottes aufzugehen, Ekstase zu erfahren oder *Raga-Bhakti* sei unmöglich. Ihr müsst weitermachen und schließlich wird es zwangsläufig Früchte tragen. Jedes Hindernis wird fortgespült werden, wenn unsere Anstrengung beharrlich weitergeführt wird. Gebt jedoch nicht auf, nur, weil Widerstände da sind. Widerstände wird es immer geben.

Sadhana wird sogar eurem Leib Stärke verleihen

„Durch Sadhana erlangen wir Shakti, und der Körper wird befreit von Krankheiten. Es wird möglich, bei jeder Gelegenheit aktiv zu sein, ohne zusammenzubrechen."

Amma spricht hier das Problem an, dass unser Leben normalerweise zerstreut ist. Wir haben viele Ziele, viele Gedanken, viele Wünsche, viele Ideen, viele Standards – oder vielleicht auch keinen, das läuft auf dasselbe hinaus. Es herrscht keine Eintracht in unserem Gemüt.

Aus diesem Grund wird die Energie, die wir besitzen - unserem Körper und Geist wurde sozusagen ein bestimmtes Quantum an Energie zur Verfügung gestellt – vergeudet. Sie dringt in viele Richtungen nach außen. Wenn ein großer Druck auf uns lastet, wenn wir eine Menge Arbeit oder ein besonderes Ausmaß an Gedankentätigkeit zu leisten haben, dann werden wir müde, weil diese begrenzte Energie nicht verdichtet ist. Es ist wie bei einem Schlauch voller Löcher. Nicht viel Flüssigkeit erreicht das Ende: Alles entweicht aus den Löchern. Diese Zerstreuung, dieser Mangel an Einheitlichkeit erschöpfen unsere Energie, und unter Druck, unter Stress brechen wir zusammen. Wenn das geschieht, wenn unser *Prana* schwach wird, beginnen wir zu kollabieren, dann wird auch unser Körper krank.

Durch *Sadhana* vereinheitlichen wir also unser Gemüt. Wir verleihen ihm eine gewisse Stabilität, und es fängt dann allmählich an, unseren Energiefluss zu kontrollieren. Er wird glatter und konzentrierter. Das ist auch für unsere Gesundheit von Vorteil, und selbst unter angespannten Situationen brechen wir nicht so leicht zusammen. Das ist das Wort, das Amma verwendet: „zusammenbrechen". Es mag sich um einen physischen Kollaps handeln oder auch um einen mentalen. Also selbst in dieser Hinsicht ist *Sadhana* nützlich. Es gibt unserem Gemüt (und damit dem Körper) Kraft. Ich erinnerte mich gerade jetzt an etwas, was einem der *Brahmacharis* passierte.

Er hatte über viele Jahre ein strenges *Sadhana* praktiziert. Eines Tages war er zu Hause bei seinen Eltern und es gab dort ein Problem mit der Elektrik. Er war zu Gange mit den - wie nennt man das - Hauptkabeln? Er versuchte, das Problem herauszufinden und berührte unglücklicherweise die Hauptleitung, die für die Stromversorgung verantwortlich war. Nun, das sind 220 Volt; nicht 110 Volt, wie hier. Selbst 110 geben dir einen heftigen Schlag – und 220 Volt sind zweimal

Wie man zum Absoluten wird 53

so viel. Und er hing fest. Wenn man nämlich einen blanken Draht berührt, ist man nicht in der Lage, ihn loszulassen, weil das Nervensystem einen Schock erhält. Er konnte nicht loslassen und blieb in diesem Zustand für eine halbe Stunde. Schließlich kamen zufällig Leute vorbei und sahen ihn. Sie gaben ihm einen Stoß und er fiel hin. Er hatte keinen besonderen Schaden erlitten. Amma sagte jedoch, dass ihn die Sache getötet hätte, wenn er nicht *Sadhana* praktiziert hätte. Nicht in dem Sinne, dass Gottes Gnade ihn gerettet hätte, dass ihn Gott wegen seines *Sadhanas* beschützt hätte – gar nichts so Mysteriöses und Einseitiges. Amma meint vielmehr, dass durch *Sadhana* sein Nervensystem gestärkt wurde, gereinigt wurde, so dass er diesen Stromschlag ertragen konnte, ohne zu sterben. Also selbst auf diesem praktischen Gebiet haben spirituelle Übungen ihren Nutzen.

„Beim Sadhana bringt einen Gott bis an die Türschwelle. Wenn man zum Ashram kommt, reist man 50 Kilometer mit dem Bus bis Vallickavu, den restlichen Kilometer kann man leicht zu Fuß zurücklegen. In ähnlicher Weise bringt einen Gott bis ans Tor von Akhanda Saccidananda oder der ungeteilten Einheit von Sein – Bewusstsein – Glückseligkeit."

Wenn man Ammas indischen Ashram in Vallickavu früher mit dem Bus erreichen wollte, musste man einen Kilometer vorher aussteigen. Den Rest des Weges ging man entweder zu Fuß oder benutzte ein anderes Fahrzeug, da die Busse nicht bis zum Flussufer fahren und dann die Backwaters überqueren konnten. Heute vermag man natürlich direkt bis zum Flussufer zu gelangen. Der Bus bringt einen also die ganze Strecke bis dorthin, aber nicht direkt bis zum Ashram. In ähnlicher Weise bringt einen der *Bhakti*-Pfad, die Hingabe an eine Form Gottes oder die Göttliche Mutter zum Zustand von *Akhanda Saccidananda*. Was ist *Akhanda Saccidananda?* Es ist die Realität; der göttliche Ozean; der Ozean der Intelligenz. Das liegt jenseits des personalen Gottes. *Akhanda* bedeutet „ohne Teile". *Akhanda Saccidananda* lässt sich noch am ehesten mit einem Raum vergleichen. Es gibt nichts anderes, womit man Gott sonst vergleichen könnte. Der Raum hier; der Raum in eurem Körper, der Raum zwischen den Atomen eures Körpers, der Raum der diesen Ort genauso erfüllt, wie das, was Abermillionen von Lichtjahren entfernt liegt – er ist ein und dasselbe. In ihm gibt es keine Verschiedenheit. Das also bedeutet *Akhanda*: Es ist ununterbrochen, einheitlich und allgegenwärtig. Es gibt keine Möglichkeit, es zu zerteilen.

Nun stellt euch vor, der uns bekannte Raum, der durch Trägheit gekennzeichnet ist, wäre intelligent, wäre die Intelligenz selbst. Es wäre ein lebendiger Raum. Das wird *Saccidananda* genannt, der Raum reiner Intelligenz, reines Sein, reine Glückseligkeit – das ist die wahre Natur Gottes.

Wisst ihr, manchmal sagen Leute, besonders Atheisten, die zur Logik und zum Intellektualismus neigen: „Ich glaube nicht, dass es einen Gott gibt." Gewöhnlich meinen sie mit „Gott" jemanden, der im Himmel sitzt, der über jedermann das Urteil fällt... Er ist eine Persönlichkeit. Wovon aber Amma hier spricht, ist die Höchste Realität, Gott, ist *Akhanda Saccidananda*. Das ist jenseits der Personalität, es ist das Wesen von allem. Es ist auch das Wesen unseres eigenen Selbst. Wenn wir über unsere Personalität hinausgehen, wenn wir sie bis zu ihrer Wurzel zurückverfolgen bis zum „Ich", das ist *Akhanda Saccidananda*. „Ich" bedeutet Sein, Bewusstheit; und wenn dann unser Geist wirklich rein wird und nur noch „Ich" erstrahlt, dann ist da auch Glückseligkeit. Nun sind *Sad* (Sein) und *Chid* (Bewusstsein) jedermann einsichtig – *Ananda* (Glückseligkeit) erstrahlt jedoch nicht. Das liegt an den Gedanken. Wenn wir also die Gedanken vermindern können, wird auch die Seligkeit aufleuchten und wir werden erkennen, dass wir DAS sind.

Nun sind wir DAS (Sein und Bewusstsein) plus Körperbewusstsein. Statt *Akhanda* werden wir *Khanda,* wir werden zertrennt, werden zu einem Teil: Die alldurchdringende Bewusstheit scheint aufgrund ihres Kontaktes mit Körper und Geist geteilt, begrenzt zu sein.

Durch Anbetung oder, wie man auch sagen könnte, durch Hingabe an diese Erhabene Realität in der Form Gottes, welches die höchste Vorstellung ist, die die meisten von uns erfassen können, werden wir erfüllt von jener einen Idee und alle diese zerrissenen Gedanken und Ablenkungen werden weniger und weniger. Das Gemüt hingegen wird dadurch reiner und reiner, es ist nur noch von Gott erfüllt, und nun vermögen wir *Akhanda Saccidananda* zu erreichen. Somit führt Hingabe also zu Weisheit.

Die Praxis des Vedanta ist sehr schwierig

Wie ihr wisst, sagt Amma in diesen Tagen immerzu, dass diese Philosophie des *Akhanda Saccidananda* – man könnte sagen, es ist *Vedanta:* „Ich bin *Akhanda Saccidananda*", „Ich bin *Brahman*" – großem Missbrauch ausgesetzt ist. Diejenigen Personen innerhalb der gesamten Menschheit, die über *Brahman* als ihr eigenes Selbst meditieren können, vermag man an einer Hand abzuzählen. Amma sagt, es sind überaus wenige! Dabei ist die *Vedanta*-Philosophie so leicht zu begreifen. Jeder mit ein wenig Intellekt kann es verstehen. Eliminiere einfach das gesamte objektive Dasein, und was übrig bleibt, ist dein Selbst, das ist *Brahman*. Es scheint sehr leicht einzugehen, sehr leicht, darüber zu reden, darüber nachzudenken. – Aber es wirklich zu praktizieren, das können nur sehr, sehr wenige. Also sagt Amma, dass Hingabe an besagte

Wirklichkeit als ein objektives Wesen uns dort hinaufführen wird: zu jenem letzten Tor. Ich erinnere mich an... Nun, wir haben Amma selbst. Eine Person, die in *Saccidananda* lebt, wie wird sie sich verhalten? Können w i r so leben? Wenn wir es können, sind wir auch in der Lage, das *Sadhana: „Aham Brahma Asmi" – „Ich bin Brahman"*, zu praktizieren. Schaut, wie jeder Tag für Amma ein *Shivaratri* ist. Wie sehr haben wir zu kämpfen, um an *Shivaratri* wach zu bleiben. Für diejenigen von euch, die nicht wissen, was *Shivaratri* ist, das ist jene eine Nacht, in der wir aufbleiben, *Pujas* zu Ehren *Shivas* ausführen, Geschichten über *Shiva* lesen, und über ihn nachdenken. Ihr solltet sehen, was die Leute alles anstellen, um nicht einzuschlafen; alle Arten von Dingen... Natürlich gibt es Spiele und Dramen, heutzutage gehen die Leute sogar ins Kino. Sie gehen aus und schauen sich Videos an. Sie tun alles Mögliche, nur um nicht einzuschlafen. Die eigentliche Idee in jenen Tagen, als *Shivaratri* ursprünglich ins Leben gerufen wurde, war es, die ganze Nacht *Sadhana* zu praktizieren, *Tapas* zu machen, zu meditieren, viermal die Nacht eine *Puja* auszuführen und an nichts als an Gott zu denken, weil wir nämlich 364 Tage im Jahr an andere Sachen denken.

Nun, stellt euch vor, es ist zwei oder drei Uhr morgens. Was passiert? Ihr nickt ein, ihr wollt schlafen gehen. Ihr schimpft. Schaut euch Amma an. Jede Nacht ist es für sie dasselbe. Lassen wir die normalen Nächte weg. Früher war es so, dass sie drei Nächte in der Woche *Devi Bhava* und *Krishna Bhava* gab. In jenen Tagen ging es von 6.30 Uhr am Abend bis um 6.30 Uhr morgens. Und Ammas Körper ist in gewissem Ausmaß genau wie unserer. Er scheint irgendwie menschlich. Er unterliegt bestimmten menschlichen Begrenzungen. Aber weil sie weiß, dass sie *Akhanda Saccidananda* ist, stellte sie den Schlaf einfach ab, das war alles. Schlaf, das ist der Körper – ich bin aber nicht der Körper. Einst ging ich zum

Darshan und sagte: „Amma, ich will deine wahre Form sehen." Sie sagte: „Wenn du meine wahre Form sehen willst, musst du über die jetzige Form hinausblicken. Ich bin nicht dieser Körper."
Das ist also *Akhanda Saccidananda*: eine Person, die ihren Körper abstellen kann. Wie steht es denn mit Amma? Sie macht diese langen Reisen, kommt zuerst nach Seattle. Nach 18 oder 20 Stunden im Flugzeug gibt sie jedermann auf dem Seattle-Retreat für 7-8 Stunden in dieser Nacht Darshan. Könnt ihr euch vorstellen, das zu tun? Wisst ihr, wie man sich fühlt, nachdem man 18 Stunden im Flugzeug verbracht hat? Als ob einen ein Traktor überrollt hätte. Ihr wollt nur noch etwas essen und dann 16 Stunden schlafen. Nicht bei ihr - jedes Mal, wenn wir die Tour so arrangieren, dass sie am ersten Tag, nachdem sie angekommen ist, etwas Ruhe haben kann, sagt sie: „Nein, deswegen bin ich nicht hierher gekommen. Es geht doch wohl nicht darum, sich auszuruhen." Jedes Mal gibt sie in diesen Nächten *Darshan*. Das ist *Aham Brahma Asmi*, das bedeutet es, *Brahman* zu sein, wenn der Körper einfach abgestellt werden kann, wenn man will.

Die Geschichte von Sadashiva Brahmendra

Das erinnert mich an einen anderen Weisen aus dem 18.Jahrhundert. Sein Name ist nicht so gut bekannt, doch ich nehme an, in Südindien ist er es sehr wohl. Sein Name ist *Sadashiva Brahmendra*. Er schrieb ein wunderbares Lied mit dem Namen *Atmanvidya Vilasa*, was soviel heißt wie: „Das Spiel der Erkenntnis des Selbst".

Ich möchte euch etwas von seinem Leben erzählen, weil es uns eine gewisse Vorstellung gibt, was es bedeutet, zum Absoluten (*Brahman*) zu werden, und welches die Anforderungen sind, um fähig zu sein, diese Art von *Sadhana* zu praktizieren.

Er gab einmal einen jungen Mann, der bei seinem *Guru* lebte. Er war sehr intelligent und diskutierte gerne mit jedermann. Viele *Pandits* kamen damals zu seinem *Guru*, um spirituelle Themen mit ihm zu erörtern. Nun machte es sich dieser Junge, *Sadashiva Brahmendra*, zur Gewohnheit – er muss damals noch anders geheißen haben, später wurde er ein *Sannyasin* und nahm diesen Namen an – die Leute draußen in ein Gespräch zu verwickeln, nachdem sie mit dem *Guru* eine Unterredung gehabt hatten. Er stellt ihnen argumentative Fallen und besiegte sie im Disput. Für den Meister war das eine große Beleidigung, denn er besaß überhaupt nicht diese Eigenschaft. Sein *Guru* pflegte jedermann willkommen zu heißen. Also rief der Meister ihn eines Tages und sagte zu ihm: „Kannst du eigentlich nicht still sein! Kannst du nicht deinen Mund halten?" – Was tat er darauf? Er hielt seinen Mund für den Rest seines Lebens. Er sprach niemals, legte ein Schweigegelübde ab bis zu dem Tag, an dem er starb. Eine solch ungeheure Willenskraft besaß er. Er bewahrte Schweigen. Doch zu jener Zeit war er noch nicht vollkommen. Er verließ den *Ashram*, sein *Guru* sagte ihm: „Gehe fort und mache *Tapas*." So ging er also weg und entwickelte einige *Siddhis*, übernatürliche Kräfte. Nun besaß er eine bestimmte Kraft, er konnte sich auf die Seite legen, und anstatt ein Kissen zu benötigen, schwebte sein Kopf in der Luft. Die ganze Nacht konnte er sich auf diese Weise hinlegen, ohne dass sein Kopf die Erde berührt hätte. Er schwebte einfach.

Eines Tages nun legte er sich auf den Reisfeldern nieder. Er lag auf dem Boden und sein Kopf schwebte. Es war mitten am Tag und er ruhte sich einfach aus. Einige Frauen kamen vorbei und sahen ihn in diesem Zustand liegen. Sie blickten auf ihn und sprachen: „Was für eine Art *Yogi* ist das! Er hat es nötig, seine *Siddhis* zur Schau zu stellen!" Sie gingen weiter.

Dann dachte er: „Hmm." Er ging fort, holte einen Stein, legte sich hin und platzierte den Stein unter seinen Kopf. Einige Zeit später sahen ihn die Frauen, die sich auf ihrem Rückweg befanden, auf diese Weise dort liegen und sagten:

"Was für ein seltsamer *Yogi* ist das! Er kümmert sich um das, was andere Leute über ihn sagen!" Da warf er den Stein weg. Er dachte sich: "Es hat offenbar keinen Sinn, jemand anderen erfreuen oder beeindrucken zu wollen." Danach wurde er sehr tiefgründig. Indem er andere vergaß, den Versuch aufgab, sie innerhalb seines *Sadhana* zu erfreuen oder zu beeindrucken, tauchte sein Geist nach innen und er verwirklichte den *Atman*.

Eines Tages ging er in den Feldern umher. Er sah wie eine Art Verrückter aus. Er trug keine Kleider und schaute immer nach oben in den Himmel. Wieso? Er hatte kein Körperbewusstsein mehr. Er war mit dem *Atman* verschmolzen. Er war die Glückseligkeit selbst – und der Körper bewegte sich umher wie irgendein Gegenstand in einem Traum. Er wanderte also herum, ging über ein Feld und der Besitzer des Feldes sah ihn. An dem Tag beförderte man gerade Feuerholz aus dem Wald, der sich gleich neben dem Feld befand. Sie hatten diese großen Holzstapel, die sie zusammengebunden hatten. Sie brauchten Leute, die ihnen beim Tragen halfen. So ergriffen sie ihn einfach und dachten: "Egal, für irgendetwas können wir ihn schon gebrauchen." Also schnappten sie sich ihn; er sagte kein Wort. Sie legten diesen großen Stapel Feuerholz auf seinen Kopf – und er ging damit weiter. Wohin man ihm auch immer auftrug, sich hinzubegeben, dorthin ging er. An einer bestimmten Stelle war jener riesige Holzstapel, den sie aufgehäuft hatten. Dorthin ging er. Sie sagten zu ihm: "Wirf das Holz dorthin!" Er tat es – und als es auf den großen Stapel traf, ging alles in Flammen auf. Es wurde zu Asche verbrannt.

An einem anderen Tag wanderte er wieder durch die Felder – dort hielt er sich meistens auf. Er fühlte sich müde, also legte er sich auf einen Heuhaufen und schlief für eine gewisse Zeit ein. Dort gab es einen anderen Grundbesitzer. Nun sah man diesen Kerl und ging davon aus, dass es sich um einen Dieb handeln musste. Mit Stöcken kamen sie alle zusammen und wollten ihn verprügeln. Sie umringten ihn auf dem Heuhaufen, als er gerade in diesem Moment seine Augen öffnete und sie anblickte. Sie kamen mit ihren Stöcken auf ihn zu und was geschah? Sie alle waren gelähmt. Alle standen da wie angewurzelt mit ihren Stöcken. Es war wie in einem Comic. Sie standen gelähmt da. Er schaute jeden an, erhob sich, gähnte, wusch sein Gesicht und ging fort, während die Leute völlig erstarrt waren. Als er etwa 100 Meter entfernt war, drehte er sich um und zeigte auf sie: „Okay, ihr könnt euch entspannen!" – und sie fielen zu Boden. Über solche Macht verfügte er.

Eines Tages saß er in einem ausgetrockneten Flussbett. Er befand sich im *Samadhi*. Die kleinen Flüsse trocknen nämlich im Sommer aus. Dann fängt es plötzlich irgendwo an zu regnen und es kommt zu einer Überschwemmung. So geschah es auch hier. Er meditierte gerade, oder vielmehr meditierte er nicht, dazu bestand bei ihm keine Notwendigkeit; er war im *Samadhi*, und es gab eine Überschwemmung in dem Flussbett, in dem er saß. Sie spülte ihn einfach fort. Etwa sechs Monate später grub man das ausgetrocknete Flussbett aus, um Wasser zu bekommen – so macht man das gewöhnlich. Da stießen sie plötzlich auf etwas, und Blut kam hervor. Also wurden sie sehr vorsichtig. Sie gingen um diese Stelle herum und entdeckten, dass dort ein Mensch war, ein nackter Mensch, im Sand vergraben. Behutsam entfernten sie all den Sand, und am Ende schlug er seine Augen auf, schüttelte sich aus und ging fort.

Es ereignete sich noch eine andere Begebenheit, die, wie man sagen könnte, wirklich unter Beweis stellte, dass er vollständig zu Brahman, dem Absoluten, geworden war. Wie im Traum wanderte er umher und gelangte eines Tages in das Zelt eines der Mogul-Fürsten, der irgendwo in der Nähe sein Lager aufgeschlagen hatte. Unglücklicherweise drang er in den Harem ein, wo alle Damen untergebracht waren – dieser nackte *Avadhuta*. Als der Ehemann, ich schätze, es war das Oberhaupt der Familie, ihn dort drinnen erblickte, geriet er in äußerste Wut! Er ging mit seinem Schwert auf ihn zu und hackte ihm seinen Arm ab.

Sadashiva Brahmendra drehte sich einfach um und ging aus dem Zelt hinaus. Er schenkte dem Ganzen nicht einmal Aufmerksamkeit. Er wanderte weiter... und dieser Mann sah seine Reaktion, oder vielmehr das Fehlen jeglicher Reaktion, er begriff: „Was habe ich gemacht? Das ist keine gewöhnliche Person. Er hat nicht einmal gezuckt. Er lief ihm also nach. Er folgte ihm etwa eine halbe Meile und rief: „*Swami, Swami*! Es tut mir leid! Es tut mir leid!" Und *Sadashiva Brahmendra* sagte kein Wort. Dann nach einer weiteren Meile drehte er sich schließlich um und schaute ihn an und machte eine Geste wie: „Was ist los?" Und der Mann sagte: „Es tut mir leid." – Ein fragender Blick: „Weswegen?" Er sagte: „Euer Arm." Er hielt ihn... Er hatte den abgetrennten Arm mitgebracht. Er sprach: „Hier, der Arm. Ich habe ihn euch abgeschlagen." Der *Swami* nahm den Arm, legte ihn an die wunde Stelle, rieb ihn – und der Arm verband sich wieder mit dem Körper und wurde zu einem ganz normalen Arm; er ging weiter. Ihr mögt nun denken: „Was ist das für ein Haufen Unsinn!" Doch solche Dinge ereignen sich im Leben von *Avadhutas*.

Das bedeutet es, *Akhanda Saccidananda* zu sein, nichts Geringeres als das! Wenn ihr für die Welt gestorben seid und für die Seligkeit lebt, die göttliche Seligkeit, wenn ihr eingetaucht seid im Ozean der Wonne, in *Akhanda Saccidananda*.

OM NAMAH SHIVAYA

Satsang im M.A.Center, 1995,
Kassette Nr. 8, Seite A

Wie man Gleichgewicht erlangt

Dasjenige Kapitel in „Für meine Kinder", über das wir sprechen, heißt *Sadhana* und *Sadhaka*. *Sadhana* bedeutet „spirituelle Praxis". Ein *Sadhaka* ist jemand, der *Sadhana* ausführt.

„Kinder, das erste, was getan werden sollte, ist keinesfalls, die Welt zu belehren – vielmehr gilt es, zuerst die Kraft dazu zu erlangen. Diejenigen, die in den Himalaya gehen, werden wollene Kleidung mitnehmen, um sich vor der Kälte zu schützen. In derselben Weise sollte der Geist gestärkt werden, bevor man in die Welt geht, damit man nicht durch Widrigkeiten aus dem Gleichgewicht gebracht wird. Dies ist nur durch Sadhana möglich. Jemand, der nicht durch Sadhana Stärke erworben hat, wird aufgrund der verschiedenen Facetten der Welt zusammenbrechen. Daher ist kontinuierliches Sadhana unerlässlich. Man sollte dabei an einem Ort verweilen und keine Zeit verschwenden."

Für meine Kinder, S.112

In diesem Zitat schneidet Amma eine ganze Reihe von Themen an. Der Sinn des spirituellen Lebens, besonders für die Menschen in Ammas Ashram – man muss sich der Tatsache erinnern, dass viele dieser Aussagen für die *Brahmacharins* bestimmt sind, die im Ashram wohnen – der Zweck des spirituellen Lebens also ist nicht die Belehrung anderer, sondern zuallererst das Erlangen der Fähigkeit, andere zu belehren. Man kann auch sagen, dass es alle betrifft. Viele Leute machen nämlich ein bisschen *Sadhana*, ein wenig spirituelle

Wie man Gleichgewicht erlangt

Praxis, widmen sich dem geistigen Leben, und sobald sie es sich darin bequem gemacht haben, empfinden sie den Drang, anderen darin Unterricht zu erteilen: wie man meditiert, was die Bedeutung von dieser, was die Bedeutung von jener Lehre ist; sie wollen ihre Einsichten mit anderen teilen. Amma sagt, wir sollen im Hinblick auf diese Tendenz sehr vorsichtig sein. Sie meint dies im ganz allgemeinen Sinne. Es würde darauf hinauslaufen, dass der Blinde den Blinden führt. Amma sagt hier, dass die Welt der Sinne sehr mächtig ist; das Ganze ist kein Witz. Sie erzeugt Empfindungen von Zuneigung, Abneigung, Hass, Furcht, Vergnügen, Schmerz, - verschiedene machtvolle Gemütsregungen. Wenn wir also als *Sadhaks* in solch eine Welt hineinspringen, ohne irgendeine Art von Geistesstärke zu besitzen, was wird mit uns geschehen? Wir stellen fest, dass wir uns sozusagen in den Wellen verloren haben. Denn das wahre Zeichen spirituellen Lebens ist Gleichgewicht. Jemand, der Sadhana auf die rechte Weise praktiziert, muss Tag für Tag mehr Balance erlangen. Es mag vielleicht nur einmal am Tag vorkommen, dass man in der Lage ist, den Ärger oder die Furcht zu kontrollieren, was auch immer das Gemüt beunruhigen mag. Heute mag es einmal gelingen, morgen vielleicht zweimal; doch allmählich sollten wir fühlen, wie unser Gleichmut wächst.

Auf die Art können wir unseren geistigen Fortschritt abschätzen. Viele Leute fragen: „Wie weiß ich, dass ich spirituelle Fortschritte mache? Es hat nicht den Anschein." Eine Methode ist, dich zu fragen, ob du ein wenig mehr im Gleichgewicht verankert bist, ungeachtet des Auf und Ab deines Lebens?

In der Gita beschreibt *Bhagavan Shri Krishna* den Status einer Person, die vollkommenes Gleichgewicht erreicht hat, die ein *Sthita-Pragnya* (= „In Weisheit fest verankerter Mensch") ist. Ich lese jetzt einfach einmal jene Verse vor, weil sie uns eine Vorstellung davon geben, was es bedeutet, in diesem Zustand zu sein:

Bhagavad Gita 2.56 – 61:

Derjenige, der durch Unglück nicht erschüttert wird, der sich nicht nach Freude sehnt und frei ist von Neigung, Furcht und Zorn, wird ein Weiser stetigen Geistes genannt.

Wer überall ohne Verhaftung ist, Gutem wie Schlechtem verhaftungslos begegnet und es weder bejubelt noch verabscheut, dessen Weisheit ist begründet.

Wenn er, gleich der Schildkröte, die ihre Glieder an allen Seiten einzieht, seine Sinne von den Sinnesgegenständen zurückzieht, wird seine Weisheit unerschütterlich.

Die Sinnesgegenstände wenden sich ab vom Enthaltsamen, doch der Geschmack für sie bleibt erhalten; - doch auch der Geschmack für sie schwindet, wenn man des Höchsten gewahr wird.

Die ungezähmten Sinne, Arjuna, ziehen sogar den Geist eines Menschen weg, der mit Unterscheidungskraft begabt ist, mag er sich auch große Mühe geben, sie zu beherrschen. Nachdem man sie alle gezügelt hat, sitze man unverwandt und versenke sich in Mich; Stetig ist die Wesenserkenntnis desjenigen, der seine Sinne unter Kontrolle gebracht hat.

Lasst mich an dieser Stelle sagen, dass *Shri Bhagavan*, wenn er von Erkenntnis spricht, nicht das Wissen um irgendwelche Dinge meint, wie etwa Gelehrsamkeit. Er bezieht sich vielmehr auf die Erfahrung der Wirklichkeit, das heißt, der Erkenntnis unseres eigenen Selbst. Wenn diese Erfahrung eine stetige ist, dann, so könnte man sagen, sind diese Symptome anzutreffen, die genannten Charakteristika.

Wie man Gleichgewicht erlangt

Bhagavad Gita 2.64-72:

Derjenige jedoch, der voller Selbstbeherrschung ist und sich mit kontrollierten Sinnen inmitten der Dinge bewegt, ist frei von Anziehung und Abneigung; er erlangt heitere Gemütsruhe.

In diesem Frieden werden alle Leiden zerstört; denn die Intelligenz des Gleichmütigen wird bald stetig. Es gibt keine Einsicht für den Unstetigen und auch keine Meditation. Wer nicht meditiert, kann keinen Frieden erlangen. Wie aber kann es Freude geben für den, der keinen Frieden besitzt?

Denn das Gemüt (Manas), das den Spuren der wandernden Sinne folgt, drängt die Weisheit fort, so wie der Wind ein Boot forttrragt.

Daher besitzt derjenige, du mächtig Bewaffneter, stetige Weisheit, dessen Sinne von ihren Gegenständen abgezogen sind.

In dem Zustand, der für alle Wesen Nacht bedeutet, ist der Selbstbeherrschte wach; sind hingegen alle Wesen wach, ist das die Nacht für den Weisen, der sieht.

Derjenige erlangt Frieden, der unbehelligt ist von allen Begierden; sie fließen in ihn ein wie die Ströme in den Ozean, der gleichwohl unbeweglich bleibt, obwohl er von allen Seiten gespeist wird; nicht aber erreicht dies ein Mensch, der voller Begehren ist.

Der Mensch, der alle Wünsche aufgegeben hat und ohne Verlangen und ohne den Gedanken von „Mein" und ohne die Ich-Vorstellung lebt, erlangt Frieden.

Das ist der Sitz Brahmans, oh Sohn Prithas. Keiner, der diesen erreicht hat, unterliegt noch der Täuschung. Wer darin auch am Ende des Lebens fest verwurzelt ist, erreicht das Aufgehen in Brahman.

Dies ist also der Zustand vollkommenen Gleichgewichts. Keine Anhaftung an irgendetwas – und das Gegenteil ist ebenfalls nicht da: keine Abneigung, kein Begehren, kein Zorn. In diesem Zustand ist alles Frieden, alles Seligkeit; und wenn wir das nicht erreicht haben und uns darauf stürzen, anderen Belehrungen zu erteilen, können nur Unannehmlichkeiten die Folge sein.

Wir können uns durch Sadhana ändern

Wisst ihr, es gibt die Geschichte über einen Prediger, vielleicht war es ein *Sadhu*. Er kam eines Tages in ein Dorf. Aufgeblasen, wie er ist, will er jedem *Vedanta* beibringen. Er trifft mit einigen der Dorfbewohner zusammen; ein *Satsang* wird arrangiert. Man findet eine Rednerbühne und alles ist bereit. Das ganze Dorf findet sich ein und er beginnt über *Vedanta* zu sprechen. Am ersten Tag ist noch jeder anwesend; am zweiten fehlen schon einige Leute. Am vierten oder fünften Tag aber kommt niemand mehr. Er fährt jedoch weiter fort, *Satsang* zu geben und spricht zu diesem leeren Raum.

So ging das einige Wochen. Schließlich wurde ein Mann, der sich auf der Durchreise befand, Zeuge dieses seltsamen Anblicks. Er hörte jemanden sehr laut in einem Zimmer reden und warf einen Blick hinein. Da war niemand außer diesem *Sadhu*, der einen Vortrag hielt. Also fragte er ihn: „Warum geben Sie *Satsang*?" Der Sadhu antwortete: „Wissen Sie, als ich in dieses Dorf kam, dachte ich, ich könnte die Menschen ändern; doch nun gebe ich *Satsang*, damit sie mich nicht ändern." Das passiert, wenn wir nicht vorsichtig sind: wir kommen zu jemandem, um ihn zu belehren, und am Schluss sind wir es, die geändert werden.

Wie Amma ausführt, ist also kontinuierliches *Sadhana* erforderlich. Einige von uns machen es ja auch. In der Tat übt wahrscheinlich jeder der hier Anwesenden irgendeine Form spiritueller Praxis aus. Aber so sehr viel tun wir nicht - vielleicht morgens für eine gewisse Zeit, vielleicht auch abends. Gelegentlich. Hin und wieder. Und etwas Frieden des Gemütes erhalten wir auch dadurch, doch ist das Ganze sehr zerbrechlich. Eine geringfügige Sache ist in der Lage, uns aufzuregen. Man könnte sagen, wir sind wie dünnes Eis: man berührt es nur - und schon bricht es. Es ist nicht wie dickes, hartes Eis. Eine ziemlich große Umwandlung unsererseits ist also vonnöten, damit wir das Ziel erreichen, DAS zu sein, *Brahman* oder *Atman* zu sein.

Wir sollten nicht vergessen, was das Ziel spirituellen Lebens ist: die höchste vorstellbare Sache, nämlich mit Gott eins zu sein. Es ist nicht sehr realistisch, dass man einen Doktorgrad (Ph.D. = Philosophiae Doctor) erlangt, indem man ein oder zweimal am Tag fünf Minuten lernt. Entsprechend unrealistisch ist es, anzunehmen, man könnte durch ein wenig *Sadhana* das überaus hohe Ziel äußerster Seligkeit und Befreiung aus dem Kreislauf der Geburten und Tode erreichen. Wir müssen es ohne Unterbrechung praktizieren. Angenommen ein Mensch will ein Thema beherrschen, was tut er dann? Er befasst sich die ganze Zeit mit jenen Gedanken, bei Tag wie bei Nacht. Sein Geist ist erfüllt von den Vorstellungen des betreffenden Gegenstandes. Er ist durchdrungen davon und wenn man ihm schließlich irgendeine Frage stellt, braucht er über die Antwort nicht einmal nachzudenken, sie kommt einfach heraus. Er weiß Bescheid. Genauso ist es mit der spirituellen Praxis: wenn wir vollkommen von dieser Idee erfüllt sind, dann sind wir dem Ziel nahe. Das verlangt jedoch unaufhörliche Praxis.

Die Frage ist also die: „Wie formt man Tag und Nacht in spirituelle Praxis um?" Über nichts anderes reden wir all die Jahre. Es gibt eine ganze Menge Möglichkeiten, die meisten von uns setzen sie auch in die Tat um – nur muss es noch ein wenig mehr sein. Eine davon ist zum Beispiel ein Kassettenrekorder. (Gelächter) Lacht nicht! Für die Devotees im *Kali Yuga* sind Kassettenrekorder sehr wichtig. Sie sind kein Luxus, sie sind eine Hilfe beim *Sadhana*. In den alten Zeiten saßen die *Yogis* in ihren Höhlen. Vor ihnen brannte ein Feuer. Heute sitzen die *Yogis* im Auto, während ein Kassettenrekorder läuft. Daran ist nichts Falsches! Amma verdammt es keineswegs, sie ermutigt es vielmehr. Ihr könnt sie in den Bussen sehen, die dem Ashram gehören. Amma und die Devotees fahren in ihnen von Ort zu Ort; sogar hier, in Ammas eigenem Fahrzeug, haben wir einen Kassettenrekorder. Wir haben sichergestellt, dass es ein guter ist, damit wir den Klang richtig hören können. Warum? Weil das Gemüt während der ganzen Zeit, die wir den *Bhajans* oder dem *Satsang* zuhören, auf Gott gerichtet ist. Es wandert nicht umher, es spricht nicht und schaut auch nicht heraus. Ihr wisst, wie zerstreut man normalerweise ist, wenn man herumfährt, vor allem wenn man nicht selbst der Fahrer ist! Wir blicken bald hierhin, bald dorthin – und die Augen bewegen sich in alle möglichen Richtungen.

Auf diese Weise kann man selbst während des Autofahrens *Sadhana* machen. Oder man kann die Kassetten abspielen, wenn man nach Hause kommt und den *Bhajans* weiter zuhören. Sie sind nicht einfach zum Vergnügen da. Es ist *Sadhana;* es geht bei ihnen um die Erinnerung an Gott, nicht lediglich um die Musik oder ihre Süße. So ist es mit allem; wir können uns dieser spirituellen Übungen erfreuen, einfach nur weil sie eine Form des Genusses sind, oder wir können es als Meditation betreiben. Kassetten sind also ein Weg, sich die ganze Zeit über an Gott zu erinnern.

Und dann gibt es natürlich ein anderes Mittel, natürlich mehr traditioneller Art, weitaus älter als Kassettenrekorder: *Mantra-Japa*. Wir wiederholen das *Mantra,* das der Guru uns gegeben hat. Wir machen es die ganze Zeit, mit Ausnahme der wenigen Situationen, in denen wir uns auf etwas konzentrieren müssen. Vielleicht müsst ihr mit jemandem sprechen, oder ihr habt euch auf eure Arbeit zu konzentrieren. In dieser Zeit könnt ihr natürlich kein *Japa* machen.

Jemand fragte mich einmal, tatsächlich waren es sogar mehrere Leute: „Ich soll die ganze Zeit *Japa* machen, aber wenn ich dann mit Menschen rede, wird alles ein großes Durcheinander; es vermischt sich. Ich fange an mit *Japa*, versuche zu ihnen zu sprechen, und sie können nicht verstehen, was ich sage. Und ich empfinde, als ob ich mein *Japa* unterbreche und..." Nun, ihr müsst euer Japa nicht machen, während ihr sprecht. Ihr unterhaltet euch, wenn ihr euch unterhaltet, und ihr macht *Japa*, wenn ihr *Japa* macht. Wenn ihr zu denken habt, dann denkt – und macht euer *Japa* hinterher.

Doch ab einer bestimmten Stufe, wenn ihr einmal in eurem *Sadhana* fest gegründet seid, was bedeutet, dass ihr in eurem eigenen *Atman* lebt oder die Gegenwart Gottes fühlt, dann könnt ihr euch konzentrieren, worauf immer ihr wollt, dann könnt ihr so viel reden oder denken, wie ihr wollt und doch wird das *Japa* weitergehen. Ihr entwickelt eine Art zweiten Sinn. Etwas, was von eurem gewöhnlichen Gemüt verschieden ist, dämmert in euch auf, ein spirituelles Gewahrsein; und der Friede hält an trotz aller Aktivität.

Das ist es, was sich durch *Japa* entwickelt; nach und nach wird der Geist stärker. Er wird nicht mehr so sehr durch die vielen, vielen Gedanken zerstreut. Ein Gedanke herrscht vor – dann dämmert diese Gegenwart, die friedvolle Gegenwart Gottes, das reine Bewusstsein, euer eigener Atman, und *Sadhana* wird viel leichter, viel natürlicher. Also zu *Japa*: Ihr könnt es tun, wenn ihr euch hinlegt; ihr könnt es tun, wenn ihr esst; ihr könnt es tun, wenn ihr irgendwohin geht; ihr könnt es tun, wenn ihr fahrt. Ihr könnt es immer machen – die ganze Zeit, die wir sonst mit Denken vergeuden, steht uns für *Japa* zur Verfügung.

Dann gibt es eine andere Sache: in unserer Freizeit können wir *Seva* machen. Wisst ihr, die meiste Zeit unseres Lebens verbrachten wir entweder damit, den Lebensunterhalt zu verdienen oder mit unseren Familienangelegenheiten; und daran ist nichts Falsches! Im Idealfall sollten wir alle diese Aktivitäten oder weltlichen Handlungen als göttlich betrachten. Sie sind Dienst an Gott, das heißt, wir führen Gottes Willen aus. Das ist es, was von uns verlangt wird. Doch ich glaube, die meisten empfinden das nicht gerade als einfach. Es ist ein Ideal. Wir versuchen, danach zu streben, aber im praktischen Leben fühlen wir, dass uns unsere weltlichen Aktivitäten sehr zerstreuen.

Das ist der Grund, warum wir in Ashrams kommen, der Grund, warum wir *Satsangs* anhören, warum wir in Tempel gehen. Anstatt also irgendetwas zu tun, das immerzu nur auf Begehren basiert, tun wir etwas, das in Selbstlosigkeit und Wunschlosigkeit begründet liegt. Die Erwartungshaltung unseres Gemüts nimmt auf diese Weise ab. Es wird friedvoll. Wenn wir etwas für den Guru tun, dann wird unser Geist vom Guru erfüllt. Es ist somit eine Art natürlicher Meditation, und alle von euch wissen das, alle von euch sind hierhin gekommen und haben Amma auf ihre Weise gedient; das liegt daran, dass ihr es gerne macht. Ihr empfindet die direkte Wirkung davon. Das selbst ist ein *Sadhana;* das selbst ist Meditation.

Karma-Yoga hilft,
Frieden des Gemüts zu erlangen.

Schaut auf Ammas *Ashrams* in Indien. Oder schaut auf diesen *Ashram*. Warum hat Amma ihn gegründet? Sie braucht sie nicht. Als ich zu ihr kam, saß sie einfach in der Sonne oder im Regen. Sie war vollkommen eingetaucht in Höchste Wonne. Wenn man das Wort „Ashram" erwähnte, jagte sie einen fort. Nicht einmal das Wort mochte sie. Doch als dann mehr und mehr Leute kamen, begriff sie, dass diese Menschen eine Beschäftigung brauchen. Sie können nicht 24 Stunden am Tag in Meditation sitzen. Sie sollen sich mit *Seva* befassen, mit *Karma Yoga*. So stimmte sie der Gründung eines *Ashrams* zu, zunächst in Indien und danach auch hier. Der Ashram dient also dem Wohlergehen der Devotees. Er wurde nicht für Amma gebaut – in keinster Weise. Er ist für uns, damit wir eine Gelegenheit erhalten, Seva zu leisten. Wir bekommen eine Gelegenheit, an Gott zu denken und auf selbstlose Weise aktiv zu sein.

Die Gita sagt nämlich, dass die einzige Handlungsart, die keine Reaktion nach sich zieht, *Karma Yoga* oder *nishkama Karma* (uneigennützige Tätigkeit) ist. Wenn wir eine Handlung ausführen und dieser ein Wunsch zugrunde liegt, dann müssen wir die Früchte davon ernten – seien sie gut oder schlecht. Es mag angenehm sein oder schmerzlich. In jedem Fall ist es eine Fessel. Es bedingt, dass wir wieder und wieder Geburt und Tod zu erfahren haben.

Doch *Bhagavan Shri Krishna* betont, dass die einzige Ausnahme dann gegeben ist, wenn man alles Gott darbringt. Man will keinerlei persönlichen Nutzen daraus ziehen, es geht nur darum, Gott oder eine gottverwirklichte Person, d.h. den Guru, zu erfreuen. Das reinigt das Gemüt und bringt einen weiter auf dem Weg in Richtung desjenigen Zustandes, der jenseits von Geburt und Tod liegt, mit anderen Worten: Befreiung oder Selbstverwirklichung.

Das ist also der Grund, warum Amma so viele Institutionen begründet und aufgebaut hat. Sogar das Krankenhaus, das jetzt entsteht (AIMS), das Waisenhaus, alle diese Dinge sind dazu da, den Menschen, den Devotees, Gelegenheit zu geben, *Karma Yoga* zu machen. Natürlich hat das Ganze auch seine praktische Seite. Dies sind nützliche Einrichtungen für viele Menschen, vor allem arme Leute. Doch im Hinblick auf Ammas Devotees ist es *Karma Yoga*, eine Chance, *Seva* zu machen.

Dann ist da die andere Sache, die Teilnahme an *Satsangs* und spirituellen oder religiösen Feierlichkeiten. Wenn man sich die Religionen der Welt anschaut, erhebt sich die Frage, wieso es in ihnen so viele Feste gibt. Was ist der Sinn von alledem? Streng genommen ist ja jeder Tag derselbe. Die Zeit ist unendlich. Warum teilen wir sie ein in diesen Tag und jenen Tag? Es gibt uns, die wir unaufhörlich mit weltlichen Angelegenheiten beschäftigt sind, die Möglichkeit, für einige Zeit des Jahres an Gott zu denken. An *Mahashivaratri* etwa bleiben wir sogar die ganze Nacht auf. – Nun, jede Nacht ist ein *Shivaratri*. Doch für gewöhnliche Menschen, die nicht in Ashrams leben, stellt es eine Gelegenheit dar, Tapas und *Sadhana* zu machen, der natürlichen Tendenz des Körpers entgegenzuhandeln. Durch solche Mittel können wir die ganze Zeit über Sadhana machen, nicht nur morgens oder abends.

Glaubt nicht, nur dann handele es sich um spirituelle Praxis, wenn ihr mit geschlossenen Augen meditiert oder eine *Puja* macht; nein, alle diese Dinge sind *Sadhana*. Immer wenn ihr euch der Höchsten Realität – nennt sie Gott, Amma oder euren eigenen *Atman*, das Selbst – erinnert, kann man von *Sadhana* sprechen. Jedes Mal, wenn ihr auf das Foto einer Gottverwirklichten Seele schaut oder auf das Bild eines Gottes, auf irgendetwas, das euch an Gott denken lässt, in jedem dieser Augenblicke habt ihr *Sadhana* gemacht. Es kommt nun darauf an, dass ihr dieser Sache Kontinuität verleiht. Das ist es, was Amma in diesem Vers sagt:

„*Man sollte dabei an einem Ort verweilen und keine Zeit verschwenden..*"

Wir trennen den Satz auf in zwei Teile.

Wie man Gleichgewicht erlangt

„Man sollte dabei an einem Ort verweilen."

Wenn ihr anfangt, das *Sadhana* auf eine ernsthafte Weise zu betreiben - nicht nur darin herumzuplätschern, sondern wirklich Ernst damit macht, werdet ihr feststellen, dass dann ein Aufruhr stattfindet.

„Oh, jeden Tag kann ich sterben! Ich muss vorher das Höchste Bewusstsein *(Atman-Gnyana)* erlangen! Ich will mich in einem besseren Zustand befinden, wenn ich gehe, so dass ich eine höhere Welt erreiche; und wenn ich zurückkomme, werde ich der Gottesverwirklichung viel näher sein."

Es ist euch also ernst. Dann fangt ihr an, *Sadhana* mit großem Eifer zu betreiben. Was geschieht? Es gibt eine Rebellion im Innern, die *Vasanas* - das heißt, eigentlich sind es nicht so sehr die *Vasanas* sondern etwas anderes. Euer eigenes Gemüt will die alten Gewohnheiten nicht aufgeben. Es ist gewillt, neue anzunehmen, ohne auf die alten zu verzichten. Es möchte alles aufsammeln, möchte beides: das Gute u n d das Schlechte. Das führt zu einem Kampf, und dann möchtet ihr davonlaufen. Ihr fühlt euch ruhelos.

Es gibt einige Leute, die diese Art von *Sadhana* machen; was passiert? Sie fangen an, sehr viel zu essen. Sie werden so rastlos in dem einen oder anderen ihrer Sinnesorgane, dass sie es bis zum Extrem treiben. Und wenn das nicht möglich ist, wenn sie keine Möglichkeit haben, ihren Sinnen freien Lauf zu lassen, dann wollen sie reisen. Sie wollen laufen, irgendwo hingehen! Diese Energie, diese rastlose Energie, will irgendwohin herausströmen, will etwas tun.

Wenn man in Indien lebt, gibt es zahllose Orte, wohin man gehen kann. Denn jede Stadt hat ihre heiligen Tempel, ihre Schreine und es gibt Millionen von Pilgerorten. Das widerfährt also vielen *Sadhus*. Sie gehen auf Pilgerreise. Für wie lange? - Für immer! Solange, bis sie sterben. Sie gehen einfach von einem Ort zum andern. Sie begeben sich also irgendwohin, und nachdem sie alles gesehen und sich eingelebt haben, ist es Zeit, sich aufzurappeln und den nächsten Ort aufzusuchen. Auf diese Weise kann man sein gesamtes Leben damit verbringen, heilige Stätten zu besuchen.

Das ist gut, versteht mich nicht falsch. Aber wenn ihr *Sadhana* macht, wollt ihr gar nicht mehrere Orte aufsuchen, denn sie bedeuten immer wieder neue Zerstreuung. Es ist wie das „Herausziehen des Stöpsels": man lässt alles herauslaufen. Die Absicht ist lobenswert, an Gott zu denken, an einem heiligen Ort zu sein. Was aber geschieht, ist einfach das ständige Aufschieben des echten *Tapas*, des Kampfes sozusagen.

Ich erinnere mich an einen Mann, der zu Amma kam; er war etwa 80 Jahre alt und sagte zu ihr: „Ich mache nun seit sechzig Jahren *Sadhana*, war an jedem heiligen Ort in Indien." „Wirklich, und was hast du erreicht?", fragte sie ihn. „Ich kenne viele Arten von *Sadhana*. Ich habe Meditation, *Japa* und *Bhajans* gelernt und beherrsche den Sonnenblick; ich habe alle Arten von *Pranayama* praktiziert, kann drei Stunden auf meinem Kopf stehen. Ich weiß Bescheid über jede Form von *Sadhana*." Amma sagte: „Besitzt du Frieden des Gemütes?" „Das ist es ja, warum ich zu dir komme", antwortete er, „ich habe trotz aller dieser Dinge keinen Frieden des Geistes gefunden." Darauf entgegnete sie: „Also gut, du bist jetzt 80 Jahre alt und hast genug gesehen. Du bleibst nun an einem Ort und praktizierst alle die Übungen, die du gelernt hast oder zumindest diejenigen, die du am liebsten magst. Und verlasse den Ort nicht, an dem bis zur Erlangung der Vollkommenheit zu bleiben du dich entschieden hast." Das war Ammas Ratschlag, denn sie wusste, dass dies eine bestimmte Form von *Vasana* war. Eigentlich ist es nicht eine *Vasana*, sondern vielmehr eine Flucht davor, sich ihm zu stellen.

Bleibt also an einem Ort und praktiziert das *Sadhana* ununterbrochen, ohne Zeit zu verschwenden. Viele von uns, vor allem in diesem Land, haben das Gefühl, dass wir keine Zeit dafür haben. Wie wir gerade vor ein paar Minuten gesehen haben, gibt es jedoch viele Gelegenheiten, an denen wir es praktizieren können. Wir sollten nicht davon ausgehen, dass wir für einen bestimmten Zeitraum in einem Zimmer bleiben und dort unser *Japa* zu machen hätten. Es kann ebenso zu jeder anderen Zeit ausgeübt werden.

Die Hauptsache aber ist, nur nicht zu denken: „Oh, ich habe keine Zeit!" Tatsächlich hat jeder von uns etwas Zeit, um sich der spirituellen Praxis zu widmen.

Die Geschichte des Swami, der keinen Platz auf Erden finden konnte

Einst kam ein Mann zu einem *Swami* und sagte zu ihm: „*Swami*, ich weiß, dass man von mir erwartet, spirituelle Übungen zu praktizieren, aber ich habe schlicht keine Zeit dazu. Spiritualität ist nichts für mich, denn ich bin viel zu beschäftigt." Der *Swami* sagte: „Wie können sie behaupten, dass es dafür an Zeit mangele!" Darauf entgegnete der Mann folgendes: „Sehen sie, *Swami*, was kann ein Mensch in dieser Welt schon tun? Höchstens hundert Jahre hat man zu leben. Fünfzig davon verbringt man im Schlaf oder in der Kindheit, und im Alter kann man überhaupt nichts mehr machen. In der Jugend ist man beschäftigt mit allen möglichen Plänen, Versuchungen und Ambitionen. Den Rest der Zeit verbringt man im Badezimmer, mit Kochen und mit Essen und all diesen Dingen. Dann hat man noch mit seinem Ärger, seinen Ängsten und Problemen zu tun. Wo ist also die Zeit, in der man *Sadhana* machen könnte?

Es gibt sie nicht! Wir müssen uns um unsere Kinder kümmern, um unsere Freunde und Verwandten. Dann sind da die Neugeborenen, wir müssen uns einfach an ihnen erfreuen! Die Menschen aber, die sterben, müssen wir betrauern. Wir müssen an den Bestattungsfeierlichkeiten teilnehmen. Wir haben so viele Dinge zu tun. Es gibt eben keine Zeit für diese religiösen und spirituellen Aktivitäten. Ich halte das für lächerlich. Niemand kann dafür Zeit erübrigen." Der *Swami* antwortete: „Wissen sie, sie haben ja recht. Ich will der ihrigen sogar noch eine weitere Beschwerde hinzufügen: Die Erde ist nicht in der Lage, für meine Lebensbedürfnisse zu sorgen, es ist nicht genug Platz für mich da. Sie kann nicht die Nahrungsmittel wachsen lassen, die ich benötige. Sie ist zu klein!" „Wie kann das sein, *Swami*", antwortete der Mann, „natürlich essen sie eine Menge. Aber trotzdem: Wie können sie sagen, dass die Erde sie nicht zu ernähren vermag?"

Der *Swami* aber fuhr fort: „Nein, nein, was glauben sie denn! Was ist Ihre Erde denn schließlich? Nur ein winziger Punkt im Weltraum; überaus klein. Was ist sie denn, wenn man sie vergleicht mit der Sonne und den anderen Sternen? Sie ist nichts, nur ein Fleckchen. Und selbst diese Erde ist zu drei Vierteln mit Wasser bedeckt. Und was bleibt dann noch übrig? Es gibt so viele Berge und Flüsse; große Städte wie Bombay, Delhi, New York und Los Angeles; so viele Straßen und Wälder. Man kann sie nicht zum Anbau von Nahrungsmitteln verwenden. Was bleibt also übrig? Es gibt so viele Tiere, auch Insekten. Alles ist da. Und dann die vielen Milliarden menschlicher Wesen! Wo soll der Platz herkommen, um Nahrung für sie wachsen zu lassen?"

Darauf sagte der Mann: „*Swami*, was sie sagen, scheint Sinn zu machen, und doch ist irgendetwas daran falsch, denn trotz alledem bekommt jedermann seine Nahrung." „Richtig", sagte der *Swami*, „was sie da vorbringen, scheint ebenfalls einen Sinn zu ergeben, und doch gibt es jede Menge Zeit für *Sadhana*."

Wenn wir es also genau betrachten, können wir sehr wohl die Zeit dafür finden, vorausgesetzt wir vergeuden sie nicht;

das ist alles. Ihr wisst, was Amma sagt:

„*Die Zeit, die vorbeigegangen ist, ist vorbei für immer. Ihr könnt sie niemals zurückholen!*"

Wir verschwenden eine Menge Zeit! Wir unterhalten uns über überflüssige Themen. Wir lesen eine Menge Dinge, nur um unseren Geist zu beschäftigen, die aber keinerlei spirituellen Wert für uns besitzen. Schaut also einfach auf all die Zeit, die ihr vergeudet. Wenn ihr sie für *Sadhana* verwendet, werdet ihr sicherlich spirituellen Fortschritt machen.

Der nächste Vers:

„*Wenn einen nach Datteln verlangt, wird man selbst dann, wenn der Baum von Wespen befallen ist, das Risiko auf sich nehmen, an diesen vorbeizuklettern, um die Früchte zu bekommen. Ebenso wird jemand, der Lakshya Bodha besitzt, alle widrigen Umstände überwinden.*"

Lakshya Bodha bedeutet also, dass man das Ziel des spirituellen Lebens erreichen will. Eine Person, die beseelt ist von diesem Wunsch, Selbstverwirklichung zu erlangen, egal, was für Schwierigkeiten auch auftauchen mögen, wird es schaffen. Sie wird die widrigen Umstände, die sich ergeben, als gar nicht so schwierig empfinden; sie wird in der Lage sein, diese zu überwinden. Der Guru wiederum, derjenige, der uns den Weg zeigt, von ihm kann man sagen, dass er die größten Widerstände ans Tageslicht bringt. Er selbst ist nicht das Hindernis, diese sind vielmehr in uns.

Viele von uns bezichtigen Amma, dass sie uns diese und jene Hindernisse in den Weg stellt. „Amma, warum hast du mir dieses Problem aufgeladen; wieso hast du dieses Hindernis geschaffen?" Sie ist aber gar nicht die Verursacherin, man kann sie also nicht dafür zur Rechenschaft ziehen. Alle diese so genannten Widerstände oder Probleme, die da aufkommen, dienen einzig unserer Vervollkommnung. Durch sie wird eine Feinabstimmung unseres *Sadhana* vorgenommen. Sie dienen dazu, dass wir große Muskeln bekommen – spirituelle Muskeln. Ihr wisst ja, wenn man Muskeln aufbauen will, braucht man Hanteln! Sie sollten nicht so schwer sein, dass man sie überhaupt nicht heben kann; aber auch nicht so gering an Gewicht, dass man sie leicht nach oben zu bringen vermag. Es muss ein gewisser Widerstand da sein, damit man größere Muskeln bekommt. Und was passiert dann? Man schafft es, ein größeres Gewicht zu heben. Somit wird es schwerer und schwerer.

Amma wird euch also bestimmt nichts geben, was ihr nicht ertragen könnt. Ihr mögt es als überaus unangenehm empfinden, doch es dient allein zu eurem Wachstum.

Die Geschichte von Manj und seinem Guru Maharaj

Es gibt eine Geschichte von einem Devotee namens Manj. Sein Guru legte ihm wirklich einige Hindernisse in den Weg.

Manj hörte von jenem großen *Mahatma*, der sich irgendwo in der Nähe aufhielt und bei dem es sich um eine selbstverwirklichte Seele handelte. Er suchte also besagten *Mahatma* auf, machte sein *Pranam* vor ihm und sprach: „*Maharaj*, ich möchte *Diksha* (Einweihung) von Euch erhalten." (Das ist übrigens tatsächlich eine wahre Geschichte.) Nun war dem Guru angesichts seiner Allwissenheit bekannt, dass Manj in seinem Haus ein wunderschönes Standbild verehrte. Er hatte für es einen besonderen *Puja*-Raum gebaut. Lange Zeit hatte er es verehrt und große Fortschritte gemacht, doch konnte er über einen bestimmten Punkt nicht hinauskommen. Er konnte Gott nicht als alldurchdringend empfinden, nicht in seinem Innern fühlen. Doch fühlte er seine Gegenwart sehr wohl in dem Standbild. Der Guru sagte also zu ihm: „Ich weihe dich unter einer Bedingung ein: Du gehst nach Hause und reißt deinen *Puja*-Raum nieder." Darauf sagten alle: „Oh, das ist ja furchtbar!" Doch bekanntlich wissen Gurus etwas, was wir nicht wissen: die Höchste Wirklichkeit nämlich - und im Zusammenhang mit ihr gibt es sozusagen keine Regeln; nichts, was die Welt als richtig oder falsch beurteilt.

Dieser Mann nun erkannte die Größe des Meisters. Ohne zu Zögern eilte er nach Hause und begann, seinen *Puja-Raum* einzureißen. Nicht ein Stein blieb auf dem anderen! Da kamen alle Nachbarn zusammen. Sie sagten: „Was machst du da? Bist du verrückt! Was für eine große Sünde du begehst! Dafür musst du bezahlen! Sei besser auf der Hut!" Er aber entgegnete ihnen: „Ich bin bereit, alle Konsequenzen zu tragen. Mein Meister hat mir aufgetragen, dies zu tun."

Darauf ging er zurück und erhielt von seinem Guru das *Mantra*. Nachdem er nun wieder nach Hause zurückgekehrt war, begannen für ihn viele Unannehmlichkeiten: Zuerst starb sein Pferd; dann seine Kühe; Diebe kamen, drangen in sein Haus ein und stahlen alles. Bis dahin war er ein sehr reicher Mann gewesen, ein Großgrundbesitzer. Schließlich suchten ihn die Dorfbewohner auf und sprachen: „Schau, haben wir dir nicht gesagt, dass alle diese Dinge passieren würden, wenn du den *Puja-Raum* zerstören würdest! Du hättest das nicht tun sollen. Es ist dir wirklich schlecht bekommen! Was ist das für ein Guru, der dir zu so etwas geraten hat?"

Er antwortete: „Ich will von eurem Unsinn nichts hören! Ich habe vollkommenes Vertrauen in meinen Guru. Er sagte mir, ich solle es tun. Er weiß auch, was am Besten für mich ist." So wurden die Dinge schlechter und schlechter! Er verlor all sein Geld, geriet in Schulden. Schließlich konnte er den Dorfbewohnern nichts mehr zurückzahlen und sie verbannten ihn. Sie verstießen ihn aus der Dorfgemeinschaft. Er nahm also seine Habseligkeiten und verließ mit seiner Frau und seiner Tochter das Dorf. Sie gingen in ein anderes Dorf und ließen sich dort in einer Hütte nieder. Da er ein reicher Großgrundbesitzer war, besaß er keinerlei Fertigkeiten. Er musste also etwas Neues lernen. Was tat er? Er lernte, wie man Gras mäht. Er schnitt das Gras auf den Feldern und verkaufte es an die Leute, die Kühe und Pferde besaßen. Eines Tages nun, nachdem er ein halbes Jahr Gras geschnitten hatte, kam ein Brief. Ein Mann brachte ihn. Er war von seinem Guru. Der Bote sagte: „Dieser Brief ist von deinem Guru Maharaj. Aber er knüpfte eine Bedingung daran: Zuerst musst du mir 20 Rupien dafür zahlen, dass ich ihn dir überbracht habe. Andernfalls soll ich ihn wieder zurückbringen." Manj antwortete: „Ich habe keine 20 Rupien." Er wandte sich zu seiner Frau und sagte: „Was sollen wir tun?" Sie antwortete: „Meine Tochter und ich haben zusammen so viele Juwelen, dass wir vielleicht 20 Rupien dafür bekommen werden."

So gingen sie ins Dorf und gaben sie dem – wie nennt man ihn? – Genau! - Pfandleiher; es waren exakt 20 Rupien! Sie bekamen sie und überreichten sie dem Boten. Manj aber nahm den Brief und hielt ihn an sein Herz. Und was geschah ihm? Sein Gefühl war so intensiv, das er in *Samadhi* ging. Das ist alles, was man braucht – jene intensive Liebe zu Gott oder zum Guru, und sei es nur für einen Augenblick, das reicht schon. Das weit zerstreute Gemüt richtet sich auf e i n e n Punkt, und dieser Zustand wird *Samadhi* genannt. Die meisten von uns müssen darum kämpfen, ihn zu erlangen. Wir meditieren, singen *Bhajans*, tun dieses und jenes. Doch wenn eine Person diese Art von Liebe besitzt, passiert es einfach so, in einem Augenblick. Das war es also, was ihm widerfuhr.

Dann kam er aus dem *Samadhi* – Zustand heraus und öffnete den Brief. In ihm stand: „Manj, komme mit deiner Familie in meinen *Ashram*." Sie packten also alles zusammen

Wie man Gleichgewicht erlangt

und eilten zum *Ashram*. Sie blieben dort, und Manj, seine Frau und seine Tochter begannen in der Küche zu arbeiten. Was taten sie? Sie säuberten den Boden, reinigten die Gefäße, hackten Holz.

Eines Tages sprach der Guru zu ihm: „Was machst du eigentlich, um an Nahrung zu kommen?" Der Mann antwortete: „Oh, wir essen in der Küche." „Wirklich, warum isst du hier in der Küche?" „Nun, weil wir hier Dienst verrichten, werden wir von den Ashramiten mit Essen versorgt." Darauf sagte der Guru: „Das ist keine Art, selbstlosen Dienst zu verrichten. Das ist einfach nur Bezahlung." Und e rging fort.

Darauf fühlte Manj sich unglücklich und sagte: „Oh Gott, was für einen Fehler habe ich gemacht! Ich bekam alles vom Guru. Ich bekam das *Mantra*, das mich zur Befreiung führen soll – und erwartete, dass er mich zusätzlich auch noch verköstigen würde."

So ging er des nachts hinaus. Tagsüber pflegte er von nun an, seinen Dienst zu verrichten und nachts ging er in den Wald und sammelte Feuerholz, um es am Morgen zu verkaufen. Mit diesem Geld kaufte er Nahrung für sich und seine Familie, obwohl sie im *Ashram* lebten. Es war in ihm eine solch vollkommene Wunschlosigkeit und Selbstlosigkeit! Dem Guru blieb das nicht verborgen und er dachte sich: „Was für ein außergewöhnlicher Schüler das doch ist!" – Und er wollte ihn segnen mit den Früchten seines *Sadhana*...

Einstmals war Manj draußen, um Holz zu sammeln. Ein schrecklicher Sturmwind erfasste ihn und wehte ihn mit dem ganzen Bündel Holz in einen Brunnen, der ziemlich flach war. Doch er konnte nicht wieder herauskommen! Der Guru wusste das – er selbst hatte diesen Sturm verursacht. Der Guru kann alles tun! Mutter Natur befindet sich in seiner Hand. Also sagte er zu den anderen Ashramiten: „Kommt, wir müssen Manj finden, er ist in einen Brunnen gefallen. Sie gingen am Morgen los und er trug einem der Schüler folgendes auf: „Du nimmst das Seil und lässt es in den Brunnen herab. Doch während du das tust, möchte ich, dass du ihm etwas sagst." Und er flüsterte ihm etwas ins Ohr. Der Mann ließ also das Seil herab und rief: „Manj, bist du da unten?" „Ja, ja.","Was machst du da?" „Ich sitze hier einfach im Wasser und halte das Feuerholz des *Guru* auf meinem Kopf, damit es nicht nass wird. Es muss in die Küche gebracht werden, sobald mich Gott aus dieser Lage befreit."

„Was ist das für eine Art *Guru*, den du da hast! Was für ein nutzloser Kerl das ist! Nur Leid fügt er dir zu! Vom ersten Tag an hat er dir nichts als Schmerzen bereitet! Wieso besitzt du so viel Hingabe an solch einen *Guru*? Ein rechter Narr bist du!"

Darauf sagte Manj: „Du kannst dein Seil wiederhaben. Ich will mir solche Worte nicht anhören. Was immer mir seit dem Tag, da ich meinen *Guru* getroffen habe, passiert ist, geschah zu meinem Besten. Er weiß, was das Beste ist. Meine Liebe zu ihm zielt nicht darauf ab, den Schmerzen zu entfliehen; sie erwächst einzig und allein aus meiner Hingabe, meiner Weihung und meinem Vertrauen, das ist alles. Nimm das Seil wieder zurück!"

Darauf kam die Antwort: „Nein, nein! Ich habe nur gescherzt! Manj kam also heraus, und als er den *Guru* dort stehen sah, fiel er ihm zu Füßen und fing einfach an zu weinen. Die Tränen rollten aus seinen Augen. Der Guru umarmte ihn.

Dann sprach er diese Verse:

„Manj, der Liebling
Seines Guru –
Der Guru, Manjis
Einzige Liebe

*Nun ist Manj, dem
Guru gleich, ein Schiff:
Sicher bringt es die Menschen
Übers Meer der
Geburten und Tode."*

OM NAMAHA SHIVAYA

Satsang im M.A.-Center, 1995
Kassette Nr. 8, Seite B

Freier Wille und Gnade

Heute wollen wir über das Schicksal, den freien Willen und die göttliche Gnade sprechen. Wie fügen sich diese drei Dinge zusammen? In welcher Beziehung stehen sie zueinander? Das ist heute das Thema.

Ihr müsst wissen, dass die Astrologie in Indien seit tausenden von Jahren eine anerkannte Wissenschaft ist. Tatsächlich ist sie eine der *Upavedas*, eine der Kapitel oder vielmehr Unter-Kapitel der Veden. In jüngerer Zeit ist sie auch im Westen bekannt geworden. Doch seit ich hier lebe, ist mir etwas aufgefallen: Einige Leute sind zu mir gekommen – nicht mit einer Beschwerde, sondern mit einem Problem. Sie sahen ihr Horoskop, sie ließen es sich anfertigen, und es besagte, dass sie eine sehr schlechte Zeit durchzustehen hätten oder dass sie in ihrem spirituellen Leben keinerlei Erfolg haben würden. Es wäre daher sinnlos, es überhaupt zu versuchen. „Es gibt nichts, was du gegen die schlechte Zeit, die du durchmachen wirst, tun kannst", und sie wurden darüber sehr aufgeregt.

Ein Mahatma erscheint Swamiji im Traum

Tatsächlich hatte ich selbst eine ähnliche Erfahrung. Bevor ich zu Amma kam, war ich zu einem Astrologen gegangen, einem Freund von mir – nicht um irgendetwas über die Dinge, die mir bevorstehen würden, herauszufinden, sondern einfach, weil er ein Freund und Mit-Sadhaka war. Er kannte mein Horoskop und sprach offen darüber. Er sagte: „Weißt du, ziemlich bald, so etwa in einem Jahr, wirst du sehr krank werden, und viele schlechte Dinge werden passieren, möglicherweise wirst du sogar sterben. Falls nicht, wirst du zu deiner Mutter gehen müssen und ihr für eine lange Zeit dienen." Darauf sagte ich: „Was hat das zu bedeuten? Ich habe alles verlassen, bin nach Indien übergesiedelt, lebe dort seit 10 Jahren - und nun soll ich nach Los Angeles gehen, für meine Mutter Lebensmittel einkaufen und mich um sie kümmern. Was für ein Schicksal!" So grübelte ich natürlich darüber nach: dass ich das alles würde durchstehen müssen, dass ich sehr krank und hilflos sein würde – und wenn ich daran nicht sterben würde, müsste ich diese Art von Seva machen. Ich wurde so ruhelos, dass ich weder in der Lage war, mein *Mantra* zu wiederholen, noch an Gott zu denken, noch zu meditieren; all das verschwand einfach, da waren nur noch diese sorgenvollen Gedanken. So ergeht es einer Vielzahl von Menschen.

Ich selbst hatte Glück. Ein *Mahatma* erschien mir in einem Traum – es war ein sehr lebhafter Traum. Als meine Probleme ihren Höhepunkt erreichten und ich nicht mehr weiter wusste, kam dieser Traum. Der *Mahatma* sagte: „Was ist das für ein Unsinn, über den du die ganze Zeit nachgrübelst? Du bist zu *Bhagavan*, zu Gott, gekommen, du hast dich Ihm überantwortet, versuchst Ihn zu verwirklichen – dein Schicksal ist in Seiner Hand, was immer dir auch zustoßen mag – überlasse alles Ihm." Sofort wachte ich auf, und von da an machte ich mir niemals mehr irgendwelche Sorgen darüber, was mir passieren würde. Ich dachte nicht einmal mehr daran.

Ich glaube, das ist es – zumindest für mich: Diese Haltung sollten wir der Astrologie gegenüber einnehmen. Als ein spiritueller Mensch, als ein Devotee oder ein Aspirant sollten wir durchaus den Wert der Astrologie erkennen, doch ebenso sehr ihre Grenzen. Sie hat ihren Platz im Leben eines Verehrers; doch nimmt sie keinesfalls die höchste Stelle ein. Nichts ist in Stein gemeißelt, wie man zu sagen pflegt.

Amma sagt, dass es Mittel und Wege gibt, durch die man das Schicksal beeinflussen kann. Ein solches Mittel ist unser eigener Wille, ein anderer ist die göttliche Gnade und wiederum ein anderer ist die Gnade des Guru – eigentlich sind die beiden letzteren nicht wirklich voneinander verschieden; nur die Form ist jeweils eine andere.

Die Geschichte des kleinen Jungen, der den Willen besaß, das Schicksal zu überwinden

Ich möchte euch eine Geschichte erzählen, die ein Beispiel gibt, wie man die Gnade durch die eigene Bemühung überwinden kann (Allgemeines Gelächter.) – Oh, ich meine natürlich, wie man das Schicksal durch die eigene Bemühung überwinden kann! (Um die Gnade zu überwinden, brauchen wir uns wirklich nicht sehr anzustrengen! Viele von uns weisen sie sogar zurück, sobald sie kommt.) Es handelt sich hierbei um eine wahre Geschichte.

Es gab da einen kleinen Jungen – das Ganze ereignete sich vor etwa 60 Jahren an der Ostküste der USA – sein Name war Glenn Cunningham. Er war noch sehr jung, vielleicht 5 oder 6 Jahre alt, und besuchte eine der dortigen Schulen. Ihr müsst wissen, dass die Schulen damals oft nur einen Schulsaal hatten, und es gab diese Kohleöfen oder Brennholzöfen; auf diese Weise wurde der Raum beheizt. Nun war dem kleinen Jungen die Aufgabe zugeteilt, morgens etwas früher zu erscheinen und das Feuer anzuzünden, damit das Schulzimmer aufgewärmt war, wenn die anderen kamen.

Dieser Junge pflegte seine Aufgabe sehr gewissenhaft zu erledigen. Eines Morgens entdeckte man, dass das Schulgebäude in Flammen stand. Überall war Feuer. Man fand den kleinen Jungen bewusstlos auf dem Boden liegen; die untere Hälfte seines Körpers wies ernsthafte Verbrennungen auf. Man zog ihn heraus und brachte ihn in ein Krankenhaus.

Keiner glaubte, dass er eine Überlebenschance besäße. Der Arzt und die Mutter standen nahe bei dem Jungen und hielten ihn für bewusstlos. Der Doktor sagte: „Es besteht keinerlei Chance, dass er die Sache übersteht." Der Kleine hörte das, er war nicht völlig bewusstlos, sondern bei schwachem Bewusstsein. Er beschloss in diesem Moment: „Ich werde nicht sterben." Er machte ein *Sankalpa*. Er fasste einen starken Entschluss, am Leben zu bleiben; und seltsam genug – er starb nicht, sondern erholte sich allmählich. Doch war er von der Hüfte an abwärts gelähmt. Seine Beine ließen sich überhaupt nicht bewegen. Tatsächlich war dort kaum noch etwas übrig, so starke Verbrennungen hatte er erlitten.

Als er entlassen wurde, sagte der Arzt zur Mutter mit leiser Stimme, in der Annahme, der Junge könnte ihn nicht hören: „Wissen Sie, er wird nie mehr in der Lage sein, zu gehen." Doch er vernahm diese Worte sehr wohl, und er entschied bei sich: „Ich werde wieder gehen können, und nicht nur das – ich werde sogar laufen." Nun, es gab keine Möglichkeit, dass das je geschehen würde, doch er fasste diesen Entschluss, es in die Tat umzusetzen. Die Mutter nahm ihn also mit nach Hause, und die meiste Zeit lag er im Bett. Gelegentlich saß er im Rollstuhl und wurde nach draußen gebracht, um sich etwas in der Sonne aufhalten zu können. Eines Tages nun, als er draußen in der Sonne saß und seine Mutter wieder ins Haus gegangen war, stieß er sich vom Rollstuhl ab und lag im Gras; er kroch weiter, zog sich selbst an den Zaun; dann zog er sich an dem Zaun nach oben; er hangelte sich an dem Zaun weiter, ein Teil des Zaunes nach dem anderen. Seine Mutter sah es, doch sie hinderte ihn nicht daran. Und er machte jeden Tag beharrlich weiter damit, bis er eines Tages fähig war, aus eigener Kraft aufzustehen. Etwas später war er in der Lage, zu gehen. Dann war er fähig, zu laufen.

Als dieser Junge erwachsen wurde, nahm er teil an Leichtathletik-Wettbewerben – und am Ende gewann er im Madison Square Garden eine Medaille bei den Weltmeisterschaften im 1800 Meter-Lauf (Meilenlauf). Das war ein Junge, der völlig gelähmt war und dem es bestimmt war, zu sterben. Dies ist ein Beispiel für die Überwindung des Schicksals durch Willenskraft, durch freien Willen. Es kommt selten vor, aber es ist möglich. Denn was ist am Ende Schicksal? Nichts als das Ergebnis unserer vergangenen Handlungen, die sich in der Gegenwart auswirken; es wird also durch irgendetwas verursacht. Wenn wir uns genügend anstrengen, sollte es möglich sein, es zu überwinden, d.h. jedes Hindernis zu beseitigen. Doch die meisten von uns haben nicht das nötige Ausmaß an Motivation. Wir ergeben uns gewöhnlich in unser Schicksal oder suchen nach einem leichteren Weg. Doch dieser kleine Junge war eine Ausnahme.

Ich lese euch einen Abschnitt aus „Für meine Kinder" vor. Amma sagt dort:

„Dem Resultat einer jeden Handlung kann durch eine andere Handlung entgegengewirkt werden."

Darüber sprechen wir gerade.

„Wenn ein Stein nach oben geworfen wird, kann er aufgefangen werden, bevor er auf den Boden fällt, nicht wahr? In ähnlicher Weise kann das Resultat jeglicher Handlung in seinem Verlauf geändert werden. Es ist nicht nötig, sich um das Schicksal zu sorgen oder über es nachzugrübeln. Ein Horoskop kann durch Gottes Entschluss verändert werden. Aus dem eigenen Horoskop mag hervorgehen, dass eine starke Wahrscheinlichkeit für eine Heirat besteht; doch wenn man von Jugend auf Sadhana ausübt und Satsang hält, wird sich die Voraussage des Horoskops ändern. Sogar in den Epen

(Ramayana, Mahabharata, Puranas) gibt es Beispiele dafür."

Amma spricht in dieser besonderen Passage zu einem Mönch, einem *Brahmachari* – das Horoskop einiger *Brahmacharis* sagt aus, dass sie heiraten werden, was sie in keinem Fall beabsichtigen; sie wollen nicht in das weltliche Leben hineingezogen werden. Also weist Amma sie hier darauf hin, dass selbst dann, wenn im Horoskop eine bestimmte Voraussage gemacht wird, diese nicht unbedingt eintreffen muss. In meinem Beispiel sagte das Horoskop, ich würde zu meiner Mutter kommen. Ich würde beinahe sterben und falls nicht, würde ich zu meiner Mutter kommen und ihr dienen. Nun, ich wurde tatsächlich krank und wäre fast gestorben – eben zu jener Zeit wurde ich zu unserer Amma gebracht, und seither diene ich ihr. Mein Horoskop war also korrekt, doch was sich ereignete, die Weise, in der es sich erfüllte, war etwas anders, als vorauszusehen war. Die Interpretation war nicht falsch, sie ließ nur ein kleines Detail aus...

Die Geschichte Markandeyas, dem es bestimmt war, nur sechzehn Jahre zu leben.

Amma spricht hier davon, dass sich sogar in den Epen Beispiele für die Änderung des Schicksals finden. Ich glaube, sie hat zwei Beispiele im Sinn, wenn sie von den Epen spricht.

Eine Geschichte, die sehr bekannt ist, ist die von *Markandeya* (aus dem *Markandeya-Purana*). Ihr müsst wissen, dass Markandeya eine der berühmten Gestalten der indischen Geschichte ist.

Seine Eltern warteten lange Zeit vergeblich auf Nachkommen, und so entschlossen sie sich, spirituelle Übungen (*Tapas, Sadhana*) auszuführen, um ein Kind zu bekommen. Auf diese Art und Weise pflegten die Menschen in den alten Zeiten zu handeln – sogar bis vor kurzem noch: Wenn sie einen Wunsch hatten, der auf andere Weise nicht zu erfüllen war, führten sie strenge asketische Übungen (*Sadhana, Tapas*) durch. So legten also die Eltern mehrere Gelübde ab, sie führten eine Anzahl von Mantra-Wiederholungen durch, machten Pujas und Homas, besuchten Tempel und dergleichen. Schließlich erschien ihnen Shiva, der Herr, in einer Vision. Shiva sprach zu ihnen: „Ich bin mit eurem Tapas sehr zufrieden und segne euch mit einem Sohn. Doch ihr habt die Wahl: Ihr könnt einen Sohn bekommen, der nicht lange leben wird, aber in jeder Beziehung exzellent ist. Oder ihr könnt einen Sohn haben, der hundert Jahre alt wird, aber ein Dummkopf ist. Welchen wollt ihr?"

Die Eltern sagten: „Wir nehmen denjenigen, der herausragend sein wird." Shiva antwortete: „Wunderbar. Er wird nicht mehr als 16 Jahre leben." Der Sohn wurde also geboren, und er erwies sich in jeder Hinsicht als exzellent: Er war ein bedeutender Gelehrter, tüchtig in spirituellen Belangen. Zu jedermann war er freundlich und liebenswert. Doch obwohl er seinen Eltern eine Quelle der Freude war, machten sie sich gleichzeitig große Sorgen um ihn, denn sie wussten, dass er sie mit dem 16. Lebensjahr verlassen würde. Als sich nun sein 16. Geburtstag näherte, wurden sie sehr traurig. Natürlich bemerkte der Junge, was vorging und sprach: „Mama, Papa, was ist los? Warum seid ihr so traurig?" Da brachen sie in Tränen aus, und am Ende gestanden sie ihm: „Du musst wissen, dass du an deinem 16.Geburtstag sterben wirst. Wir können noch nicht einmal den Gedanken daran ertragen." Er antwortete: „Nein, ich werde nicht sterben."

Und er ging in den Wald. Er kam an einen Shiva-Tempel und begann, den Herrn anzubeten, so wie wir hier heute *Shiva* und Amma verehren. Er machte *Pujas, Archana, Japa,* er meditierte, …und dann, an seinem Geburtstag, erschien *Yama* vor ihm, das ist der Gott des Todes. Er war eben im Begriff, seine Seele aus dem Körper zu ziehen, doch *Markandeya* schrie: „O *Shiva*, rette mich!" Und er hielt sich fest an dem *Shivalingam* des Tempels. Da manifestierte sich *Shiva* dort, stieß *Yama* in die Brust und sagte zu ihm: „Weg mit dir! Das ist mein Devotee! Du hast nichts zu schaffen mit ihm." Da verschwand *Yama* und *Shiva* sagte: „Ich finde sehr großen Gefallen an dir. Ich segne dich mit Unsterblichkeit."

Markandeya ist eine der seltenen Seelen, die Chiranjivi genannt werden – das bedeutet, dass er für immer in dieser Form existieren wird, bis zur Auflösung des Universums. Er soll in den Himalayas leben. Wir mögen ihn nicht sehen, doch er ist da. Es gibt noch andere außer ihm, doch sind es nur wenige.

Dies ist also ein Beispiel, an das Amma vermutlich denkt, die Geschichte Markandeyas: Wie er sein Schicksal durch die Anbetung Gottes und durch seine Gnade zu überwinden vermochte.

Die Geschichte Harischandras und der Gnade des Guru

Dann gibt es noch die Möglichkeit der Überwindung des Schicksals durch die Gnade des Guru. Hierzu gibt es ebenfalls eine schöne Geschichte in den Epen, und zwar die von *Harischandra*.

Harischandra war ein großer König, mehr noch, ein Kaiser. Doch war er auch ein großer Devotee und vor allem anderen für seine Wahrhaftigkeit berühmt. Wahrhaftigkeit ist in der Tat sehr wichtig: Die Wahrheit ist schließlich in ihrer abstrakten Bedeutung die Wirklichkeit selbst. Das bedeutet, *Brahman*, *Saccidananda* oder Gott sind die Wahrheit. Das sehen wir freilich nicht, wir empfinden es nicht einmal. Wir erblicken diese Welt und halten sie für die Wahrheit und die Wirklichkeit, doch so ist es nicht. Das ist es, was die Weisen

sagen: Was du siehst, ist ein Traum, und die Wirklichkeit, die Wahrheit ist deinem Blick verborgen. Wodurch? Durch *Maya*, die Illusion. Nun, diese abstrakte Wahrheit, sie wird in der Welt manifest durch die relative Wahrheit – von der jeder weiß, was das ist. Wahrheit nämlich ist das Gegenteil von...das Gegenteil von was, Ashok? (Ashok) „Lügen?"
Richtig, das Gegenteil von Lügen, von Falschheit. Das war also die Besonderheit an ihm, er sagte die Wahrheit. Nicht einmal eine Notlüge erlaubte er sich. Wisst ihr, es gab einen *Mahatma*, ich glaube, er lebte im letzten Jahrhundert, sein Name war *Brahmananda, Swami Brahmananda* (1863-1922). Er war ein Jünger von *Ramakrishna Paramahamsa*. Eines Tages hatte er mit einigen Freunden gespielt, bevor er zu Ramakrishna kam. Er verließ sie und ging nach Dakshineshwar, dem Ort, in welchem der Meister lebte. Er machte sein *Pranam* vor *Ramakrishna*. Als er aufstand, blickte ihn der *Guru* an und sagte zu ihm: „Was ist nicht in Ordnung mit dir?" *Brahmananda* schaute sich selbst im Spiegel an und antwortete: „Was soll an mir falsch sein? Nichts ist falsch. Ich fühle mich gut." „Doch", sagte der Meister, „du bist von einer dunklen Wolke umgeben." „Ich weiß nicht." „Denk nach, was hast du gemacht? Hast du heute irgendetwas Falsches getan?" „Nein, überhaupt nicht." „Hast du eine Lüge ausgesprochen?" *Brahmananda* dachte nach: „Nein, ich habe nicht gelogen." – „Zumindest als du einen Scherz gemacht hast, hast du da nicht gelogen?" „Ja", gestand er, „als ich meinem Freund einen Witz erzählte, log ich – nur um ihn zum Lachen zu bringen." *Ramakrishna* antwortete: „Ein *Sadhak* sollte nicht einmal im Scherz eine Lüge erzählen. Es hat eine Wirkung auf ihn, und zwar eine negative."
Wahrheit ist von größter Wichtigkeit. *Harischandra* wusste das. Vielleicht hatte er ebenfalls eine ähnliche Erfahrung gemacht. Auch er hatte einen Guru. Sein Name war Vishvamitra.

Freier Wille und Gnade 93

Nun besagte das Horoskop *Harischandra*, dass er seinen gesamten Besitz verlieren würde. Ihm war es bestimmt, nicht nur völlig zu verarmen, sondern noch Schlimmeres. Stellt euch vor, was ist noch schlimmer als Armut? Ihr werdet es nun hören. Sein Guru wusste, was in den Sternen stand und beschloss, sich darum zu kümmern, jedoch nicht in der Weise, wie wir es tun würden, nämlich es zu verhindern. Er ließ es vielmehr geschehen, bevor es von selbst geschah. Er arrangierte es in seinem Sinne. Eines Tages rief er *Harischandra* und sprach zu ihm:
„Harischandra, wenn ich dich um irgendetwas bitte, wirst du es mir geben?" Der König antwortete: „Ich gebe dir alles, was du willst, Guruji." Darauf sagte Vishvamitra: „Ich will deinen Staatsschatz; die gesamte Summe." *Harischandra* zog sein „Scheckbuch" heraus, unterschrieb den Betrag und übergab es Vishvamitra. Darauf sagte sein Guru: „Das reicht nicht. Ich will alle Besitztümer, die Dörfer, alle Ländereien, den Palast – alles außer dir selbst, deiner Frau und deinem Sohn." „Betrachte es als dein eigen", sagte der König. So machten sich die Drei also auf, um die Stadt zu verlassen. Wohin sollten sie gehen? Sie mussten einen Platz finden, wo sie leben konnten. Um ihre Nahrung würden sie nun betteln müssen. „Noch nicht, ich möchte noch etwas mehr Geld!" sagte Vishvamitra. „Ich brauche hundert Rupien!" „Wo soll ich hundert Rupien herbekommen? Ich besitze nichts außer den Kleidern, die ich am Leib trage." „Das ist nicht mein Problem. Du schaffst die 100 Rupien innerhalb eines Monats herbei! Andernfalls werde ich dich verfluchen. Du wirst in Verruf kommen, eine Lüge ausgesprochen zu haben. Du hast versprochen, mir alles zu geben, wonach ich verlange."
Hierüber war Harischandra natürlich sehr bestürzt. Er ging mit seiner Frau und dem Kind nach Varanasi. Dort suchte er nach Arbeit, konnte jedoch keine finden. Schließlich wusste er nicht mehr, was er tun sollte. Es kam der Tag, an welchem

der Monat abgelaufen war und Vishvamitra erschien mit seiner Forderung:

„Was ist hier los? Wo ist das Geld? Wo sind die hundert Rupien?"

Harischandra war ratlos. Er blickte auf seine Frau und das Kind. Die Frau schaute ihn an und sagte: „Ich weiß, was zu tun ist. Ich verkaufe mich selbst als Sklavin, und du gibst ihm das Geld." Er konnte nicht einmal den Gedanken daran ertragen, doch welche andere Wahl hatte er? Er willigte also ein. Sie ging also zum Sklavenmarkt und verkaufte sich dort als Dienerin.

Ihr neuer Besitzer sagte: „Dein Kind könnte sich auch beim Gemüseschneiden nützlich machen." Also wurde der Sohn auch verkauft, und Harischandra bekam das Geld. Doch waren es nur 45 Rupien, oder vielleicht 50. Er übergab sie Vishvamitra, der dort wartete. „Her mit dem Geld", sagte er.

Wenn man nun die Dinge von außen betrachtet, kann man leicht zu der Auffassung kommen: Was ist das für ein seltsamer Guru! Doch man muss unter die Oberfläche schauen: Warum tut er das? Er sagte nur: „Wo ist der Rest, die restlichen 50 Rupien?"

Also ging Harischandra zur Versteigerung und verkaufte sich selbst. Er bekam das Geld. Es war gerade genug, 50 Rupien. Er gab es dem Guru – und der lächelte und tanzte.

Und an wen verkaufte sich *Harischandra*? – An einen sehr interessanten Mann: Es war derjenige, der die Exekutionen der zum Tode verurteilten Personen durchführte, also der Henker. Er war es auch, der die Verbrennungsplätze für die Hingerichteten und die anderen Verstorbenen unterhielt. Er pflegte ihre Kleider an sich zu nehmen und sie zu verkaufen. Er war ebenfalls für das Entzünden des Leichenfeuers verantwortlich und sorgte dafür, dass die Knochen vollständig verbrannten, um sicherzustellen, dass für den nächsten toten

Körper genug Platz da war. Eine hübsche Arbeit, der er da nachging.

Harischandra wurde nun sein Gehilfe. Ihm wurde die Aufgabe zugeteilt, dafür zu sorgen, dass an den Verbrennungsstätten niemand eingeäschert wurde, für den nicht die geforderte Gebühr bezahlt wurde. So war nun Harischandra, der frühere Kaiser, in diesen bedauernswerten Zustand herabgesunken. Er musste ja auch essen – ihr müsst wissen, dass auf den Verbrennungsstätten in Indien gewisse Rituale, gewisse *Karmas* durchgeführt werden, und zuweilen wird etwas Reis gekocht. Er wird anschließend auf ein am Boden liegendes Blatt gelegt, das den Krähen geopfert wird, während bestimmte *Mantras* rezitiert werden - so viele Rituale gibt es dort und bei einigen von ihnen gehört das Darbringen von Nahrung dazu: Reis, Sesamsamen und andere Dinge, um die dahingegangene Seele und die verschiedenen Gottheiten, die über den Verbrennungsplatz herrschen, zufrieden zu stellen. Von dieser Speise, d.h. von den übrig gebliebenen Speiseresten ernährte sich *Harischandra*.

Er war es, der immer wieder das Einäscherungsfeuer anzuzünden hatte, der die ganze Zeit in der Nähe der Flammen stehen musste, während der Qualm, der von den toten Körpern ausging, ihm ins Gesicht stieg. Er wurde krank, hatte Lungenbeschwerden. Niemand hätte ihn wieder erkennen können, denn er sah wie ein Geist aus. So ging das ein paar Jahre lang. Niemals schreckte er davor zurück, er betrachtete es als seine Pflicht, als sein *Dharma*. Der Wahrheit treu bleiben zu müssen – dies war seine Grundhaltung.

Eines Tages kam seine Frau zu den Verbrennungsstätten. Sie war nicht wieder zu erkennen: abgemagert, mit zerzaustem Haar und zerrissenen Kleidern. Und was trug sie? – Den toten Sohn. Er war von einer Schlange gebissen worden und gestorben. Sie kam also dorthin und klopfte an das Tor.

Harischandra erkannte sie zuerst nicht, ebenso wenig wie sie ihn. Sie wussten nicht, wie es dem anderen ergangen war. Schließlich sprach sie zu ihm: „Ich möchte meinen Sohn verbrennen lassen." „In Ordnung, geben Sie mir eine Rupie." „Ich besitze keinerlei Geld, ich bin eine Magd und bekomme nur Nahrung für meine Dienste, das ist alles."

Daraufhin starrte er sie an, ihre Stimme kam ihm bekannt vor. Er schaute sie genauer an und erkannte, dass es seine Ehefrau war. Und das tote Kind war sein eigener Sohn.

Nun, was hättest du in dieser Situation gemacht, Ashok? „Ich weiß nicht."
- Hättest du sie ohne Geld hereingelassen?
- Ja.
- Ah, siehst du, das ist der Unterschied zwischen dir und Harischandra.

Er sagte: „Es tut mir leid." – Er gab sich ihr nicht zu erkennen. – „Sie können leider nicht hereinkommen. Nur wenn Sie mir die Rupie geben, kann ich es tun. Es ist meine Pflicht. Ich trage hier die Verantwortung. Mein Vorgesetzter hat gesagt, dass niemand hier umsonst eintreten darf, also müssen sie die Rupie bezahlen; andernfalls kann ich die Verbrennung nicht durchführen.

„Aber ich habe kein Geld," sagte die Frau, „ich werde Ihnen mein Kleid geben!" Alles, was sie anhatte, war ein Stück Stoff, und sie war im Begriff, es auszuziehen, um es ihm zu geben.

Gerade in diesem Augenblick erschienen *Indra* und *Dharma*, die Götter des Himmels und der Rechtschaffenheit. Sie sprachen zu ihr: „Halt, tu das nicht! Wir sind sehr erfreut über deine Treue der Wahrheit gegenüber, *Harischandra*." Sie erweckten das Kind wieder zum Leben und enthüllten ihre Identität:

Der eine war der Besitzer der Frau, der andere der Eigentümer der Verbrennungsplätze. Es waren tatsächlich die be-

sagten Götter in menschlicher Tarnung. Sie sprachen: „Wir wollten einfach herausfinden, ob ihr wirklich reif seid für die höchste Verwirklichung. Daher ließen wir euch alle diese Prüfungen durchmachen – ihr habt sie beide mit Bravur bestanden."
So wurden sie beide mit der göttlichen Verwirklichung gesegnet. In diesem Augenblick erschien Vishvamitra selbst und segnete sie ebenfalls. Obwohl *Harischandra* also dieses furchtbare Schicksal zu durchleben hatte, dem er nicht entfliehen konnte - wer weiß wieso? – war die Gnade des *Guru* die ganze Zeit mit ihm. So geschah alles zu seinem Besten.

Die Geschichte des Devotee, der durch Ammas Gnade dem Tod entkam

Es gibt ein Beispiel in einem von Ammas Büchern. Ich möchte euch einfach ein wenig davon vorlesen:
Einer der Devotees trug einen Verband um seine Stirn, und Amma erkundigte sich besorgt, was der Grund dafür sei. Mit einem schelmischen Lächeln antwortete er: „Du weißt warum, Amma. Ohne dich wäre ich nicht in der Lage gewesen, heute hierher zu kommen." Er erzählte, wie er auf dem Heimweg von der Arbeit einen Motorradunfall gehabt hatte. In dem Bestreben, rasch nach Hause zu kommen, um seinen Sohn zu sehen, der mit hohem Fieber im Bett lag, war er ohne Rücksicht auf den starken Verkehr und den Regen sehr schnell gefahren.
Als er sich an den anderen Fahrzeugen vorbeischlängelte, erschien plötzlich ein Lastwagen auf seiner Fahrspur und stieß frontal mit ihm zusammen. Die Wucht der Kollision war so stark, dass das Motorrad zurückprallte und er aus dem Sitz geschleudert wurde.
"Ich rechnete damit, in wenigen Augenblicken durch die vorbeirasenden Fahrzeuge zu Tode gequetscht zu werden", gestand er Amma. „Ich nahm meinen ganzen Mut zusammen

und rief aus: ‚Amma! Rette mich! Schütze mich!' Plötzlich erinnerte ich mich an meinen Sohn und rief wieder: ‚Amma, mein Sohn!' Ich schloss meine Augen ganz fest und erwartete, jeden Augenblick unter den Rädern eines schweren Lastwagens zermalmt zu werden. Doch das geschah nicht. Stattdessen fühlte ich mich von jemandes Händen getragen. Es schien so, als würde ich schweben oder fliegen, und doch empfand ich klar, dass mich jemand in seinen Händen wiegte. Ich öffnete die Augen, konnte aber niemanden erblicken. Dann erschien allmählich ein Gesicht vor meinen Augen: Das warst du, Amma, das warst, du." Amma sagte dazu:

„Es war vorherbestimmt, dass dieser Unfall passieren würde. Und es war nicht sein Schicksal gewesen, zu überleben, sondern zu sterben. Doch Amma warnte ihn schon vor Monaten, dass etwas Ernsthaftes und Gefährliches passieren würde. Sie trug ihm auf, soviel wie möglich zu beten und zu meditieren. Er gehorchte ihr und befolgte ihre Anweisungen. Der Gehorsam, die Aufrichtigkeit und die Hingabe, die er an den Tag legte, versetzten ihn in die Lage, die Gnade Gottes zu erlangen. Diese Gnade war es, die ihn vor dem Tod bewahrte. Doch bedenkt: Der schlimme Unfall passierte wirklich. Es war eine Erfahrung, die er zu durchleben hatte, doch er wurde gerettet. Es war das Ergebnis seiner eigenen Anstrengung. Sein aufrichtiges und hingebungsvolles Bemühen ließen Barmherzigkeit und Gnade fließen und retteten sein Leben. Kinder, durch eine Anstrengung, die durch Ehrlichkeit und Hingabe gekennzeichnet ist, kann selbst das Schicksal überwunden werden. Im Falle einer solchen Person ist es Gott Selbst, der ihr Los ändert."

Er folgte also Ammas Rat. Er musste dieses schreckliche Erlebnis durchmachen, doch nichts passierte.

Wie Marylin und Shakti unverletzt einen Autounfall überstanden

Das erinnert mich an etwas, das sich bei uns ereignete. Ich glaube, es war letztes Jahr, oder das Jahr davor. Marylin – das ist die Dame, die fast jeden Tag hierher kommt – sie fuhr auf der Crow Canyon Road; wie ihr wisst, ist die Crow Canyon Road so ungefähr die unsicherste Straße in ganz Kalifornien. Die Leute fahren sehr schnell und es gibt viele unübersichtliche Kurven etc. Sie war also gerade auf der Fahrt hierhin, um *Seva* zu machen. Es war mitten am Tag, und jemand fuhr sehr schnell, wahrscheinlich war es ein Betrunkener. Sein Wagen kam aus der entgegengesetzten Richtung und berührte ihr Auto. Es überschlug sich mehrmals und landete auf dem Dach, alle Fensterscheiben waren zerborsten und herausgesprungen. Aber ihr geschah nichts. Und ihr kleines Kind, Shakti – das Mädchen, das hier manchmal herumläuft – saß hinten. Sie war in diesem Baby-Sitz festgeschnallt; auch sie blieb unverletzt. Das Einzige, was passierte, war, dass Marylin einen steifen Nacken hatte oder irgend so etwas. Sie erzählte mir, dass sie unmittelbar vor dem Unfall ganz intensiv an Amma dachte, und im nächsten Moment traf auch schon dieser Wagen auf sie. Doch das Einzige, was verloren gegangen war, war das Auto. Es muss ihr Schicksal gewesen sein, in diesen Unfall verwickelt zu werden. Wer weiß das schon? Was soll es sonst gewesen sein? Doch ich glaube, dass sie durch Amma von jeglichem Leid verschont blieb.

Es ist nicht einfach etwas, das in einem der Bücher geschrieben steht – und selbst das sind ja nicht erfundene Geschichten, sondern reale Vorfälle. Die Dinge ereignen sich auch hier, nicht nur in Indien, in Ammas unmittelbarer Nähe.

Es ist nötig, dass wir unsere Identifikation mit dem Körper aufgeben

Wir können unsere schlechten Karmas durch unsere Handlungen reduzieren. Dies ist ein Grund, warum Amma die Brahmasthanam-Tempel eingeweiht hat, die viele von euch kennen.

Wie ihr wisst, gibt es in Indien vier oder fünf, vielleicht auch sechs von diesen Tempeln. Amma hat veranlasst, dass sie gebaut wurden. Einer der Hauptgründe dafür, dass sie errichtet wurden, besteht darin, dass durch die Verehrung in diesen Tempeln etwas von dem schlechten Karma, das Menschen angesammelt haben, beseitigt werden kann. Es ist dies ein ganz praktischer Beitrag zum allgemeinen Wohlbefinden.

Doch bei alledem müssen wir uns einer Tatsache erinnern, eine sehr wichtige Sache, die wir nicht aus den Augen verlieren sollten: Wir alle identifizieren uns mit unserer physischen Form, mit dem Leib, doch sind wir einmal zum spirituellen Leben gekommen, müssen wir uns der Tatsache bewusst sein, dass der Leib nicht der Atman, nicht unser wirkliches Selbst ist. Auch wenn wir während der gesamten 24 Stunden eines Tages unsere Aufmerksamkeit auf den Körper richten, nachsinnen über den Körper, Sorge tragen für den Körper, alles bereitstellen für den Körper, alles tun zur Befriedigung des Körpers – es bleibt dabei, dass er nicht unser Selbst ist. In jedem Moment kann er umkommen. Er ist es nicht wert, dass wir ihm unsere Zeit, unsere Energie und unsere Gedanken widmen. Selbst dann also, wenn unserem Schicksal abgeholfen wird, wenn wir einiges von dem Leiden, das unser Horoskop uns vorhersagt, vermeiden, so kann am Ende doch niemand dem Tod entrinnen. Absolut niemand.

Wir sollten uns also nicht so sehr in den Traum vertiefen. Vielmehr gilt es, unsere Anstrengungen auf die Verwirklichung

Gottes zu richten, statt unser körperliches Leben angenehm und friedvoll zu gestalten. Es ist nichts Falsches an einem bequemen und friedlichen Dasein, aber es ist nicht unser Lebensziel. Selbst wenn unser Horoskop sagt, dass wir durch schlechte Zeiten gehen müssen, und sich am Ende der Tod einstellt – früher oder später – sollten wir nicht aus der Fassung geraten; denn das würde bedeuten, von Trug, Traum und Illusion in Mitleidenschaft gezogen zu werden. Lenken wir unsere Energien lieber auf den Versuch, den Atman zu erreichen. Das ist es, was Amma im nächsten Vers betont:

„Die ganze Zeit sind wir davon ausgegangen, dass der Körper wirklich ist. Das hat uns Kummer bereitet. Nun lasst uns auf die umgekehrte Weise denken: dass der Atman (das Selbst) ewig ist und dass er es ist, den wir zu erkennen haben. Ist dieser Gedanke einmal fest verankert, verschwinden unsere Sorgen und es wird nur noch Glückseligkeit da sein."

Versuchen wir also, ein glückliches, friedliches Leben zu führen; aber mehr als alles andere geht es darum, die Wahrheit dieser Aussage zu erfahren: dass wir nicht der Körper, sondern der Atman sind. Das ist der richtige Weg, über das Schicksal hinauszugehen.

Ich möchte euch ein sehr schönes Gedicht vorlesen. Es wurde von einer Person geschrieben, die in ihrem Leben viel gelitten, viel durchgemacht hat und niemals wirklich davon erlöst wurde. Aber er war ein Devotee. So ließ ihn Gottes Gnade am Ende die richtige Einstellung finden.

Ich bat Gott um Stärke, damit ich etwas zu Stande brächte.
Doch mir wurde Schwäche gegeben, auf dass ich lernen möge, demütig zu gehorchen.

Ich bat um Gesundheit, um Großartiges zu bewirken.
Mir wurde Gebrechlichkeit gegeben, auf dass ich Besseres tun möge.

Ich bat um Wohlstand, auf dass ich glücklich sei.
Ich bekam Armut, auf dass ich an Weisheit gewänne.

Ich bat um Macht, um das Lob der Menschen zu erhalten.
Mir wurde Schwachheit gegeben, um das Bedürfnis nach Gott zu empfinden.

Ich bat um alle Dinge, auf dass ich das Leben genießen möge.
Und mir wurde nur das Leben gegeben, um alle Dinge zu genießen.

Ich bekam nichts, worum ich bat,
Jedoch alles, was ich erhoffte.
Fast meiner selbst zum Trotze wurden meine unausgesprochenen Gebete erhört.
Unter den Menschen bin ich der am reichsten Gesegnete.

OM NAMAHA SHIVAYA

Satsang im M.A.-Center, 1995
Kassette Nr.9, Seite A

Die Welt ist ein Traum

Euch kann nicht verborgen geblieben sein, dass das spirituelle Leben – Spiritualität überhaupt – zu einer greifbaren Realität wurde, als Amma hier war. Als sie hier war, kamen wir alle angelaufen, ließen alles stehen und liegen, um sie zu sehen; wir blieben bis spät in der Nacht auf. Viele von uns gehen vielleicht gegen 9 oder 10 Uhr abends schlafen und nichts kann uns wach halten. Doch als Amma hier war, blieben die Leute bis 1 oder 2 Uhr auf, ja sogar die ganze Nacht über. Jede Nacht war wie Shivaratri. Wir entdeckten auch, dass viele von uns die ganze Zeit ihr Mantra wiederholten, vielleicht öfter als während des ganzen Jahres, wenn Amma nicht hier ist. Manche Menschen mögen festgestellt haben, dass sie während der Zeit, als sie hier war, zu Vegetariern wurden, ja sogar im Zölibat lebten. All dies war nur aufgrund ihrer Gegenwart möglich. Nachdem Amma nun wieder fort ist, wird es für viele von uns erneut unmöglich. Unser altes Ich hat uns wieder.

Amma sagt, dass sie ein ganz bestimmtes Ziel verfolgt, solange sie hier ist. Sie äußerte sich diesbezüglich sehr klar:

„*Solange ich hier bin, möchte ich, dass die Menschen die ganze Zeit an Gott denken.*"

Um dies zu erreichen, wendete sie viele Mittel an: Es gab Bhajans, es gab Darshan, Reden wurden gehalten, Dramen aufgeführt, Pujas gefeiert, und dann natürlich Devi Bhava – alle diese Dinge gaben uns Gelegenheit, ununterbrochen an Gott zu denken. Und warum ist das so wichtig? Nun, es entspricht Ammas eigener Erfahrung. Sie sagt, dass alle von uns fest schlafen, uns in einem sehr langen Traum befinden; dass wir in diese Welt hineingeboren wurden und sterben werden, um immer wiederzukommen, dass wir die ganze Zeit nach Glück suchen – obwohl es doch nur ein Traum ist, keine endgültige Wirklichkeit. Ich lese euch einfach ihre genauen Worte vor.

Jemand fragte Amma: „Amma, was bedeutet es, wenn man sagt, dass die Welt nur eine Projektion des Gemütes ist?" Sie antwortete:

„Was auch immer wahrgenommen wird, ist die Projektion des Geistes. Angenommen du hast einen Traum, in dem du Zeuge bist, wie du mit einer anderen Person mitten auf der Straße kämpfst. Es ist Tag, daher sind viele Leute zu beiden Seiten der Straße versammelt, um den Kampf zu beobachten. Einige missbilligen das Ganze, andere feuern euch an, wieder andere versuchen, den Kampf zu beenden. Da dein Gegner stärker als du ist, musst du eine Menge Hiebe einstecken. Am Ende kommt die Polizei und sperrt euch beide ein. Für drei Tage kommst du hinter Gitter. Als du entlassen wirst, steckst du voller Scham. Du bist zornig und willst Rache. Du kannst dich einfach nicht beherrschen. Gerade in diesem Augenblick erwachst du aus dem Traum. Dir wird klar, dass der Kampf, die Straße, der Gegner, die Polizisten, das Gefängnis, die Leute, die Scham, der Hass, dass all das nichts als das Erzeugnis deines eigenen Geistes war. Entsprechend ist all das, was wir in der Welt wahrnehmen und erfahren, ein langer Traum; nichts als ein Gaukelspiel des Gemüts. Wenn wir im Zustand der Gottverwirklichung erwachen, wird uns diese Tatsache durch direkte Erfahrung zu Bewusstsein kommen."

Die Welt ist ein Traum

Warum ist in dieser Welt alles so voller Leiden?

Amma spricht also aus ihrer Erfahrung. Diese mag sich nicht mit der unseren decken. In der Tat fühlte ich mich selbst einmal sehr traurig darüber, wie es in der Welt und auch in unserem eigenen Leben zugeht, und ich sagte zu Amma:

Swamiji: „Amma, wenn Gott Barmherzigkeit ist, wenn er voller Mitgefühl ist, warum ist es so elend um die Welt bestellt?"

Amma: „Welche Welt?"

Swamiji: „Amma, was meinst du damit, ‚welche Welt?'? – Diese Welt natürlich."

Amma: „Du siehst die Welt, doch für mich gibt es keine Welt. Da ist nur Gott."

Swamiji: „Ja, das mag für dich durchaus wahr sein, vielleicht noch für zwei oder drei andere Menschen auf der ganzen Welt, aber was ist mit dem Rest, mit all den anderen Milliarden, die diese Welt als real wahrnehmen?"

Amma: „Dies ist kein demokratischer Entscheidungsprozess."

Es spielt somit keine Rolle, ob es... es handelt sich hierbei nicht um eine „Mehrheitsentscheidung". Wenn auch nur eine Person existiert, die diese Welt als Traum und Gott als die Wirklichkeit erkennt, dann ist eben dies die Wahrheit. Es mag euch also so vorkommen, dass diese Welt mit all ihren Problemen, ihren Leiden und Freuden die Wirklichkeit ist. Trotzdem stimmt dies nicht. Wenn du aufwachst, offenbart sich dir unmittelbar, dass es ein Traum war. Genauso ist es ja auch beim normalen Träumen: Es wird einem klar, dass es nur unsere eigene Vorstellung war. Bis dahin muss man sich auf das Wort der Erwachten oder Erleuchteten verlassen.

Amma sagt weiterhin, dass wir, solange wir träumen, verstehen sollten, dass das Streben nach Glückseligkeit, das wir alle in uns empfinden, zwar berechtigt ist – dass wir es jedoch am falschen Ort zu befriedigen suchen. In diesem Traum vermag nicht ein einziges Ding uns vollkommenes Glück zu gewähren. Das Letztere entsteht einzig und allein dadurch, aufzuwachen. Während wir uns im Traum befinden, mögen wir einen flüchtigen Eindruck von etwas Glück erhaschen, doch wird es nicht dauerhaft sein. Es wird unseren Händen entschlüpfen – und jedermann muss in seiner geistigen Entwicklung schließlich zu dieser Erkenntnis oder Ernüchterung gelangen: Dass das Glück, nach dem man strebt, niemals in etwas gefunden werden kann, das außerhalb von einem selbst liegt. Es muss einer Realität innewohnen, die viel subtiler ist, von viel größerer Dauer, als das, was die Welt einem bieten kann. Amma nennt jenes Prinzip Atman, und es liegt in euch. Es ist das Substrat oder die Quelle eures Geistes; nirgendwo außerhalb von euch selbst ist es anzutreffen.

Nur um uns einen Geschmack davon zu geben, kommt Amma zu uns. Es geht einfach darum, uns zu beweisen, dass das alles keine leeren Worte sind, dass es eine Realität ist, dass diese Wonne, dieses Glück, dieser Frieden existieren; es ist nicht lediglich eine Art Philosophie.

Nur eine gottverwirklichte Person vermag das durch ihre bloße Anwesenheit zu vermitteln.

Es ist nötig, unsere Energien auf ein höheres Ziel zu richten

Wisst ihr, unsere Gesellschaft, Freunde, und zum großen Teil auch unsere Eltern, sie alle lehren uns geradezu das Gegenteil. Sie erzählen uns nichts davon, dass das Glücklichsein im *Atman* liegt oder in der jenseitigen Wonne, oder in Gott – alles, was wir sehen und hören, lehrt uns vielmehr, dass Wohlstand und Sinnesvergnügungen die Mittel sind, um Erfüllung zu erlangen. Von Kindesbeinen an bis zu unserem letzten Atemzug ist es dieses Dogma, das sich uns fest einprägt. Das ist die *Maya*-Welt, könnte man sagen. Und was für ein Wunder ist es, dass Amma in der Lage ist, in diesem Ozean der Maya ihre Sache durchzusetzen und einen solch überwältigenden Eindruck bei uns zu hinterlassen vermag, obwohl wir doch ganz in diesen Traum eingesaugt und versenkt sind.

Schaut nur auf die Kinder! Wie man weiß, sind Kinder ihrem Naturell entsprechend ruhelos, haben eine Menge Energie. Sie kann sowohl auf eine konstruktive, als auch auf eine destruktive Weise gelenkt werden. Sie geraten entweder immer tiefer in die Zerstreuung oder werden ruhiger und konzentrierter, je nachdem, wie wir sie anleiten.

Während der Tour bezogen wir Quartier in einer Wohnung und einige von uns, die *Brahmacharins*, hielten sich in einem der Kinderzimmer auf. Wir waren – nun, nicht gerade verblüfft – jedoch ziemlich erstaunt, als wir feststellten, dass dieses Kind nicht weniger als 200 Spielzeuge besaß. Im Wandschrank befand sich noch einmal dieselbe Anzahl an Spielen. Wir konnten es nicht glauben. In welcher Verfassung würde sich wohl das Kind befinden? Für drei Tage spielt es mit einer Sache, dann verlangt es nach einer anderen, dann wieder eine andere, und so geht es immer weiter. Natürlich verfügten die Eltern über genug Geld, um den Ansprüchen des Kindes zu genügen. Doch was wird aus dem Charakter des Kindes werden, wenn es heranwächst, falls dieses Ausmaß an Zerstreuung ermutigt wird, wie es ja tatsächlich der Fall war. Natürlich, für die Eltern ist es leicht. So ziehen sie sich bequem aus der Affäre, nicht wahr? Sie werden von den Kindern nicht gestört, sie halten sie sich vom Leibe. Und doch wird das wandernde Gemüt des Kindes, seine Unstetigkeit, fortbestehen, selbst wenn es älter geworden ist, wenn auch natürlich nicht in diesem Maße.

Doch jene Tendenz, von einer Sache zur nächsten zu springen, ist in der westlichen Gesellschaft sehr verbreitet. Das ist auch einer der Gründe, warum die Leute niemals glücklich sein können – es ist ihr Mangel an Stetigkeit.

Es gibt einen Jungen, der hier manchmal hinkommt, er ist erst 7 oder 8 Jahre alt. Seine Mutter nahm die Mühen auf sich, ihm beizubringen, die *Vishnu-Sahasra-Nama* (1000 Namen *Vishnus*) auswendig zu lernen. Er braucht dafür etwa eine Stunde, wenn er sie in der korrekten Geschwindigkeit rezitiert – wenn er sein eigenes Tempo wählt, benötigt er 15 Minuten. Für die Mutter war es eine Menge Arbeit, ihren Jungen so lange stillsitzen zu lassen, doch nun hat er es geschafft: Von jetzt an bis zu seinem Tod wird er fähig sein, die 1000 Namen Gottes zu wiederholen. Es wird zu einem integralen Bestandteil seines täglichen Lebens, seines *Sadhana* werden. Hätten die Eltern ihn nicht dazu angehalten, was hätte das Kind bekommen? Nichts.

Es gibt auch andere, die die Namen aller Personen des *Mahabharata* zitieren können. Das ist kein Scherz. Es gibt Hunderte von ihnen. Ein Mädchen, das hier lebte, kannte alle Personen aus dem *Bhagavata Purana* – *Krishna*, alle seine Verwandten mütterlicherseits und väterlicherseits, bis zur siebten Generation. Es gibt auch viele Kinder innerhalb der christlichen Tradition, welche die Bibel kennen und alle Personen, die in ihr vorkommen.

Diese Energie kann man in die richtigen Kanäle lenken. Wie ihr vielleicht wisst, sind vor nicht langer Zeit diese *Amar Chitra Kathas* erschienen, eine großartige Sache, nicht nur für Kinder, sondern auch für Erwachsene. Es handelt sich bei ihnen um spirituelle Comic-Hefte.

Die Kinder verlangen nun einmal nach solchen Heften, doch um was geht es in ihnen? Nicht um Gewalt, nicht um grausame Leute oder Charaktere, sondern um noble Menschen, alle großen historischen Persönlichkeiten und ihre

Lebensgeschichte, oder auch um *Krishna* und *Rama*, Begebenheiten aus dem *Ramayana* sowie dem *Mahabharata* werden dargestellt.

Man kann also einiges tun, es ist nicht unmöglich, auch wenn wir in dieser Welt der Maya leben: Es ist uns nicht unmöglich, Dinge zum Guten zu wenden.

Alle diese Dinge sind nicht nur für Kinder von Bedeutung. Wir alle sind sehr beeinflussbar, werden von unserer jeweiligen Umgebung beeinflusst. Sie prägt uns in jeder Minute. Sowohl das Gute wie auch das Schlechte nehmen wir auf, und zwar von jedermann. Wir sprachen ja während der Tour darüber, wie überaus notwendig ein Vorbild ist. Alle suchen nach jemandem, zu dem sie aufblicken, an dem sie sich ein Beispiel nehmen, dem sie nacheifern können. Warum also nicht das Allerhöchste als Ziel wählen! Wenn wir es nicht in der Schule finden können, nicht zu Hause, nicht einmal in der Geschichte, wieso halten wir dann nicht Ausschau nach einer gottverwirklichten Person? Nun, wir haben Amma.

Dies ist einer der ganz praktischen Aspekte der Hingabe an Amma. Wir reden ja nicht nur davon, dass die Gnade eines *Mahatma* in uns hineinströmt, indem wir an ihn denken.

Wenn wir sein Leben studieren, werden wir auch fähig, uns selbst zu ändern. Wir können es auf uns selbst anwenden: Ammas Lächeln, ihre Geduld, die Erfahrungen, die sie in ihrer Kindheit zu durchleben hatte, stets können wir uns dieser Dinge erinnern. Wenn es nicht Amma ist, dann eben eine andere verwirklichte Seele aus der Vergangenheit oder der Gegenwart. Wir können über sie meditieren, sie zu unserem Vorbild machen und besitzen dann jemanden, zu dem wir aufschauen und der unser Leben von Grund auf verwandelt.

Besonders in der westlichen Gesellschaft gab es noch vor etwa 75 Jahren einige traditionelle Werte, Werte einer erleuchteten Überlieferung. Das hat sich seit ungefähr einem halben

Jahrhundert rapide geändert. Mit der industriellen und technologischen Revolution sind alle diese Dinge verschwunden. Nun zählen nur noch Wohlstand, Vergnügen und Technologie. Sie sind die Hauptziele des menschlichen Lebens in der westlichen Welt. Amma sagt nicht, dass wir diesen Dingen abschwören sollen. Es handelt sich bei ihnen durchaus um gültige Lebensinteressen. Aber sie sind eben nicht alles. Der Mensch besteht nicht nur aus einem Leib, aus Sinnesorganen und dem Gemüt. Es gibt auch noch die Seele, den *Atman*. Dieser ist es, was den Menschen wirklich ausmacht. Und er ist wiederum mit allem Körperlichen ausgestattet. Wenn wir somit nur den grobstofflichen Teil von uns zufrieden stellen, bedeutet dies eine Vernachlässigung unserer wahren Essenz, der Natur unseres Wesens. Dann dämmert uns, dass da irgendetwas nicht stimmt, dass da irgendetwas aus den Fugen geraten ist.

In früheren Zeiten ermunterten uns die *Rishis*, sowohl *Artha* als auch *Kama*, Wohlstand und Sinnengenuss, darüber hinaus aber auch *Dharma* und *Moksha* anzustreben. *Dharma* ist Tugend oder ethisches Handeln, *Moksha* ist das Streben nach mystischer Erfahrung und Gottverwirklichung. Wenn wir also alle vier Ziele *(Purusharthas)* anvisieren, werden wir zu einer ausgeglichenen Person.

Damals übte ein Mensch folgende tägliche Routine aus: Am Morgen war die Zeit der spirituellen Praxis – Puja, Meditation, Japa und Gebet; tagsüber galt es, seinen Unterhalt zu verdienen und einen integren Lebenswandel zu führen; abends gab es dann wieder *Sadhana*, und des nachts war ihm Sinnesgenuss gestattet, worin dieser auch immer bestehen mochte. Eine solche Form der täglichen Lebenspraxis war in jeder Hinsicht im Gleichgewicht; allem war Genüge getan, und sowohl in der Person als auch innerhalb der Gesellschaft existierte Harmonie. Sogar hier und jetzt können wir das praktizieren.

Das Ego ist wie ein alter, muffiger Hut

Nachdem wir die Notwendigkeit erkannt haben, ein spirituelles Leben zu führen, nachdem Amma uns begegnet ist und wir aus ihrer Gegenwart Inspiration geschöpft haben, selbst nach alledem dringt das alte weltliche Ego *(Ahamkara)* nach oben, wieder und wieder und wieder...

In Ammas Gegenwart ist jeder ein guter Junge und ein gutes Mädchen, aber sobald sie fort ist, fängt, wie wir bereits sagten, alles wieder von vorne an: Das Ego kommt zurück mit all seinen Problemen. Amma ist sich dieser Schwierigkeit voll und ganz bewusst. Tatsächlich vergleicht sie das Ego mit einem muffigen Hut. Es gibt eine Geschichte, die sie über diesen Hut erzählt:

Es gab da einen wohlhabenden Mann, einen Gentleman. Er war Antiquitätenhändler und besaß einen alten Hut. Er hing sehr an ihm, obgleich er etwa 40 Jahre alt, sehr schmutzig, muffig und schmierig war. Niemals wusch er ihn. Auch war er viel zu geizig, sich einen neuen zuzulegen

Wegen dieses Hutes wurde er in seinem Ort ziemlich berühmt – oder vielmehr berüchtigt. Jedermann versuchte, ihn dazu zu überreden, den Hut wegzuwerfen und einen neuen zu kaufen, doch er wollte sich von ihm nicht trennen. Er war richtig vernarrt in ihn.

Eines Tages besuchte er mit einem Freund ein Schwimmbad, um ein wenig Sport zu treiben. Der Gentleman zog seine Badesachen an, verließ den Umkleideraum und ging schwimmen. Sein Freund hielt sich noch etwas länger in der Umkleide auf. Kurz darauf kam der Richter der Stadt in den Umkleideraum. Er besaß einen wunderschönen weißen Hut. Er legte ihn ab und ging ebenfalls schwimmen. In der Zwischenzeit vertauschte der Freund die beiden Hüte. Als nun der Geizhals vom Schwimmen zurückkehrte, sah er den na elneuen Hut bei seinen Sachen liegen. Er schaute sich um, konnte aber seinen eigenen schmutzigen Hut nirgends entdecken. Also dachte er sich: „In Ordnung, ohne einen Pfennig zu bezahlen, bin ich zu einem brandneuen Hut gekommen. Es ist offenbar Gottes Wille. Ich nehme ihn!" Er griff nach dem Hut, zog ihn an und ging nach Hause. Etwas später kam der Richter in den Umkleideraum zurück und fand den „schönen", muffigen Hut bei seinen Kleidungssachen. Nun wusste freilich jeder in der Stadt, wem dieser Hut gehörte. Der Richter sandte also seine Gerichtsdiener zu dem Haus dieses Mannes, um ihm seinen Hut zurückzubringen und den Mann vor Gericht vorzuladen. Dieser verteidigte sich: „Ich weiß von nichts. Der Hut lag einfach da." Die Gerichtsdiener antworteten: „Es interessiert uns nicht, ob Sie irgendetwas wussten. Sie kommen mit!" Also erschien er vor dem Gericht. Der Richter beschimpfte ihn und verurteilte ihn zu einer Geldstrafe von 1000 Dollar wegen Diebstahls. Seinen muffigen Hut gab er ihm zurück und nahm seinen eigenen wieder an sich. Der Geizhals war darüber verständlicherweise ein wenig bestürzt. Auf seinem Weg nach Hause nahm er seinen Hut und warf ihn in den Fluss. Er dachte bei sich: „Ich will ihn endlich loswerden." Er kehrte nach Hause zurück.

Am nächsten Tag warfen einige Fischer im Fluss ihre Netze aus. Als sie sie einzogen, kam dieser Hut zum Vorschein. Natürlich erkannten sie die schmutzige Kopfbedeckung wieder und als sie ihre Arbeit beendet hatten, gingen sie am Haus des Geizhalses vorbei und warfen dessen nassen Hut durch das offene Fenster. Er fiel auf die Glas-Antiquitäten, worauf sie allesamt zerbrachen. So entstand ein Verlust von mehreren tausend Dollar. Der Geizhals hörte den Lärm und kam die Treppe herab. Er entdeckte den elenden Hut und beschloss, sich seiner endgültig zu entledigen, auf welche Weise auch immer. Des nachts stieg er in seinen Wagen,

Die Welt ist ein Traum

nahm den Hut und fuhr zu einem Stausee, der sich 10 Meilen außerhalb der Stadt befand. Er warf den Hut in die Mitte des Sees und fuhr nach Haus zurück. In dieser Nacht schlief er sehr gut. Am nächsten Morgen wurde die Wasserversorgung in der gesamten Ortschaft unterbrochen. Man stellte Nachforschungen an und ließ Taucher mit Sauerstoffgeräten die Anlage absuchen. In der Außenleitung des Staubeckens fanden sie diesen großen Hut. Man nahm ihn heraus und zitierte den Besitzer vor das Bezirksamt. Es wurde ihm eine Geldstrafe von 10.000 Dollar wegen Behinderung der Wasserversorgung auferlegt. Nun geriet der Mann wirklich aus der Fassung. Von diesem Hut hatte er nun ein für alle Mal genug. Er sagte sich: „Okay, wenn ich dich nicht ertränken kann, dann werde ich dich eben verbrennen. Nun schämte er sich aber ein wenig, das in seinem Hof zu bewerkstelligen – andere Leute mochten ihn vielleicht bei dieser Narretei beobachten. Also brachte er ein paar Ziegelsteine ins Haus. Den Hut wrang er gründlich aus und zündete ein Feuer an; eine Unmenge von Qualm entstand durch den Hut. Nach kurzer Zeit hörte er draußen die Klänge von Sirenen. Plötzlich zertrümmerte jemand die Fensterscheibe, und riesige Ströme Wasser drangen ins Zimmer. Man versuchte, das Feuer zu löschen. Was war geschehen? – Die Nachbarn hatten den Rauch aus dem Fenster steigen sehen und die Feuerwehr gerufen. Die Wohnung des Mannes wurde durch das Wasser völlig zerstört. Er schlich sich aus der Hintertür und ging hinaus in den Wald. Dort versteckte er sich für ein paar Tage. Inzwischen kam der Polizei folgender Verdacht: „Dieser Mann ist gewiss durch das Drucken von Falschgeld zu Wohlstand gekommen. Das war es wohl, was er hier verbrennen wollte." Sie bemächtigten sich des Hauses und beschlagnahmten sein gesamtes Vermögen. Einige Ortsansässige, die wussten, dass er sich im Wald aufhielt, suchten ihn auf und erzählten ihm, was sich zugetragen hatte.

Er aber machte sich auf und wurde ein *Sannyasi*. Als ihn jemand nach seinem Guru fragte, antwortete er: „Swami Hut*ananda*." Keiner begriff jemals, um wen es sich bei diesem „Hut*ananda*" eigentlich handelte. Ein solcher Name hatte innerhalb der *Sannyasi*-Überlieferung niemals existiert...

Genauso geht es uns auch mit unserem Ego, sagt Amma: Wir würden gern dieses alte, übel riechende, schmutzige Ding loswerden. Wir werfen es irgendwohin, es kommt aus einer anderen Richtung zurück. Erneut versuchen wir es loszuwerden – wieder kehrt es zu uns zurück. Wir ertränken es, vergraben es, verbrennen es – trotzdem hört es nicht auf, uns zur Last zu fallen. Von diesem Ego *(Ahamkara)* loszukommen, kann, wie sie sagt, durchaus gelingen. Zumindest ist es möglich, es zu reinigen, wenn wir es schon nicht zerstören können. Wir können aus ihm einen Devotee machen, können ihm Demut einpflanzen, so dass es uns nützlich sein kann. Ich lese euch einfach ein wenig von dem vor, was Amma über dieses hässliche Ding zu sagen hat:

„Amma, wenn das Ego eine solch verachtenswerte Sache ist, hätte Gott dann nicht davon absehen können, uns damit auszustatten?" Jedermann zieht Gott für alles zur Rechenschaft. Eigentlich lautet hier die vorhergehende Frage: „Amma, warum lässt Gott uns Fehler begehen?" Das hört man sehr oft. Alles ist Sein Fehler - alle schlechten Dinge, die ich tue, sind Gott anzulasten. Für die guten bin ich natürlich selbst verantwortlich. Amma sagt dazu folgendes:

„Gott lässt uns keineswegs irgendwelche Fehler begehen. Nach welchen von Gott gegebenen Anweisungen handeln wir denn, wenn wir all die Fehler machen? Begehen wir sie nicht vielmehr, obwohl wir wissen, dass es sich um Feh-

ler handelt und weil wir der Stimme unseres Gewissens keine Beachtung schenken, welche tatsächlich Gott selbst ist?"

Und weiter:
„Sohn, Feuer hat sowohl gute, als auch eine üble Wirkungen. Es kann zum Kochen von Reis verwendet werden und auch, um ein Haus in Brand zu setzen. Ein Messer kann ebenso zum Zerkleinern von Gemüse benutzt werden, und dazu, jemanden umzubringen. Gut und schlecht werden dadurch bestimmt, was wir mit einer Sache anfangen. Es besteht ein Ego in der Haltung: ‚Ich bin Gottes Kind.' In dem Gedanken, ‚Ich bin überaus bedeutend', ist das Ego ebenfalls vorhanden. Doch die erste Haltung wird uns zum Guten gereichen, während die letztere uns zum Bösen verleitet. Alles kommt in der Natur vor. So, wie es Finsternis und Licht gibt, so gibt es auch gut und böse. Es ist unsere Pflicht, dem rechten Pfad zu folgen, indem wir die von Gott verliehene Unterscheidungskraft gebrauchen. Wie sehr es auch regnen mag, das Wasser wird nicht auf dem Dach des Hauses oder dem Berggipfel verweilen. Es fließt vielmehr in Strömen vom Berg herab. Entsprechend wird dann, wenn ein Graben vorhanden ist, das Regenwasser von allen Seiten herbeiströmen und ihn füllen. Nichts wird erreicht werden, solange der Ich-Sinn existiert. Die Gnade wird erst fließen, wenn wir die demütige Haltung einnehmen: ‚Ich bin nichts.' Der Egoist wird aus den günstigen Umständen, in die er gerät, keinen Nutzen ziehen. Er besitzt dafür nicht die nötige geistige Kraft. ‚Ich bin nichts', ist eine Einstellung, die wir jederzeit haben sollten."

Viele Menschen hört man sagen: „Ich stecke in großen Schwierigkeiten. Meine Lebensumstände sind miserabel. Wie soll ich da ein spirituelles Leben führen? Mein Mann, meine

Frau, meine Kinder oder irgendjemand sonst bereiten mir eine Menge Probleme und bringen mich in äußerst unangenehme Situationen." Amma sagt, dass wir all diese Umstände in Wirklichkeit als günstig erkennen müssen. Wenn wir versuchen, vom Ego freizukommen und unser Gemüt zu läutern, verwandeln sich alle Schwierigkeiten in Gelegenheiten. Faktisch sind es überhaupt keine Schwierigkeiten mehr. Von der inneren Haltung hängt alles ab.

„Wenn der Samen keimen soll, muss er unter die Erde gehen mit der Haltung: ‚Ich bin nichts'. Er kann nicht zu seiner wahren Pflanzen-Natur emporwachsen, wenn er hochmütig denkt: ‚Wieso soll ich mich vor dieser schmutzigen Erde verneigen?' Wirkliche Demut entsteht erst dann, wenn wir in der Lage sind, alles als Gott zu betrachten. Das heißt nämlich Demut: kleiner und kleiner zu werden. Zwei Wege gibt es, um Gott zu erreichen: Der eine besteht darin, größer und größer zu werden, bis man die ganze Welt überragt. Das bedeutet, sich der Tatsache bewusst zu werden, dass alles in mir ist, dass ich alles bin – ich bin der Paramatman, das Höchste Selbst.

Doch das ist nicht einfach. Es wird sehr leicht dazu führen, dass das Ego sich aufbläht; wir wissen nämlich gar nicht, auf welche Weise wir an Größe zunehmen können. Nicht das Ego soll ja groß werden, sondern das wahre Ich, das uns innewohnt. Der Geist soll eine Ausdehnung erfahren, die ihn in die Lage versetzt, alles zu umfassen und das gesamte Universum in sich selbst zu erkennen. Auf der anderen Seite ist es viel einfacher, klein zu werden, uns selbst als die Diener Gottes zu betrachten. Der Herr sitzt nicht irgendwo an einer bestimmten Stelle oder auf einem Thron. Er ist an jedem Ort, existiert in jedem Gegenstand der Welt. Wenn ihr daher in rechter Weise nachdenkt und unterscheidet, vermögt ihr einzusehen, dass ihr der Diener der

Welt seid. Diener Gottes und Diener der Welt zu sein bedeutet dasselbe."

Werde wie der Sand

Wisst ihr, bevor ich zu Amma kam, hatte ich die Philosophie des *Vedanta* studiert. Ich hatte in einem Ashram gelebt, wo *Advaita Vedanta* (Nicht-Zweiheit) oder *Atma-Vicara* (Selbst-Befragung) hauptsächlicher Bestandteil der Praxis waren.

Als ich nun zu Amma kam, fragte ich sie: „Amma, wie lautet dein Rat für mich?" Denn ich dachte mir, „Das ist eine goldene Gelegenheit! Amma weiß alles und daher kennt sie auch den nächsten Schritt, der für mich nun ansteht." Da nahm sie eine handvoll Sand – ich erinnere mich sehr deutlich daran, es war vor dem alten Tempel – sie nahm also den Sand und antwortete: „Siehst du den Sand?" „Ja."

„Werde wie der Sand."

Sie warf ihn zu Boden. Ich fragte zurück:

„Was meinst du damit, ‚Werde wie der Sand'?" „Jedermann schreitet über ihn hinweg. Er ist niedriger als alles andere. Es kümmert ihn nicht.

Genauso musst du werden. Du musst nichts werden. Im selben Augenblick, wo du nichts geworden bist, bist du Alles."

Dies bedeutet, dass das Ego bei seiner Auflösung eins wird mit seinem Substrat, mit dem Allumfassenden, mit Gott oder *Brahman*.

Von all diesen Dingen zu reden ist sehr leicht, und zwar für jedermann. Doch ich weiß es besser. Seit 25 Jahren versuche ich nun, ein spirituelles Leben zu führen, und ich finde es heute keineswegs leichter als damals am Anfang. Es ist immer mühsam – und Amma sagt, dass es bis zur Verwirklichung hart bleiben wird. Bis zum letzten Augenblick wird das Ego da sein. Erst in der Glut der Selbst-Verwirklichung wird es verlöschen. Doch trotz alledem – wir haben s i e. Das ist die rettende Gnade für uns, dass wir irgendwie in diesem Leben zu Ammas Füßen gelangt sind. Wir sind zu ihren Kindern geworden, empfinden Hingabe zu ihr, haben Zuflucht zu ihr genommen. Und sie versichert uns, dass sie uns im geeigneten Moment aufwecken wird; wir brauchen uns nicht zu sorgen. Sie weiß, dass wir durch unsere eigene Anstrengungen nicht in der Lage sind, uns selbst in großem Ausmaß zu vervollkommnen. Wir werden nicht fähig sein, uns selbst hundertprozentig zu läutern. Niemand kann das. Und doch verlangt sie von uns, hart zu arbeiten. Für sie ist es nichts, uns die Verwirklichung zu geben.

Was ist es schon? Es gleicht einer wachen Person, die eine schlafende Person aufweckt. Das ist alles. Das Einzige, was man tun muss, ist, dem Betreffenden einen kräftigen Stoß zu geben. Sofort wacht er auf.

So verhält es sich auch mit uns: Wir schlafen ganz fest, haben diese intensiven Träume. Amma jedoch ist wach. Sie sieht uns beim Träumen zu und es ist für sie keine große Sache, uns zu wecken. Sie sagt, dazu sei nicht einmal erforderlich, uns mit der Hand anzustoßen – auch ein Stoß ihres Geistes reiche dafür bereits aus. Aber sie wird es nicht tun, bevor wir bereit sind. Denn etwas so Kostbares wie Selbstverwirklichung sollte uns nur geschenkt werden, wenn wir uns aufrichtig darum bemühen - denn es handelt sich dabei um etwas, das niemals mehr vergessen werden sollte. Erst dann, zu diesem Zeitpunkt, wenn wir seine Kostbarkeit wirklich realisieren, wenn wir dafür so hart arbeiten wie ein Geizhals für seinen Reichtum, in jenem Augenblick können wir sicher sein, dass Mutters Gnade zu uns kommt. Das allein wird uns retten – nicht bloß unsere Anstrengungen beim *Sadhana*.

OM NAMAH SHIVAYA

Satsang im M.A.-Center, 1995,
Kassette Nr.9, Seite B

Die Natur des Egos

Amma sagt: „Kinder, das Ego entsteht aus Begierde und Selbstsucht. Sein Vorhandensein ist nicht naturgegeben, vielmehr wurde es geschaffen."

Manche mögen denken: „Oh, schon wieder werden wir über diesen ganzen negativen Kram reden. Ich kam hierher, um einen netten, lieblichen spirituellen Vortrag zu hören, und nun will dieser Unruhestifter über das Ego, über Selbstsucht und die Begierde sprechen. Wieso müssen wir uns diese Dinge wieder und wieder anhören?" Lasst mich euch dazu eine Geschichte erzählen:

Die Geschichte vom eingesperrten Löwen

Es war einmal ein Löwe. Man fing ihn ein und sperrte ihn zusammen mit anderen Löwen in einen Käfig. Es gab so viele von ihnen, dass es geradezu ein Konzentrationslager war. Der Löwe schaute sich um und sah, dass sich einige Löwen miteinander unterhielten. Manche befassten sich mit der Löwen-Religion und sprachen über den Tag, an dem im Konzentrationslager Frieden einkehren, alles in Ordnung gebracht und sie alle befreit würden. Andere beschäftigten sich mit kulturellen Ereignissen oder mit dem Löwendasein in freier Wildbahn, oder damit, wie man die Löwen-Traditionen bewahren könnte.

Einige Löwen stritten miteinander, während andere sich einfach nur gegenseitig anstarrten. Er bemerkte, dass sich in einer Ecke des Käfigs ein einsamer Löwe befand. Dieser einsame Löwe tat überhaupt nichts. Allen anderen Löwen kam dieser Einzelgänger verdächtig vor. „Was schaut der Kerl die

ganze Zeit nur in die Ecke! Er sitzt einfach nur da mit einem leeren Blick in den Augen. An keinen unserer Aktivitäten nimmt er Teil." Schließlich ging der Neuankömmling unter den Löwen zu ihm hin und fragte ihn:
„Bist du hier der Führer?"
Er antwortete: „Nein, ich möchte dir jedoch einen Rat geben. Gebe dich nicht zu sehr mit den anderen Löwen ab."
„Tatsächlich, was schlägst du vor?"
„Tue dasselbe, was ich tue."
„Und was ist das?"
„Das Einzige, was hier wesentlich und notwendig ist."
„Wirklich, was machst du denn? Alle die anderen sind mit so vielen Dingen beschäftigt. Was ist denn die einzig wesentliche Sache?"
„Ich befasse mich damit, den Zaun zu beobachten."

Wieso beobachtete der Löwe die Umzäunung? Weil er sich in ihrem Inneren befand, nicht wahr. Indem er das tut, kundschaftet er aus, wie man aus ihr heraus gelangt. Nun sitzt er in der Falle, innerhalb der Umzäunung, also hält er Ausschau nach der Möglichkeit, ins Freie zu kommen, anstatt mit sich mit jedermann, der ebenfalls dort eingesperrt ist, zu unterhalten.

Warum Amma über das Ego spricht

Das ist der Grund, warum Amma diese unerfreulichen Dinge, wie Ego, Selbstsucht und Begehren erörtert: Es handelt sich bei ihnen sozusagen um den Zaun. Ihn sollten wir immerzu erforschen, damit wir endlich einen Ausweg aus diesem Maya-Traum finden.

Sie betont, dass wir alle – es sei denn, wir gehören zu den *Brahmajnanins und Jivanmuktas*, (verwirklichte Seelen) – die Diener *Mayas* sind. Wir schlafen, wir leben, wir werden geboren und wir sterben in *Mayas* Welt, wieder und wieder und wieder. Selbst wenn wir die Kinder der Göttlichen Mutter, Kinder Gottes sind, so sind wir doch einstweilen auch noch die Kinder Mayas. Also sollten wir uns damit befassen, wie wir heraus kommen, wie wir es schaffen können, daraus aufzuwachen. Das ist das einzig Wesentliche. Das ist der Zweck menschlichen Daseins.

Amma spricht aus Gnade über diese unerfreulichen Dinge. Es geht nicht darum, bei jedermann Fehler aufzudecken, nur aus Gnade geschieht es. Wenn man wirklich jemandes Freund ist, bleibt man nicht einfach still, wenn er etwas tut, was schlecht ist für ihn. Selbst wenn das bedeutet, dass seine Gefühle dadurch gekränkt werden oder er einen danach nicht mehr leiden kann, so ist es dennoch unsere Pflicht, zu sagen, was gut ist. Ebenso ist sich Amma darüber im Klaren, dass wir diese Dinge möglicherweise nicht gerne hören. Alles, was sie daher sagt, geschieht einzig aus dem Grunde, weil sie weiß, was gut für uns ist. Sie gehört zu denjenigen, die aus Mayas Traum erwacht sind. Sie weiß, dass wir einen Albtraum haben und dass uns eine weitaus seligere Existenz erwartet.

Angenommen wir geben unsere Kleider in die Reinigung. Was macht derjenige, der unsere Sachen reinigt? Er schaut nicht darauf, wie weiß unser Kleidungsstück; er sucht vielmehr nach den schmutzigen Flecken und entfernt sie. Das ist die ganze Idee des spirituellen Lebens. Um unsere guten Eigenschaften brauchen wir uns keinerlei Sorgen zu machen; die schlechten Dinge sind es, die wir entdecken und beseitigen müssen, damit die Wahrheit, unsere innere Wesensnatur, sich offenbaren kann. Genau davon spricht Amma. Von Natur aus sind die menschlichen Wesen nicht schlecht, sondern gut. Die wahre Natur eines sauberen Kleidungsstücks ist weiß, bis es schmutzig wird und vorübergehend die Natur des Grauen annimmt. In ähnlicher Weise sind diese Eigenschaften - Begehren, Zorn, Selbstsucht, die vom Ego herrühren – nicht

unsere eigentliche Natur. Wir brauchen also nicht entmutigt zu werden:
„Oh, solange versuche ich es nun schon, ich kann diese schlechte Gewohnheit einfach nicht loswerden." Sie ist nicht ewig, sie gehört nicht wirklich zu uns – sie ist uns nur angewachsen, existiert nur an der Oberfläche.

In einigen traditionellen Gesellschaften, wie etwa in Indien oder auch in anderen Ländern, wurden die Regeln des Lebens von weisen Menschen niedergelegt. Dies trifft vor allem auf Indien zu. Dort gab es die Rishis, die antiken Seher. Sie waren weise Menschen, die Gott verwirklicht hatten; sie sahen die Ursachen des menschlichen Leidens. Indem sie in einer solchen Gesellschaft lebten, die das System befolgte, welches die Seher niedergelegt hatten, nahmen die Menschen allmählich die zur Weisheit führenden Methoden in sich auf. Sie waren in die Lage versetzt, das Leben zu lernen, und langsam führte das dazu, dass sie aus dem Maya-Traum aufwachen und wirklich glücklich werden konnten. Sie erreichten das Ziel des Lebens, das Gottesbewusstsein.

Es gibt eine sehr wichtige Sache, die sich besagten Gesellschaftsformen eingeprägt hat, und das ist der Respekt gegenüber älteren Menschen. Tatsächlich könnte man sagen, dass es sich dabei um das Allerwichtigste handelt; es ist die Grundlage für alles andere, für das, was gut ist – selbst wenn die Älteren überhaupt nichts wissen. Es gibt ein Sprichwort, das so lautet: „Als ich sechzehn war, schien es, dass meine Eltern von nichts eine Ahnung hätten, doch als ich fünfunddreißig war, erstaunte ich darüber, wie viel sie gelernt hatten." Selbst wenn sie also keine Heiligen sind, keine Weisen und keine Mahatmas, so besitzen sie doch Erfahrung, die sie in all den Jahren gewonnen haben. Erfahrung ist wertvoll. Wir können sogar von jemandem lernen, der nur eine Minute älter ist als wir selbst. Wir sollten jemandem, der älter ist als wir, immer auf irgendeine Weise Respekt entgegenbringen. Selbst wenn jemand an Jahren nicht älter ist als wir selbst, so mag er doch in einer anderen Hinsicht ein „Älterer" für uns sein: etwa in Bezug auf Gelehrsamkeit, Erkenntnis, Erfahrung, Spiritualität, Stärke – was immer es auch sei. Jemand, der größer ist als wir, der über uns steht - ein solcher ist in gewissem Sinne ein Älterer für uns; wir sollten genug Demut besitzen, von ihm zu lernen. Das war das eigentliche Prinzip, das die Weisen im Sinne hatten: Demut zu entwickeln und aus jeder nur möglichen Quelle zu lernen.

Diese besagten *Rishis* hinterließen, wie wir alle wissen, die großartigen Schätze des *Mahabharata*, des *Bhagavata Purana* und des *Ramayana*. Es gibt eine solche Vielzahl an Geschichten, dass man dafür mehrere Leben benötigt. Mir ist bewusst, dass wir hier schon seit einigen Jahren das *Mahabharata* lesen, und doch sind wir erst zur Hälfte damit durch.

Man könnte sagen, dass es die Frauen waren, die früher für diese Geschichten zuständig waren. Sie lernten sie von ihren Müttern. Worin bestand nun ihre Lehre? Diese Bücher enthalten äußerst wertvolle Geschichten, die erfüllt sind von idealen Persönlichkeiten. Ohne jenes Wissen wüssten wir möglicherweise gar nicht, wie wir leben sollten. Wenn wir stattdessen in eine Gesellschaft hineingeboren werden, in der es einfach heißt, dass der Sinn des Daseins einfach darin besteht, so bequem wie nur möglich zu leben, so viel wie nur möglich zu genießen und zu tun, was immer der Einzelne für richtig hält, was geschieht dann? – Es geschieht genau das, was wir vor uns sehen, nämlich so viel Verwirrung und Gewalt.

Deswegen ist Amma gezwungen, diese Dinge anzusprechen. Mag eine Person auch den Anschein großer Schlechtigkeit erwecken, so gibt es doch in Wirklichkeit nicht so etwas wie einen unverbesserlichen Menschen, also einen Menschen, der sich weder selbst vervollkommnen noch durch andere gebessert werden könnte. Das Ego mit all seinen negativen Eigenschaften ist nicht identisch mit dem wahren Selbst, es ist nicht unser eigentliches Wesen. Die meisten üblen Menschen wurden schlecht, weil die Umstände ungünstig waren. Da sie nun gewöhnliche Menschen ohne strenge Grundsätze waren, fühlten sie sich zur Negativität hingezogen. Es war nicht so sehr ihr eigener Fehler. Manchmal können sie sich durch die Gesellschaft eines Heiligen, eines frommen Menschen oder durch die Gnade Gottes ändern, selbst wenn es hoffnungslos erscheint. Denn, wie Amma sagt, ist unsere wirkliche Natur nämlich Reinheit. Wir sind Kinder.

Der Roman von Victor Hugo: Les Miserables

Einige von euch werden von dem Roman „Die Elenden" gehört haben. Vielleicht habt ihr ihn gelesen, als ihr in der Schule ward. Es ist eine sehr schöne Geschichte. Als ich sie las, fühlte ich mich sehr bewegt. Sie enthält tiefe Wahrheiten.

Das Ganze ereignete sich vor langer Zeit in Frankreich. Ein armer Mann stahl eines Nachts in einer Bäckerei einen Laib Brot. Er tat es für seine hungernde Familie. Er wurde von der Polizei gefasst und ohne jegliche Gerichtsverhandlung in ein stockdunkles, feuchtes, von Ratten wimmelndes Gefängnis geworfen. Er wurde sehr krank, war völlig ausgezehrt. Es war die Hölle auf Erden für ihn. Angesichts dieser Lebensumstände wünschte er sich den Tod herbei.

Eines Tages gelang es ihm, zu entkommen. In beträchtlicher Entfernung von dem Gefängnis gab es eine Kirche; als er dort anlangte, suchte er Zuflucht bei dem ansässigen Priester. Angesichts seiner schrecklichen Verfassung und seines furchtbaren Aussehens war es für den Geistlichen offensichtlich, dass es sich um einen entflohenen Sträfling handeln musste. Er hieß ihn in seinem Quartier willkommen, gab ihm zu essen und bat ihn, mit ihm im selben Raum zu schlafen, denn es gab kein Gästehaus oder etwas Vergleichbares. Im Zimmer des Priesters standen einige silberne Kerzenhalter,

Die Natur des Egos 125

die zu liturgischen Zwecken verwendet wurden. Beide Männer legten sich schlafen, so schien es wenigstens. In der Nacht, als er glaubte, dass der Priester sich in tiefem Schlaf befand, stand der Gast still und heimlich auf und machte sich daran, die Kerzenhalter leise und vorsichtig in eine Tasche zu packen; dann machte er sich davon. Der Mönch jedoch befand sich keineswegs im Schlaf. Er lugte unter seiner Bettdecke hervor und schaute sich an, was da vor sich ging. Als er sah, wie der Sträfling einen Kerzenhalter nach dem anderen in die Tasche packte, wisst ihr, was er da tat? Was glaubt ihr?

„Er jagte ihn fort?" (Aus dem Publikum.)

Nein! Er war Priester, kein Polizist. Er jagte ihn nicht fort. Er betete zu Gott: „Oh Gott, hilf diesem armen Menschen. Zeige ihm den Fehler, den er gerade begeht. Lasse ihn aufwachen, zünde in seinem Herzen ein Licht an. Vergib ihm das, was er jetzt tut. Irgendwann in seiner Vergangenheit muss dieser Mann gut gewesen sein." Und in seinem Herzen flehte er darum, dass das geschehen würde. Er sagte kein Wort, sondern tat so, als ob er schlafen würde. Als er am Morgen aufstand, war der Dieb weg. Den ganzen Tag über dachte der Geistliche: „Ob Gott mein Gebet wohl erhört hat?"

Was passierte aber in der Zwischenzeit? Der Dieb lief mit der Tasche voller Silber herum und irgendjemand schöpfte Verdacht: Jemand, der so verwahrlost aussieht und dann auch noch eine schwere, schmutzige Tasche mit sich schleppt... Man rief also die Polizei. Was würde also nun aller Voraussicht nach mit solch einem armen Kerl passieren, wenn die Polizei ihn fängt? Er ist ein entflohener Sträfling. Man wirft ihn wieder in jenes Loch – für den Rest seiner Tage! Und er wurde tatsächlich gefasst. Man brachte ihn zu dem Priester. Was meint ihr wohl, was der aussagte? Was hättet ihr getan? Der Polizei gegenüber versicherte er: „Ich gab diesem Mann die Kerzenhalter. Warum bringen Sie ihn hierher wie einen Kriminellen?"

Die Beamten sagten: „Oh, tut uns leid, das wussten wir nicht." Sobald die Polizei fort war, brach der Dieb in Tränen aus – so schlecht fühlte er sich wegen seines Diebstahls. Der Geistliche dagegen erkannte, dass sein Gebet erhört worden war. Er gab dem Dieb das ganze Silber und trug ihm auf, etwas Gutes aus seinem Leben zu machen.

Dieser ging in eine andere, weit entfernte Stadt, wo er das ganze Silber verkaufte und zu einem wohlhabenden Mann wurde. Er wurde sogar Bürgermeister dieser Stadt. Er tat viel Gutes für die Menschen, vor allem für die Armen; denn er hatte gesehen, was die Armut aus ihm selbst gemacht hatte. Dies ist ein Beispiel dafür, wie das Zusammensein mit einem frommen Menschen – in diesem Fall war es ein Priester – die innewohnende Güte einer scheinbar üblen Person zu erwecken vermag.

Die Geschichte des Dichters Valmiki

Die meisten von uns kennen *Valmikis* Geschichte. Ihm widerfuhr dasselbe Schicksal. Er wuchs auf in einer Familie von Dieben und wurde ebenfalls zu einem solchen. Eines Tages versuchte er den Weisen *Narada* zu bestehlen – ausgerechnet den großen *Narada*. Das war Gottes Gnade, denn wenn man jemanden berauben will, und einen sich *Mahatma* als Opfer aussucht, ist man wahrlich vom Glück gesegnet. Diejenigen Leute, die Krishna bekämpften, erlangten Befreiung. Ebenso empfangen die Menschen, die eine gottverwirklichte Person anfeinden, etwas von ihrer Gnade. *Valmiki* war darauf aus, *Naradas Vina* zu stehlen, in der Hoffnung, durch den Verkauf eines so seltenen Musikinstrumentes eine große Geldsumme zu erhalten; und *Narada* überließ sie ihm.

Darauf sagte Valmiki: „Gib mir alles, was du hast, *Narada*, oder ich werde dich töten."

„Lass mich dir eine Frage stellen. Wie wurdest du zu solch einem Dieb?"

Die Natur des Egos

Valmiki antwortete: „Ich muss doch meine Familie versorgen, nicht wahr?"

Narada sagte: „Gut, du musst deine Familie unterstützen; doch wird deine Familie auch alle Sünden, die du begehst, mit dir teilen? Du ermordest so viele Menschen, raubst so viele Dinge von jedermann."

„Selbstverständlich werden sie sie mit mir teilen!"

„Geh und frage sie. Ich werde hier warten, du kannst mich an einem Baum festbinden. Ich werde nirgendwo hingehen."

So fesselte er *Narada* an einen Baum und begab sich nach Hause zu seiner Familie. Dort sprach er zu ihnen: „Dieser Kerl da draußen im Wald behauptet vielleicht einen Unsinn. Ich stehle und töte ja, um euch zu versorgen, und er will mir einreden, ihr würdet meine Sünden nicht mit mir teilen. Ihr seid doch bereit, sie mit mir zu teilen, nicht wahr?"

„Was soll das heißen? Das werden wir auf keinen Fall! Allenfalls die Beute teilen wir mit dir. Es ist deine Pflicht, uns zu ernähren, auf eine Weise, wie sie dir beliebt. Doch dafür übernehmen wir keine Verantwortung."

Oh, war er geschockt! Er erkannte mit einem Mal, dass sie ihn nicht wirklich liebten, dass ihre Zuneigung nur aus Selbstsucht bestand. Als er zu *Narada* zurückkehrte, brach er zu seinen Füßen in Tränen aus. „Du weißt gar nicht, wie ich all das bedaure. Was habe ich diese ganzen Jahre über nur getan!", sagte er zu *Narada*.

Darauf weihte ihn *Narada* in ein Mantra ein. Es war das Wort „*Mara*", welches „Baum" bedeutet. Eigentlich wollte er *Valmiki* den heiligen Namen *Rama* wiederholen lassen, doch dieser war aufgrund seiner vielen Sünden, die er begangen hatte, nicht fähig, ihn auszusprechen. Also ließ er ihn das Wort „Ma-ra" chanten. Indem man es immerzu wiederholt, wird daraus am Ende Ra-ma. So saß also *Valmiki* – sein damaliger Name war noch *Ratnakara* – für viele Jahre an dieser Stelle und wiederholte das *Mantra*. Am Ende wuchs über ihm ein Ameisenhügel oder *Valmika*, und so wurde er unter diesem Namen bekannt. Man rief ihn seither *Valmiki*. Er wurde als einer der größten Weisen des antiken Indien anerkannt. Er schrieb das *Valmik -Ramayana*, die Geschichte von *Ramas* Leben. Tatsächlich gilt er als einer der größten Dichter, die je gelebt haben.

Diese Geschichten machen deutlich: Was immer ein Mensch auch zu sein scheint – er kann sich doch zum Guten verändern. Niemand ist von Natur aus schlecht.

Amma fährt fort:

"Angenommen wir wollen Geld eintreiben. Wir erwarten, zweihundert Rupien zu bekommen und erhalten stattdessen nur 50 Rupien. Wir werden zornig, gehen auf den Mann los und verprügeln ihn."

Nun, das würde vielleicht nicht jeder tun, doch in einigen Ortschaften gibt es Leute, Rowdies, die nicht davor zurückschrecken würden. Man muss wissen, dass Amma hier Beispiele von Fällen anführt, die sie selbst beobachtet hat. In ihrer Nachbarschaft herrschten ziemlich raue Sitten. Diejenigen unter euch, die in ihrem Dorf gewesen sind, wissen, dass es nicht gerade Miami Beach ist. Sicher der Strand ist da – aber es ist nicht Miami... Es ist auch kein sauberer Strand, besonders nicht zu gewissen Tageszeiten.

Wenn man sich also zu so etwas hinreißen lässt, was passiert dann? In der Leidenschaft des Augenblicks macht man vielleicht etwas Falsches, aber dabei bleibt es nicht. Man mag sich fühlen, als ob man zu schnell gefahren sei, aber damit ist die Sache nicht erledigt. Entweder erleidet man einen Unfall oder man bekommt einen Strafzettel. Dann muss man vor Gericht erscheinen und das Geld auf den Tisch legen.

"Rührt der Ärger nicht daher, dass einem der gewünschte Betrag verweigert wurde? Worin besteht der Nutzen, Gott anzuklagen, wenn man dann am Ende die Strafe in Empfang nimmt?"

So sind in der Tat einige Devotees: Sie kommen in Schwierigkeiten, tun irgendetwas Falsches, und sagen dann: „Das ist alles Gottes Fehler, das ist alles Ammas Schuld!" Wenn sie Amma sehen, sagen sie: „Es ist alles dein Wille." Amma antwortet ihnen: „Nein, es war nicht mein Wille. Ich habe dich nicht aufgefordert, irgendetwas falsch zu machen. Vielmehr bitte ich dich darum, nur gute Dinge zu tun."

"Aufgrund von Erwartung entsteht Ärger. Aufgrund von Begehren entsteht Kummer."

Wenn man Wünschen hinterherläuft, ist dies das Resultat. An grundlegenden Bedürfnissen ist nichts Falsches; absolut nicht. Jeder hat bestimmte Wünsche. Sobald man in Mayas Welt hineingeboren wird, ist man mit ihnen ausgestattet. Man muss schließlich leben. Man braucht etwas zu essen und eine Unterkunft. An minimalen Wünschen ist mithin nichts auszusetzen. Wovon Amma hier spricht, sind exzessive Begierden, die Besitz von uns ergreifen. Unsere Intelligenz und unser Unterscheidungsvermögen werden in der Leidenschaft des Augenblicks einfach beiseite geworfen, damit wir an der Befriedigung unserer Wünsche nicht gehindert werden. Vielleicht empfinden wir die Kontrolle unserer Begierden durch die Unterscheidungskraft der Intelligenz als schmerzhaft. Daran ist etwas Wahres. Ein gewisses Quantum an Leiden ist im spirituellen Leben unvermeidlich. Doch es ist die Alternative zwischen Feuer und Bratpfanne.

Es mag durchaus schmerzhaft sein, einige unserer aufsässigen Wünsche zu kontrollieren, aber weitaus schmerzhafter ist es, einzig unseren Vergnügungen nachzugehen und anschließend die Nachwirkungen davon zu ertragen. Das ist ein sehr wichtiger Punkt, auf den Amma hier hinzuweisen versucht. Zu unterscheiden, Selbstkontrolle auszuüben, das sind schwierige Dinge – doch das Leiden zu ertragen, das sich einstellt, wenn wir diese Dinge nicht befolgen, ist gravierender. Schließlich werden wir einen Zustand erreichen, wenn Selbstkontrolle uns gar keinen Schmerz mehr verursacht, wenn sie zu einer natürlichen Sache wird.

Dieser Schmerz wird *Tapas* genannt. *Tapas* ist dasjenige Unbehagen, das sich einstellt, wenn man davon Abstand nimmt, eine Handlung auszuführen, zu der es einen drängt, von der man aber weiß, dass sie nicht gut für einen ist. In diesem Augenblick der Selbstkontrolle gibt es eine Empfindung des Brennens, des Unbehagens, ein sehr unangenehmes Gefühl im Herzen - das ist *Tapas*, es bedeutet „Hitze". Zwischen dem, was falsch ist und dem, was richtig ist, entsteht eine gewisse Reibung. Es ist der Kampf zwischen den Göttern und den Dämonen, der unentwegt im Herzen des Devotees hin- und herwogt. Amma sagt, es ist besser, wenn wir es ertragen. Andernfalls wird das Ergebnis des ungezügelten Verlangens schlimmer sein als der geringfügige Schmerz, den wir möglicherweise zu erdulden haben.

Das wahre Wesen des Verlangens

Worin besteht das wahre Wesen des Verlangens? Schließt einfach einmal für eine Minute eure Augen.

Jeder schließt seine Augen – nur für ein paar Augenblicke. Was geschieht? Wir können unseren Geist nicht einmal für eine Zehntelsekunde still halten. Warum? Weil Geist und Körper voller Ruhelosigkeit sind, sie wollen irgendetwas tun. Jener Drang, wonach verlangt es ihn? Jetzt könnt ihr eure Augen wieder öffnen. Der Drang, der alle von uns so ruhelos macht, ist das Streben danach, glücklich zu sein. So einfach ist das.

Die Natur des Egos

Nicht einmal für einen Augenblick können wir da sitzen ohne das Bedürfnis, glücklich zu sein; und daran ist auch nichts falsch. Dies ist sozusagen das Ur-Begehren und es macht uns ruhelos. Verlangen bedeutet also „der Drang, glücklich zu werden". Das Unglückliche daran ist, dass wir gewöhnlich versuchen, auf eine Weise glücklich zu werden, die nicht zum Ziel führt, sondern uns vielmehr ins Elend stürzt. Wieso? Weil die Welt uns sagt: „Du wirst glücklich sein, wenn du tust, was ich sage." Doch Amma versichert uns, dass es sich ganz und gar nicht so verhält; vielmehr wird uns die Welt am Ende nur Unannehmlichkeiten bereiten. Wenn es einen so sehr danach drängt, glücklich zu sein, muss man zur Quelle dieses Dranges vorstoßen.

Wenn man schläft, gibt es keine Probleme. Sobald man aber aufwacht, regt sich auch schon wieder dieses Verlangen; dann beginnt die Unruhe des Nach-Freude-Strebens in Aktion zu treten. Vorher war es gar nicht vorhanden, man hat ganz friedlich geschlafen. Tatsächlich will man ja auch nach dem Aufwachen direkt wieder einschlafen, eben weil es so friedvoll war. Verglichen damit ist jenes ruhelose Verlangen nur ein einziger großer Kummer, eine fortdauernde Raserei. Dann verbringen wir den ganzen Tag damit, das Verlangen nach Freude mit allen möglichen Dingen zu erfüllen: Menschen, Beziehungen, Berufe, Hobbys, Reisen, dieses und jenes – wie ein bodenloser Abgrund ist dieser Drang. Schließlich kommt das Ende des Tages und wir sind nach wie vor nicht glücklich. „Oh, für ein paar Minuten war ich heute glücklich, doch es verschwand und nun bin ich wieder unruhig und freudlos wie eh und je. Wo wird das nur enden? Ich habe genug von alledem. Lass mich zum Schlaf zurückkehren. Nur wenn ich schlafen gehe, bin ich glücklich. Ich will ihn loswerden, diesen ruhelosen Geist."

Das ist das Grundmuster – von der Wiege bis zur Bahre plagt dieses rastlose Begehren nach Glück jedermann. Dabei ist das Verlangen selbst nicht das Problem; seine Funktion nicht zu begreifen: Das ist die Schwierigkeit! Die Arbeitsweise des Gemütes zu verstehen, und dann zu tun, was nötig ist, darauf kommt es an.

Der ganze Sinn des spirituellen Lebens, Meditation, *Bhajans, Satsang*, Studium, alle Arten guter Handlungen, sie alle dienen nur dazu, jene Ruhelosigkeit verschwinden zu lassen, damit das Gemüt still wird. Wenn unser Geist still ist, gleicht das in gewissem Sinne dem Schlafzustand. Wir werden glücklich sein. Den Zustand des Schlafens während des Wachseins zu erfahren, das ist es, worauf unser Streben letztendlich gerichtet ist. Wenn wir schlafen, haben wir keine Gedanken, aber es fehlt uns auch jegliche Bewusstheit. Unser Ziel ist es jedoch, frei von Gedanken und gleich wohl bewusst zu sein. Dann werden wir dieselbe Glückseligkeit erfahren wie im Schlaf. Meditation, Japa und alle diese Übungen führen uns dorthin.

„Der Wind der Gnade Gottes vermag uns nicht zu erheben, wenn wir die Last des Verlangens und des Ego mit uns herumtragen. Die Last sollte vermindert werden. Ein Baum, der seine Blätter abgeworfen hat, trägt viele Blüten, während man an anderen Bäumen nur hier und da ein paar Blüten entdecken kann. Kinder, nur wenn wir von üblen Neigungen wie Selbstsucht, Ego und Missgunst völlig frei sind, kann uns die Vision Gottes zuteil werden."

Amma fasst hier eine ganze Reihe von Gedanken zusammen. In Indien gibt es Bäume, die zuerst ihre Blätter abwerfen, bevor sie ihre Blütenpracht entfalten. Ich weiß nicht, ob das hier auch so ist, weil die Blätter ja im Winter ohnehin abfallen. Doch in Südindien gibt es mehr oder weniger keinen

Die Natur des Egos 133

Winter. Wenn dort die Bäume alle ihre Blätter abwerfen, kommen umso mehr Blüten hervor. Die zugrunde liegende Idee ist folgende: Wenn wir wirklich mit ganzem Herzen die Negativität, die unserer Persönlichkeit innewohnt, zum Verschwinden bringen, dann wird unser wahres Wesen aufleuchten. Tatsächlich ist es die Vision Gottes. Wir brauchen nicht einmal eine Vorstellung von Gott zu haben. Er ist die immer gegenwärtige, immer existierende Wirklichkeit. Entfernen wir die Hindernisse – und Gott wird in uns erstrahlen. Angenommen ich möchte mehr Platz im Zimmer haben. Wo bekomme ich den Platz her? Nun, ich muss nur jedermann bitten, hinauszugehen. Dann ist genug Raum vorhanden. Unsere negativen Tendenzen füllen den Raum unseres Gemütes aus; oder man könnte auch sagen, sie bedecken den Spiegel unseres Gemütes. Diese üblen Eigenschaften sind wie der Schmutz auf dem Spiegel unseres Gemütes, und er verhindert, dass wir unser wahres göttliches Wesen erblicken. Alles was wir sehen, sind Gedanken und Gefühle, von denen viele negativ sind. Diejenigen, die positiven Charakter haben, vermögen die Oberfläche des Spiegels zu reinigen, doch die Negativen verschmutzen ihn. Wovon wir hier sprechen ist, wie gesagt, unser eigentliches Wesen, unsere essenzielle Natur (*Svatma*) – nicht etwa unsere bloß erworbene Natur. Amma sagt, dass wir die Vision Gottes erlangen können, wenn wir uns rückhaltlos daran machen, diese negative Bürde zu beseitigen.

Viele Menschen sind sehr religiös. Jemand fragte mich einmal: „Ich kenne einen Menschen, der überaus religiös ist, aber er ist ein großer Schuft. Wie kann das sein? Ich selbst will nicht religiös sein und bin auch an Gott nicht interessiert. Ich will einfach nur ein anständiger Mensch sein." Es ist wahr, dass manche Leute großen Glauben an ihre jeweilige Religion besitzen, aber nichtsdestoweniger besitzen sie ein riesiges Ego und viele Begierden. Was ist demnach also der Unterschied zwischen Religion und Spiritualität? Religion heißt: Ich glaube an Gott, glaube an eine Religion, glaube an den Propheten, der diese Religion begründet hat, und befolge auch ihre Gebote. Das bedeutet „Religion" oder „religiös sein". Was ist nun aber Spiritualität? Es heißt, Gott zu erfahren. Das spirituelle Ziel besteht darin, zur unmittelbaren Erfahrung der Existenz Gottes zu gelangen.

Amma betont nun aber, dass es nicht möglich ist, Gott zu erfahren, solange das Ego da ist, solange starke Begierden da sind. Gottes Gnade steht bereit für denjenigen, der nach ihr verlangt. Aber sie kann uns sozusagen nicht nach oben befördern, genauso wie ein Drache vom Wind nicht in die Lüfte erhoben werden kann, solange er von einem schweren Gewicht unten gehalten wird. Es bedarf eines geringen Gewichtes, um ihn im Gleichgewicht zu halten.

Ebenso müssen auch wir einige wenige Grundbedürfnisse befriedigen, wenn wir in der Welt *Mayas* überleben wollen. Wenn es sich aber um das schwere Gewicht des Ego, des Zorns und all jenes anderen schweren Gepäcks handelt, dann ist die Gnade überhaupt nicht in der Lage, uns emporzuheben.

Einige Menschen behaupten, dass sie Gott und ihre Religion lieben. Doch in Wirklichkeit ist ihre Liebe nicht aufrichtig. Sie ist von ihren Begierden und ihrer Selbstsucht verdorben. Doch es gibt auf dieser Welt einige Wesen, die auf eine spontane Weise selbstlos sind. Das sind sozusagen die geborenen Heiligen. Wir anderen müssen Selbstlosigkeit erst noch lernen. In Amerika gab es einen kleinen Jungen namens Tommy. Seit seinem vierten Lebensjahr wollte er Frieden in die Welt bringen, das war sein einziger Wunsch. Er wollte nicht Feuerwehrmann, Wissenschaftler oder sonst irgendetwas werden, sondern einzig und allein Friedensstifter. Sein Wunsch war es, dass in der Welt Frieden einkehren möge. Als er sechs Jahre alt war, hörte er davon, dass jemand Kindern Geld leihen würde, die irgendwelche wohltätigen Projekte durchführen wollten. (Das ist übrigens ein wahrer

Die Natur des Egos

Vorfall.) Er nahm also Kontakt mit dieser Person auf und sagte: „Ich möchte ein bestimmtes Projekt auf den Weg bringen. Ich möchte gerne Aufkleber machen lassen, auf denen geschrieben steht: ‚Bitte schafft Frieden, tut es für uns Kinder!'" Das kritzelte er in seiner Kinderschrift darauf. Er wollte diese Aufkleber für einen Dollar pro Stück verkaufen und das Geld für Friedensaktivitäten verwenden.

Der Mann, der ihn unterstützen wollte, war der Meinung, dass es sich dabei um eine hervorragende Idee handelte. Wenn Kinder solche guten Ideen haben, sollten wir sie ermutigen, nicht wahr? Wir ihr wisst, sind die meisten Kinder sehr ehrlich. Er zweifelte also nicht daran, dass der Junge ihm das Geld zurückgeben würde und lieh ihm 500 Dollar. Mit dem Geld ließ Tommy 1000 von diesen Auto-Aufklebern machen. Er war sehr klug. Er dachte sich: „Wenn ich zuerst zu den berühmten Leuten gehe, werden alle anderen aufhorchen." Er ließ sich von seinem Vater zum Haus des damaligen Präsidenten Ronald Reagan fahren. Er ging zum Türsteher, zeigte ihm seinen Aufkleber und sagte: „Ich möchte den Präsidenten sprechen." - „Wirklich, warum denn?", fragte der Türsteher.

„Wegen der Aufkleber."

„Oh, das ist nett, kann ich auch einen haben?"

„Anderthalb Dollar bitte!"

Er hatte eben amerikanisches Blut in sich, er war schon ein Geschäftsmann. Der Mann gab ihm die eineinhalb Dollar und ging ins Haus, um Ronald Reagan Bescheid zu sagen. Mister Reagan kam heraus und kaufte ebenfalls einen Auto-Aufkleber für die gleiche Summe.

Auf diese Weise ging er zu vielen Regierungsvertretern und verkaufte ihnen Aufkleber. Schließlich schickte er auch einen an Michail Gorbatschow mit einer Rechnung von anderthalb Dollar in US-Währung. Nach einigen Wochen erhielt er einen Scheck im Wert von eineinhalb Dollar zurück. Ein Zettel war beigefügt, auf welchem stand: „Geh vorwärts für den

Frieden, Tommy!" Der Unterzeichnende war Gorbatschow, der damalige Herrscher der Sowjetunion. Die Leute hörten davon, und schließlich wurde dieser kleine Junge in eine Fernsehshow eingeladen. Die Menschen waren davon so beeindruckt, dass es ein großer Erfolg wurde. Hallmark, der Kartenhersteller, hörte davon, und man beschloss, eine Grußkarte aus den Aufklebern zu machen. In der TV-Show wurde Tommy gefragt: „Was glaubst du, was die Wirkung deiner Aktivität für den Weltfrieden ist?" Er antwortete: „Wissen Sie, ich bin noch nicht alt genug. Ich bin erst sechs. Wenn ich aber vielleicht acht oder neun Jahre alt bin, dann bin ich in der Lage, die Kriege in der Welt zu beenden."

Nach zwei Jahren wurde er nach New York gerufen, um in einer Talk Show aufzutreten. Dieser kleine achtjährige Junge ging hinaus auf die Bühne und brillierte dort über mehrere Stunden mit seinen Wortbeiträgen. Jedermann im Publikum stand auf und kaufte einen Aufkleber für 1,50 Dollar. Am Ende der Show beugte sich der Moderator zu Tommy hinüber und fragte: „Meinst du, du leistest gute Arbeit? Glaubst du, dass sie etwas bewirkt?" Der Junge antwortete: „Ich mache das jetzt seit zwei Jahren, und die Berliner Mauer ist bereits gefallen. Meinen Sie nicht, dass sich das sehen lassen kann?"

Wenn wir diese Art von Unschuld besitzen, diese Art spontaner Selbstlosigkeit, sind wir ganz sicher in der Lage, über alle Negativität hinauszugehen und die Vision Gottes zu erhalten. Wir dürfen nur nicht zögern. Wir sollten das Wagnis nicht scheuen. Tatsächlich müssen wir sogar Risiken eingehen. Das Ego hasst sie; es bevorzugt den geraden, sicheren Weg. Wenn ihr aber keine Risiken eingeht, seid ihr schon tot. Am Ende möchte ich euch ein Gedicht vorlesen, in dem es um Wagnisse geht:

Die Natur des Egos

Lachen bedeutet das Wagnis einzugehen, für einen Idioten gehalten zu werden.
Weinen bedeutet das Wagnis einzugehen, als sentimental zu gelten.
Auf jemanden zuzugehen bedeutet das Wagnis einzugehen, sich auf ihn einzulassen.
Gefühle zu zeigen bedeutet das Wagnis, sich selbst bloßzustellen.
Seine Gedanken und Gefühle vor der Menge auszusprechen, bedeutet das Wagnis einzugehen, ein Fiasko zu erleben.
Lieben bedeutet das Wagnis einzugehen, nicht wiedergeliebt zu werden.
Leben heißt das Wagnis einzugehen, zu sterben.
Hoffen heißt das Wagnis einzugehen, zu verzweifeln.
Etwas zu versuchen bedeutet das Wagnis einzugehen, zu versagen.

Doch Wagnisse müssen eingegangen werden, denn nichts zu wagen ist des Lebens größte Gefahr.
Der Mensch, der nichts wagt, tut nichts, hat nichts und ist nichts.
Er mag Leiden und Kummer vermeiden, doch er ist einfach unfähig, zu lernen, zu empfinden, sich zu ändern, zu wachsen, zu lieben oder zu leben.
Gefesselt von seinen eigenen Ängsten ist er ein Sklave. Er hat die Freiheit verwirkt.
Nur ein Mensch, der etwas wagt, ist frei.

OM NAMAHA SHIVAYA

Satsang im MA-Center, 1995,
Kassette Nr. 10, Seite A

Selbstlosigkeit und Selbstsucht

Es gibt nur einen Atman, er ist alldurchdringend. Wenn wir uns ausdehnen, können wir mit Ihm verschmelzen. Dann sind Selbstsucht und Ego nicht mehr vorhanden. Dann ist alles gleichwertig.
Kinder, verschwendet nicht den geringsten Augenblick: Dient anderen und helft den armen Menschen. Dient ihnen, ohne irgendetwas von ihnen zu erwarten

Amma spricht hier von zwei Dingen: Das eine ist die alldurchdringende Natur des Atman; das andere ist der Dienst an anderen. Diese beiden Gedanken sind nicht unabhängig voneinander. In Wirklichkeit hängen sie sogar ganz eng zusammen. Amma sagt, dass wir uns aufgrund von Maya, der kosmischen Illusion, an den Körper, an die Persönlichkeit gebunden fühlen und dass wir uns ausdehnen müssen, um darüber hinauszugehen. Wirkliches spirituelles Leben bedeutet nicht, irgendetwas zu verlieren. Wir erhalten vielmehr etwas, wir dehnen uns aus, wir werden größer. Das „Ich" in uns verschwindet nicht, wir hören nicht etwa auf zu existieren, es erweitert sich einfach, bis es die ganze Unendlichkeit, die ganze Ewigkeit umfasst. Das ist Gottverwirklichung. Doch in unserer gegenwärtigen Verfassung ist es genau umgekehrt. Wir haben die Empfindung, dass wir Individuen sind und tun alles, was in unserer Macht steht, um diese Individualität zu erhalten und in ihr glücklich zu werden. Amma sagt, es endet damit, dass wir uns immer unglücklicher machen; auf diese Weise werden wir nämlich selbstsüchtig und grenzen uns von den Anderen ab. Dann sind wir gezwungen zu kämpfen.

Durch Ausdehnung aber und durch Weitherzigkeit kommen wir der universellen Wahrheit, mit der wir selbst ja identisch sind, näher und näher.

Wahre Spiritualität besteht nicht nur darin, zu meditieren, *Bhajans* zu singen, *Pujas* auszuführen oder in Tempel zu gehen. Sie muss sich vielmehr in der Form von Selbstlosigkeit, von uneigennützigem Leben unter Beweis stellen. Das ist der Grund, warum Amma so viel Nachdruck darauf legt. Sie sagt nicht, dass jene anderen Übungen überflüssig seien; sie sind sogar überaus notwendig. Doch das ist nicht alles, was zum spirituellen Leben gehört. Wir müssen auch etwas tun, um der gesamten Welt von Nutzen zu sein. Einfach nur ein paar spirituelle Übungen zu machen reicht nicht aus.

Swami Vivekananda über Selbstlosigkeit

Es gab im beginnenden 20.Jahrhundert einen berühmten Heiligen mit Namen Swami Vivekananda. Er war einer der ersten Hindu-Swamis, die nach Amerika kamen. Auf seiner zweiten Reise von Indien in die USA sprach er auf dem Deck des Schiffes mit einem befreundeten Passagier. Bei diesem Mann handelte es sich um einen Universitäts-Studenten, der in Amerika seine Ausbildung fortsetzen wollte; er war ein wenig überheblich. Der Swami sprach zunächst nicht mit ihm, doch sah er ihn jeden Tag an Deck und entschloss sich schließlich, eine Unterhaltung mit ihm zu beginnen.

Er sagte also zu ihm:
„Wo fahren sie hin?"
„Ich gehe nach Amerika, um dort einen Studienabschluss zu machen", antwortete der Mann.
„Wirklich, und was machen sie da?"
„Ich werde wohl 4 bis 5 Jahre eine Universität besuchen."
„Und danach?"
„Komme ich wieder nach Indien zurück."
„Und was machen sie dann?"

„Ich werde eine ziemlich gute Anstellung bekommen, eine der besten überhaupt. Mein höherer akademischer Grad an einer amerikanischen Universität wird mir das ermöglichen."
„Ja, das ist wahr. Und wenn sie den guten Posten bekommen haben, was machen sie dann?"
„Dann bin ich wohlhabend genug, um jede Frau meiner Wahl zu heiraten. Alle guten Familien werden mich als ihren Schwiegersohn haben wollen."
„Da haben Sie recht; aber wie geht es dann weiter?"
„Was meinen sie damit? Wie soll es schon weitergehen? Ich heirate, werde Kinder haben und sie erziehen. Ich werde sie wiederum an wohl angesehene Familien verheiraten, und wir alle werden glücklich sein."
„Hhmm. Was geschieht danach?"
Der Mann wurde stutzig.
„Ist irgendetwas falsch an dem, was ich sage? Warum stellen Sie mir alle diese Fragen?"
„Nein, nichts ist falsch. Ich würde nur gern wissen, was sie als Nächstes tun."
„Nun ich werde Kinder haben, dann Enkel; schließlich werde ich in Rente gehen. Ich werde mir in meinem Heimatdorf ein kleines Haus bauen, einen kleinen Bungalow. Da werde ich dann meinen Lebensabend verbringen."
„Gut. Was machen sie danach?"
„Was ich danach mache? – Ich werde sterben!"
„Ja, das werden sie tun: sterben."

Wir werden geboren, wachsen auf, bekommen eine Ausbildung, ergreifen einen Beruf, gründen eine Familie und genießen das Leben – und dann sterben wir. Was ist der Unterschied zwischen uns Menschen und den anderen Lebensformen? Auch sie werden geboren, wachsen heran, haben eine Familie, sorgen für ihr Dasein und sterben. Im menschlichen Leben gibt es mehr zu erreichen als nur diese Dinge. Wenn ihr Leben zu nichts anderem gut ist außer für sie selbst, dann gibt es zwischen ihnen und dem Rest der Natur keinen Unterschied."

Wie man loskommt von der Selbstsucht

Die Einzigartigkeit der menschlichen Geburt besteht darin, dass wir der ganzen Welt nützlich sein können. Davon spricht Amma, wenn sie sagt, wir müssen uns ausdehnen. Unser kleines Leben reicht nicht aus. Wir besitzen das Potenzial, der Gesellschaft zu nutzen, der Gesellschaft zu dienen. Man braucht nicht hinauszugehen und einem armen Menschen Essen zu geben. Man kann seiner eigenen Familie dienen. Viele Leute streiten sich: die Eltern untereinander; die Eltern mit den Kindern oder die Kinder mit den Eltern; die Kinder untereinander. All das entsteht aus Selbstsucht. Wie soll ich der Gesellschaft dienen, wie von meiner Selbstsucht loskommen? Soll ich in den Park hinausgehen und einen mittellosen Mann satt machen? Das ist gut, aber fangt doch vorher in eurem eigenen Hause an. Entledigt euch eurer eigenen Selbstsucht gegenüber den Menschen, mit denen ihr zusammenlebt. Anstatt sich über jede Kleinigkeit zu ärgern oder darauf zu bestehen, dass alles nach eurem Willen geht, opfert ein wenig von euch selbst, damit andere glücklich sein und Frieden erfahren können. Gebt etwas von eurer Energie, von eurem Gemüt ab, damit eure Familienangehörigen harmonisch und friedlich leben können. So muss man zunächst einmal anfangen, sich von der Selbstsucht zu befreien.

Ammas Mission

Das ist Ammas Ideal. Ihr könnt euch ja ihr Leben anschauen. Sie singt Bhajans, sie meditiert, aber sie dient auch den Menschen, und zwar Tag und Nacht. Das ist Ammas Mission, der Sinn ihres Lebens – sonst hat sie doch nichts zu erreichen. Sie will, dass es mit ihr nicht etwa endet; sie schult ja nicht nur die Brahmacharis und Brahmacharinis sondern alle Leute, die zu ihr kommen. Sie will, dass jeder, der zu ihr kommt, sein Leben in diesem Geist führt. Auf die Art soll es sich verbreiten. Sie ist nicht ein Mensch, der einfach in einer Höhle sitzt, dort meditiert und die Welt einfach von ihrer Ausstrahlung profitieren lässt. Nein sie will in jede einzelne Person, die zu ihr kommt, etwas vom Geist der Spiritualität einflößen. Danach sollten sie dasselbe für andere tun. Das Ideal ist ein selbstloses Dasein. In gewisser Hinsicht nützt jedermann den anderen. Als Ammas Devotees ist das unsere Pflicht. Wenn wir Ammas Gnade erlangen wollen, sollten wir ihre Ratschläge befolgen und sie in unserem Sadhana in die Tat umsetzen; auch unser Leben sollte durch dieses Ideal der Selbstlosigkeit umgeformt werden. Man könnte sagen, dass Selbstlosigkeit Ammas Eigenschaft Nummer Eins ist; sie steht über allem anderen. Sie ist sogar noch wichtiger als Hingabe.

Ein wirklicher Devotee

Es war einmal ein bedeutender selbstloser Mensch, ein Philanthrop. Er tat viele gute Dinge für die Menschen. Eines Tages saß er da und dachte sich: „Was kann ich als Nächstes tun? Ich habe bis jetzt alles getan, was ich nur konnte; und doch fühle ich mich so, als hätte ich überhaupt nichts getan." So dachte er also nach, was als Nächstes zu tun sei. Er dachte nicht an Gott, sondern daran, wie er den Menschen helfen könnte. Gott hatte ihn mit guter Gesundheit, Wohlstand und Klugheit gesegnet. So öffnete er also seine Augen, und wer saß plötzlich bei ihm? – Ein Engel. Irgendein göttliches Wesen, vielleicht ein *Siddha* oder *Avadhuta*, ich weiß nicht. Dieses göttliche Wesen hatte ein Buch und schrieb etwas hinein.

Der Mann schaute sich das an und fragte das Wesen: „Entschuldigen Sie, was schreiben Sie denn da in das Buch hinein?"

Selbstlosigkeit und Selbstsucht

„Ich schreibe Namen auf, und zwar in der Reihenfolge ihrer Größe – alle großen Devotees Gottes, die wirklich bedeutenden Verehrer Gottes", kam die Antwort.

Der Mann sagte: „Oh, ich bin sicher, ich stehe nicht dort drin. Ich bete nicht zu Gott und meditiere auch nicht über ihn; ich faste nicht, führe keine Puja aus; weder singe ich Bhajans noch gehe ich in Tempel."

„Wirklich nicht, was machen Sie denn dann?"

„Nun, ich diene den Menschen. Ich versuche, Gott in den Menschen zu sehen. Also verwende ich alle meine Energie darauf, den Menschen zu dienen."

Danach schrieb der Engel weiter.

„Haben Sie etwas dagegen, wenn ich mal einen Blick in das Buch werfe? Mich interessiert, wer jene großen Verehrer Gottes, wer jene großen *Mahatmas* sind", sagte der Mann zu dem Engel. „Nein, ich habe nichts dagegen, schauen Sie ruhig", antwortete der Engel.

Er schaute also hinein und ganz oben in der Liste stand – sein eigener Name. Er selbst war der größte Devotee! Das hätte er nie für möglich gehalten. Das ist wirkliche Hingabe, das ist es, wovon Mutter spricht, wenn sie sagt, dass der *Atman* alldurchdringend ist. Nicht nur in unserer Vorstellung, sondern auch unsere Handlungen, unsere Worte sollten sich im Einklang mit diesem Ideal der Alldurchdrungenheit befinden.

Das ist wirkliche Heiligkeit. Ein Heiliger ist nicht einfach jemand, der sich gut konzentrieren kann. Ich glaube, wir sprachen schon vorige Woche darüber. *Maya* sorgt dafür, dass zwei Dinge in uns passieren. Das eine ist, dass wir überschattet werden (*Avarana Shakti*). Unsere wahre Natur, der alldurchdringende unsterbliche *Atman*, wird verhüllt. Zum anderen werden wir zerstreut (*Vikshepa Shakti*). Unser Gemüt ist voll von Gedanken und wir sehen überall nichts als Unterschiedlichkeit. Manches zieht uns an, anderes stößt uns ab. Auf diese Weise geht der Kreislauf der Geburten und Tode immer weiter. Im spirituellen Leben praktizieren wir so viele Übungen, um Konzentration zu erlangen und den Wirkungen der Zerstreuung *(Vikshepa)* entgegenzusteuern. Wenn das Gemüt seine Zerstreutheit verliert, wird es ruhig und konzentriert; dann besteht die Möglichkeit, sogar eine sehr gute Möglichkeit, unser Selbst, unsere Seele oder den *Atman* wahrzunehmen.

Aber das ist nicht alles. Man muss sich auch der Schleier *(Avarana)*, welche das Selbst verhüllen, entledigen. Das universelle Sein, das wir sind, ist verdeckt, und wir haben die Empfindung, wir würden als ein individuelles, abgetrenntes Wesen existieren, das von einem Leib begrenzt wird. Wir entwickeln dann eine Persönlichkeit; sie wird stärker und stärker und legt Schleier um Schleier über unser wahres Selbst. Um davon befreit zu werden, müssen wir uns, wie Amma sagt, ausdehnen, erweitern. Eine solche Erweiterung entsteht durch Selbstlosigkeit, nicht nur durch bloße Konzentration – das ist die wahre Heiligkeit.

Die Geschichte der zwei rechtschaffenen Brüder

In einem Dorf lebten zwei überaus rechtschaffene Männer. Sie waren Brüder. Der eine hatte eine große Familie, eine Frau und vier oder fünf Kinder. Der andere war ein Junggeselle, er war ein *Brahmachari*. Sie besaßen gemeinsam einige Hektar Ackerland. Sie bewirtschafteten es und teilten sich den Ertrag. Eines Nachts lag der *Brahmachari* wach und konnte nicht schlafen. So begann er, nachzudenken: „Mein Bruder hat doch diese große Familie mit so vielen Kindern, einer Frau und allem, was dazugehört. Es ist nicht fair, dass ich die Hälfte des Gewinns in Anspruch nehme. Ich habe keine Verpflichtungen, niemanden, für den ich sorgen muss außer für mich selbst." Er stand also mitten in der Nacht auf und ging in seine Scheune, wo all das Korn lagerte. Er füllte einen Jute-

Selbstlosigkeit und Selbstsucht 145

sack mit Getreide und ging hinüber zur Scheune seines Bruders und leerte ihn dort. In der folgenden Nacht fühlte sich der Bruder ruhelos und begann ebenfalls, nachzudenken: „Mein armer Bruder, er ist ein *Brahmachari;* er hat niemanden, der sich um ihn kümmert. Er hat weder Frau noch Kind. Wer sorgt für ihn, wenn er alt und krank ist. Er sollte mehr Vermögen besitzen als ich. Schließlich habe ich doch alle die Menschen um mich herum, die sich um mich kümmern. Wenn ich alt bin, werden meine Kinder arbeiten und für mich sorgen." Mitten in der Nacht stand er auf und brachte einen Jutesack voller Getreide in die Scheune seines Bruders und leerte ihn dort. So ging das mehrere Nächte und die Menge an Getreide, die jeder besaß, blieb auf diese Weise absolut gleich. Eines Nachts nun begab es sich, dass beide zur gleichen Zeit aufstanden und bei ihrem Gang einander begegneten. Da begriffen sie, was geschehen war. Einige Jahre später starben die Brüder. Um diese Zeit beabsichtigten die Ortsansässigen, im Dorf einen Tempel zu bauen. Sie überlegten: „Wo ist wohl der heiligste Platz in diesem Dorf? Dort wollen wir den Tempel errichten." Sie hörten von dem Vorfall, der den zwei Brüdern widerfahren war, als sie mitten in der Nacht aufgestanden und einander begegnet waren. Also entschlossen sich die Dorfbewohner, dass genau an dieser Stelle, wo die Brüder ihre Selbstlosigkeit unter Beweis gestellt hatten, dieser Tempel gebaut werden sollte – denn es war der heiligste Ort des ganzen Dorfes.

„Geringe Selbstsucht kann einen von großer Selbstsucht befreien. Ein kleiner Zettel"Plakate ankleben verboten" wird die ganze Wand freihalten. Bei der Selbstsucht für Gott verhält es sich genauso."

Ihr habt bestimmt schon auf Reklametafeln und Wänden die Aufschrift gesehen: „Plakate ankleben verboten." Dies bedeutet: Schreibt nichts hin und klebt auch keine Werbezettel hier hin. So bleibt die Wand sauber. Aber der Zettel selbst ist doch auch eine Verunreinigung der Wand, nicht wahr? Aber der Schaden hält sich in Grenzen. Er ist klein im Verhältnis zu einer vollgeklebten Wand.

Einige Menschen werden geboren mit einer starken Losgelöstheit gegenüber weltlichen Dingen oder einer ebenso starken Verhaftung an Gott und ans spirituelle Leben. Vielleicht sind es ganz normale Menschen; eines Tages lesen sie irgendetwas in einem Buch und sie werden verrückt nach Spiritualität. Oder sie treffen jemanden wie Amma und werden zu einem geistigen Leben inspiriert. Was geschieht nun? Die Menschen um sie herum fangen an, sie zu kritisieren: „Das ist selbstsüchtig. Du willst deine Freunde, deine Familie und deine Arbeit und dieses und jenes vernachlässigen. Du bist egoistisch, du solltest dich besser deiner Familie, deiner Arbeit oder deinen Freunden widmen." Daher sagt Amma, dass die „kleine Selbstsucht" der Hingabe an Gott nützlich ist, um sich von der großen Selbstsucht zu befreien.

Die „Selbstsucht" von Heiligen

Wenn man die Lebensgeschichte von einigen der großen Heiligen liest, stellt man fest, dass sie alle die gleichen Entwicklungsschritte und Probleme durchmachten. Nehmen wir zum Beispiel *Mirabai* (1547-1614). Sie war eine Prinzessin, eine Königin. Doch von Geburt an besaß sie Hingabe an Gott und war allen Familienangelegenheiten gegenüber gleichgültig. Was geschah? Ihre Familie versuchte sie umzubringen. Ihr Ehemann und ihr Schwager fanden, sie sei verrückt und ein Schandfleck der Familie. Am Ende wurde sie eine der größten Heiligen aller Zeiten. Aber alle meinten, sie sei egoistisch.

Dann haben wir *Adi Shankara*, den ersten der *Shankaracaryas*. Acht Jahre war er, nur ein Jahr älter als Anand. Wie

Selbstlosigkeit und Selbstsucht

alt bist du, Anand? – Acht. Genauso alt wie Anand! Er wurde ein *Sannyasi*, als er acht Jahre alt war. Könnt ihr euch das vorstellen? Er hatte von der Welt schon genug. Seine Video-Spiele, Baseball und all das hatte er aufgegeben.... Nein, im Ernst, er besaß natürlich nichts von diesen Dingen. Zu diesen Zeiten besaßen die Kinder andere Spielsachen, schätze ich. Aber er entschied für sich: „Diese Welt ist ein seltsamer Ort, sie ist nicht das, was sie zu sein scheint. Ich wette, es gibt eine andere Wirklichkeit, eine unsichtbare, mit der ich in Kontakt treten kann. Sie ist voller Freude, dort gibt es eine Menge Spaß." So entschloss er sich also, Mönch zu werden, ein *Sannyasi*, und den Rest seines Lebens mit Meditation, *Pujas, Japa* und *Tapas* zu verbringen.

Acht Jahre wohlgemerkt! Anand, was denkst du? Noch nicht?

Seiner Mutter gefiel die Idee nicht. Wahrscheinlich denkt Rani (Anands Mutter) dasselbe. „Wenn mein armer Anand nun ein *Sannyasi* würde..."

Also sagte *Shankaracaryas* Mutter zu ihm: Auf gar keinen Fall erlaube ich dir, ein Mönch zu werden. Du musst erst erwachsen werden, erfahren, worum es im Leben geht. Wenn du willst, kannst du dann ein *Sannyasi* werden." Er aber sprach: Wer weiß, ob ich überhaupt erwachsen werde oder nicht, immerhin bin ich schon acht." Darauf sagte sie: „Finde dich damit ab. Du wirst jetzt noch kein *Sannyasi*." Nun, er war sehr kraftvoll, bereits zu dieser Zeit besaß er alle Arten von *Siddhis*. Er führte eine Situation herbei, als er mit seiner Mutter im Fluss ein Bad nahm. Ein Krokodil erfasste ihn und er schrie auf: „Mama, Mama, ein Krokodil hat mich gepackt, nun muss ich sterben. Lass mich wenigstens jetzt, da der Tod mich holt, ein Sannyasi werden, damit ich Befreiung erlange; lass mich jetzt sannyasa nehmen." Was konnte sie antworten. Sie war im Begriff, ihr Kind zu verlieren – gleich würde es im Bauch des Krokodils verschwinden. „Gut, dann tue es!"

sagte sie. Gerade als sie das ausgesprochen hatte, ließ das Krokodil ihn los und schwamm weiter. Er war völlig in Ordnung und ging an Land. „Auf Wiedersehen, Mama; und danke vielmals." Er ging fort und wurde Sannyasi. Doch kam er noch einmal zurück, als seine Mutter starb.

Das war ein wunderbarer Zug an ihm. Amma sagt, das ist der Grund, warum sie Adi Shankara, Ramana Maharshi und Ramakrishna Paramahamsa so sehr mag. Wieso? Obwohl sie solch große Seelen und von allem in dieser Welt losgelöst waren, kamen sie doch herbei, um ihren Müttern am Ende Beistand zu leisten. Es geschah nicht aufgrund von Verhaftung, sondern von Mitgefühl. Sie kamen zu denjenigen Personen, die sie zur Welt gebracht hatten, hoben sie empor und gewährten jenen Seelen am Ende Befreiung.

Shankara war ein gutes Beispiel, aber seine Mutter verstand ihn nicht; sie dachte, er sei selbstsüchtig. „Sollte er mir nicht dienen?" – Er leistete ihr den größten nur denkbaren Dienst:

Er befreite sie aus dem Kreislauf der Geburten und Tode. Wie kann ein gewöhnliches Kind das tun? Wie kann ein normaler Mensch das zu Wege bringen? Man kann ein normales Leben führen und 70 oder 80 Jahre alt werden, trotzdem wird man nicht fähig sein, den eigenen Eltern Befreiung zu schenken.

Dann haben wir Ramakrishna Paramahamsa. Dasselbe passierte auch ihm; jeder hielt ihn für verrückt. Das war er auch, verrückt nach Gott. Für ihn war Gott die Wirklichkeit, die Welt aber war ihm ein seltsamer Ort. Also versuchte man, ihn zu verheiraten. Man meinte, das würde ihn „zur Vernunft" bringen. Nun, er heiratete auch; doch brachte es ihn überhaupt nicht auf den „Boden" zurück. Viele Dinge versuchte man, um ihn normal werden zu lassen. – Er wurde es niemals. Des-

Selbstlosigkeit und Selbstsucht

wegen verehrt ihn heute ein jeder: Weil er eben nicht normal war.

Dann Ramana Maharshi. Er war genauso. Sein Bruder dachte, mit ihm würde irgendetwas nicht stimmen. Warum sitzt er die ganze Zeit mit geschlossenen Augen in der Ecke? Er war in Ekstase. Er hatte bereits Selbstverwirklichung erreicht. Und sein Bruder schaute auf ihn und sagte: „Warum sitzt so ein Kerl überhaupt noch hier herum? Er sollte besser ein Sadhu werden." Es sollte eine Kränkung sein, er beleidigte ihn. Aber der Maharshi verstand es als Gottes Worte. „Das stimmt, ich sollte wirklich ein Sadhu werden; was sitze ich hier noch herum!" Er stand auf, nahm 5 Rupien aus der kleinen Büchse in der Küche, und hinterließ einen Zettel. Auf ihm stand, dass er das Geld für einen guten Zweck verwenden würde. Dann ging er. Er ließ sich nieder in Tiruvannamalai und lebte dort bis zum Ende seines Lebens. Sie schickten ihm sogar Leute, die nach ihm sehen sollten. Niemand verstand, was an ihm nicht in Ordnung war. Von der Perspektive der Welt aus betrachtet war tatsächlich etwas mit ihm nicht in Ordnung. Vom spirituellen Blickwinkel jedoch gab es an ihm nichts zu beanstanden.

Schauen wir schließlich auf Amma, entdecken wir dieselbe Sache: Die Familie denkt, sie ist verrückt. Sie ist abnormal. Sie ist eine Unruhestifterin, die ihre Familie in Schwierigkeiten bringt; jedermann redet schlecht über die Familie. Wieso kann das Mädchen nicht normal sein? Also versucht man sie zu verheiraten; so etwa drei oder vier Mal – jedes Mal endet es mit einem völligen Desaster. Schließlich kommt der Astrologe und sagt: „Wenn ihr das wirklich durchsetzt, wird es für den Mann zu einem Fiasko werden." Da gaben sie schließlich auf. Dann warfen sie sie aus dem Haus. Alle möglichen Dinge taten sie; ihr habt Ammas Biografie ja gelesen.

Das ist keine erfundene Geschichte, kein Roman. Es ist passiert. Sogar heute noch kommen solche Dinge vor. Die Menschen missverstehen sie; ihre Spiritualität, ihre Hingabe, ihr göttliches Bewusstsein – das alles begreifen sie nicht.

Amma will mit ihrer oben genannten Aussage zum Ausdruck bringen, dass diese heiligen Menschen jede Spur von Selbstsucht hinter sich ließen, um selbstlos zu werden, auch wenn sie vom weltlichen Standpunkt aus mit dem Vorwurf des Egoismus bedacht wurden. Wenn man Gottes Gnade will, muss man selbstlos werden. Gerade diese Winzigkeit an Selbstsucht, die darin besteht, Gottes Gnade erlangen oder Ihn verwirklichen zu wollen, verlangt vollständige Selbstlosigkeit. Am Ende werden sie es so sehr, dass ihr ganzes Dasein zum Dienst an der Menschheit wird. Schaut sie euch an, es sind die wahren Diener am Menschen! So nennt sich Amma ja auch, Dienerin der Diener. Sie ist kein stolzer Mensch, sie arbeitet vielmehr für uns. Sie setzt sich nicht deshalb hin, um unsere Verbeugungen oder unsere Verehrung in Empfang zu nehmen – nicht im Geringsten.

Für sie ist es ein Dienst an uns, dass sie die ganze Zeit ihres Lebens verbringt mit Sitzen, Sitzen, Sitzen... so spendet sie den Menschen Trost, hört ihnen zu. Könnt ihr euch vorstellen, in einem Monat die Probleme von mehr als einem Menschen anhören zu müssen.

Amma macht es von 9.30 Uhr morgens bis 1 oder 2 Uhr in der Nacht, jeden Tag ihres Lebens hört sie den Problemen der Leute zu. Sie sagt, es gebe nicht ein einziges Problem, dem sich die Menschheit gegenübergestellt sieht, dass ihr nicht zu Ohren gekommen ist. Sie hat sie alle angehört. Und für jedermann hat sie dasselbe Lächeln und dieselbe Liebe.

Wie können wir einen solchen Menschen selbstsüchtig nennen? Wahre Hingabe und wahre Liebe sind nicht egoistisch. Es ist der höchste Grad an Uneigennützigkeit. Wenn es jemanden gibt, sei es in eurer Familie oder in eurem Freun-

Selbstlosigkeit und Selbstsucht

deskreis, der dieses außergewöhnliche Interesse an Spiritualität zeigt, dann entmutigt ihn bloß nicht mit dem Argument, es sei Selbstsucht. Das ist es in keiner Weise; eine solche Person ist vielmehr ein wirklicher Segen für euch und die ganze Welt.

Ich werde vorlesen, was Amma dazu sagt. Es gibt einen Dialog, der sich über eine Seite hinzieht. Er stammt aus „Für meine Kinder". Jemand fragt:

„Amma, die Eltern erwarten von ihren Kindern eine Menge, nicht wahr? Hat man das Recht, im Ashram zu bleiben, anstatt ihnen zu dienen?" Hier handelt es sich um einen Schüler, der Amma fragt. Es ist nicht der Vater oder die Mutter von jemandem. Er hat Zweifel. Alle diese Menschen, die im Ashram leben, tun sie das vielleicht aus Selbstsucht? Sie haben ihre Eltern verlassen. Sollten sie ihnen nicht besser dienen? Amma antwortet:

„Kinder, die Eltern sagen ‚Mein Sohn, meine Tochter'. Aber wir sind nur ihre Stiefkinder. Es stimmt, dass Eltern viele Erwartungen an ihre Kinder haben, doch denkt mal ein bisschen nach: Kommen sie denn ihren eigenen Pflichten in rechter Weise nach? Amma würde sagen, in den meisten Fällen nicht. Ihre eigentliche Pflicht als Eltern besteht nämlich darin, ihren Kindern eine spirituelle Erziehung zukommen zu lassen. Und das tun sie nicht."

Die wirkliche Pflicht von Eltern

Die eigentliche Pflicht von Eltern besteht nicht lediglich darin, ihre Kinder aufzuziehen, sie zu ernähren, zu beschützen, auszubilden und zu verheiraten; auch nicht darin, sicherzustellen, dass sie einen guten Beruf ergreifen und ein angenehmes Leben führen können. Das ist nur normal. Das ist nicht die Pflicht der Eltern; die wirkliche Pflicht des Menschen ist geistiger Fortschritt: Gottverwirklichung, Überwindung des Todes, Weisheit zu erlangen, darum geht es. Nur weil 99% der Welt sich dafür nicht im Geringsten interessieren, heißt das nicht, dass es nicht das wahre Lebensziel und die wahre Pflicht eines menschlichen Wesens wäre. Infolgedessen besteht die eigentliche Pflicht der Eltern darin, ihren Kindern Spiritualität zu vermitteln, es ist das Größte, was sie überhaupt tun können. Es ist Pflicht Nummer 1. Davon spricht Amma hier. Die meisten Eltern aber kümmern sich nicht darum.

„Wenn der Sohn oder die Tochter irgendwelcher Eltern sich der Spiritualität zuwendet, sieht Amma das als einen großen Segen an – nicht nur für die Eltern sondern für die ganze Welt. Indem sie sich dem spirituellen Leben zuwenden, leistet ein Kind sowohl seiner Familie als auch der Welt einen großen Dienst. Kinder, sagt Amma, was besser ist: Das ganze Leben damit zu verbringen, lediglich ein oder zwei Menschen von Nutzen zu sein oder es für das Wohlergehen der gesamten Welt aufzuopfern? Wie auch immer, es steht ohne jeden Zweifel fest, dass einzig wahre Sannyasis der Welt selbstlos gedient haben. Selbst heutzutage ist es noch so. Sie erwarten niemals etwas von der Welt. Weltliche Menschen hingegen werden einzig von Wünschen und Erwartungen geleitet, die ihnen am Ende alle ihre guten Eigenschaften wegstehlen. Wenn wir wirkliche Kinder unserer Eltern sind, dann sollten sie in der Lage sein, uns vor dem Tod zu retten. Wir sind Kinder Gottes. Zu was taugen wir, wenn seine Kraft nicht da ist? Alle erscheinen uns wie Verwandte, wenn wir in einem Bus fahren, doch jeder steigt aus, wenn er seinen Zielort erreicht hat. Das ist das Leben. Wir bleiben allein zurück. Vater, Mutter und jedermann sind wie diese Verwandten im Bus. Nur der Herr wird immer bei uns bleiben."

Das richtige Verhältnis zur Nahrung einnehmen

Im nächsten Kapitel geht es um Nahrung. Wir können die Bedeutung der Nahrung gar nicht überbewerten. Noch weniger können wir sagen, Nahrung sei nicht wichtig. Selbst philosophisch betrachtet wird niemand so töricht sein zu behaupten, Nahrung sei ohne Bedeutung. „Alles ist Brahman. Macht euch um das Essen keine Sorgen." Es hat Leute gegeben, die nach dieser Maxime leben konnten, doch für die meisten von uns ist es nicht angebracht, darauf zu bestehen, Nahrung sei nicht wichtig. Warum ist sie denn so wichtig? Ganz einfach: Wenn man nicht isst, kann man nicht leben. Alles in unserem Leben dreht sich um das Essen, hängt ab vom Essen. Alle Lebensformen sind sehr mit der Nahrung beschäftigt. Schaut man sich um in der Tierwelt, was machen sie? Habt ihr einmal ein Tier beobachtet? Habt ihr Haustiere? Nun, was sie tun, besteht erst einmal darin, viel zu schlafen und den Rest der Zeit dann mit Fressen zu verbringen, das ist es schon. Ein wenig Zeit verausgaben sie damit, sich zu pflegen und einmal im Jahr sparen sie sich; das war es dann. Die meiste Zeit ihres Lebens besteht also entweder in Fressen oder in Schlafen. Wir beherbergen in uns ebenfalls einen animalischen Teil, und so sind auch wir hauptsächlich mit Essen und Schlafen befasst. Ansonsten verdienen wir unseren Unterhalt - eben, damit wir essen und schlafen können.

Das ist aber nicht alles, worum es im Leben geht, sagt Amma. Wenn wir vielleicht auch das Gefühl haben, dass der Körper unser Selbst und die Welt eine Realität ist – Amma betont, dass es nicht so ist. Deswegen kommen wir ja auch zum spirituellen Leben, weil wir erfahren, dass etwas an diesem Leben – entschuldigt den Ausdruck – faul ist. Irgendwas ist falsch. Erst scheint es das Eine zu sein, und dann stellt es sich als etwas ganz anderes heraus. Ich versuche etwas Bestimmtes zu erreichen und es bewegt sich fort von mir. Je näher ich ihm komme, desto mehr weicht es zurück. Dinge, die sich gestern ereignet haben, sind für immer verschwunden. Es ist wie in einem Traum – es taucht auf, und ist schon verschwunden. An diesem Ort ist irgendetwas nicht in Ordnung, so könnte man es ausdrücken. Das ist die Natur *Mayas*, dass alles einem Traum gleicht. Es ist ein Traum, aus dem wir aufwachen müssen.

Amma sagt, es ist nötig, dass wir dies hören. Es ist notwendig für uns, den Versuch zu unternehmen, aus *Mayas* Traum aufzuwachen. Wir schlafen so sehr, dass wir nicht einmal von diesem Zustand des Schlafens eine Ahnung haben. Wenn man nämlich träumt, weiß man die meiste Zeit nicht, dass man träumt. Wenn man erkennt, dass man träumt, wacht man auch schon auf.

Auch wenn wir spirituelle Bücher gelesen, viele Heilige besucht, viel meditiert und Mantra-Japa (Mantra-Rezitationen) praktiziert haben, an heiligen Orten gewesen sind – so befinden sich die meisten von uns dennoch in tiefem Schlaf. Vielleicht schlafen wir ja und träumen einen spirituellen Traum; es ist und bleibt aber ein Traum. Wir haben nicht das Empfinden, dass es ein solcher ist.

Wir meinen, er sei vollkommen real. Der Leib, das bin ich; und die Persönlichkeit im Innern bin ebenfalls ich. Wenn wir so fühlen, zeigt es nur, dass wir noch immer schlafen. Stattdessen sollten wir eine gewisse Ahnung haben, die uns sagt: „Ich bin nicht der Körper, ich bin reines Bewusstsein", oder zumindest die Erfahrung von Gottes Gegenwart haben, einer Wirklichkeit, die unerschütterlich und feiner als die Welt ist. Wenn wir diese Empfindung haben, dann heißt das: Es gibt Anzeichen dafür, dass wir im Begriff sind, aufzuwachen.

Amma spricht nicht umsonst über diese subtilen Dinge. Sie will, dass wir aufwachen. Der erste Vers handelt davon:

Selbstlosigkeit und Selbstsucht 155

"Solange der Geschmack der Zunge nicht aufgegeben wird, kann der Geschmack des Herzens nicht genossen werden."

In diesem Traum scheint es uns, als ob der Leib uns gehört, die Welt Wirklichkeit besitzt und wir uns nach außen wenden sollten, um uns zu vergnügen. Das ist in Ordnung, doch Amma sagt hier, dass das nicht ausreicht, wenn man das Selbst verwirklichen will. Mann muss über den physischen Aspekt des Lebens hinaus in die Tiefe gehen, wenn man das kostbare Juwel des *Atman*, der Seele oder der Wonne Gottes erlangen will.

Wir bestehen aus verschiedenen Wesensteilen. Die innerste Essenz, der feinste Teil ist das „Ich", dasjenige, um das sich alles andere dreht: also die Seele, das Sein, der *Atman*. Wie die Zwiebel mehrere Schalen besitzt, so befinden sich auch um den *Atman* herum 5 Hüllen oder *Koshas*, wie sie im Sanskrit genannt werden. Die gröbste und äußerste von ihnen heißt *Annamaya Kosha*, die Hülle, die aus *Annam* oder Nahrung besteht. Das ist der materielle Körper; er bedarf der Nahrung. Wenn er sie nicht erhält, stirbt er. So heißt es ja auch: „Man ist, was man isst." Der Körper ist eben das, was wir essen.

Natürlich ist er nicht unser Selbst, nicht die ganze Geschichte. Er ist nur ein Fünftel von uns. Was gibt es noch? Anand, was hast du noch außer deinem Körper? Ist da nicht noch etwas im Innern? Was ist das? Was macht da drinnen immer einen solchen Lärm?

– Mein Mund. (Anand*)*

Dein Mund? Angenommen du machst deinen Mund zu, hören denn dann die inneren Geräusche auf? Es wäre schön, wenn es so wäre. Nein, das Ding da drinnen, was so viel Lärm macht, selbst wenn draußen keine Geräusche vorhanden sind, ist was? Das Gemüt, der *Manomaya Kosha*; die Hülle des

Gemüts, der Gedanken und Gefühle. Auch das ist ein Teil von uns, ein weiteres Fünftel. Dann ist da der *Pranamaya Kosha*, die Hülle der Lebenskraft, der Vitalität. Manchmal ist er schwach, manchmal ist er stark; wir fühlen uns voller Energie, manchmal sind wir auch müde, das ist die Funktion des *Pranamaya Kosha*, er durchdringt alle diese Hüllen. Zuweilen ist auch unser Geist sehr klar, zu anderen Zeiten ist er dumpf und müde. Das liegt daran, dass *Pranamaya Kosha* es durchdringt. Bis jetzt haben wir also *Annamaya Kosha*, *Pranamaya Kosha* und *Manomaya Kosha*. Was noch? Was gibt es noch außer Gedanken und Gefühlen? Das Begreifen – *Vignanamaya Kosha*. Es ist der Intellekt. Er gehört auch dazu, jedermann besitzt einen *Vignanamaya Kosha*. Das heißt, wir haben einmal Gedanken, ob sie nun Sinn haben oder nicht, wir haben ebenfalls Gefühle, doch dann handeln wir auf der Basis dieser Phänomene, wir fassen Entschlüsse, wir begreifen. Das ist also das vierte Fünftel unseres Wesens: der Intellekt. Er wird *Vignanamaya Kosha* genannt.

Und was kommt jetzt noch? Die letzte Hülle ist *Anandamaya Kosha:* die Hülle der Seligkeit. Wann gelangen wir zur Seligkeit? Wenn wir schlafen gehen. Man zieht sich zurück von all den anderen *Koshas* und ruht in der Seligkeitshülle; man erfährt *Ananda*, Wonne. Und wann noch? Wann immer man im Wachzustand glücklich ist, geschieht Folgendes: die Konzentration oder Aufmerksamkeit wendet sich dem *Anandamaya Kosha* zu. Von dort kommt das Glücksgefühl, von nirgendwo sonst; es ist nicht in der Schokolade. Wenn es in der Nahrung oder der Schokolade wäre, würde man umso mehr Seligkeit erfahren, je mehr man isst. Doch weiß jeder, dass wenn man immer weiter isst, sich nach einer gewissen Zeit das Gegenteil von *Anandam* einstellt. Man wird krank, was alles andere als *Anandam* ist. Wo kommt es also her? Es befand sich nicht in der Substanz der Nahrung, sondern in einem selbst.

Selbstlosigkeit und Selbstsucht

Wer ist derjenige, der denkt, der fühlt? Wer ist es, der begreift, Glück empfindet und einen Körper besitzt? Es ist der *Atman*, die Seele. Das ist das wirkliche „Ich". Ihn zu verwirklichen und zu erfahren bedeutet, in der Lage zu sein, das Innere vom Äußeren abtrennen zu können. Die Upanishaden bringen ein Beispiel, einen Grashalm aus seiner Umhüllung herauszuziehen.

Jene *Koshas* gleichen Umhüllungen. Der *Atman* ist das Gras im Inneren. Das Ergebnis einer solchen Abtrennung wird *Kaivalya* genannt: Befreiung oder Loslösung. Es ist kein negativer Zustand; das Selbst wird offenbar in all seiner ursprünglichen Glorie. Es ist lautere Wonne, göttliches Licht und ewiger Frieden.

Solange unser Gemüt, unsere Lebenskraft und unsere Aufmerksamkeit vollständig veräußerlicht und mit allen möglichen Dingen der grobstofflichen Ebene befasst sind, vermögen wir nicht zu jener innersten feinsten Essenz zu gelangen. Das wird erst möglich durch Innenschau, nicht, indem wir uns draußen vergnügen.

Es gibt heutzutage eine gewisse Tendenz, die Behauptung aufzustellen, man könne göttliche Seligkeit durch Sinnlichkeit erfahren. Mutter weist diese Behauptung an besagter Stelle zurück. Sie sagt, dass es sich um eine Einbahnstraße handelt. Sie sagt nicht, dass man keine sinnliche Freude genießen sollte; wenn man damit jedoch nicht zufrieden ist und weiterkommen will, wenn man nach etwas Ausschau hält, das verfeinerter, intensiver und anhaltender ist, dann strebe man nach der Wonne des *Atman*, nach göttlicher Seligkeit. Dafür muss man aber nach innen blicken, nicht nach außen. Bei den beiden handelt es sich um Gegensätze. Somit befinden sich diejenigen im Irrtum, die behaupten, sinnliche Freude sei ein Mittel, um göttliche Seligkeit zu erfahren. Sie haben göttliche Wonne nicht erfahren, das ist der Grund, warum sie

eine solche Auffassung vertreten. Göttliche Seligkeit ist einzigartig;
Man kann sie nur erlangen, wenn man tief nach innen schaut, entweder durch Hingabe oder durch den Pfad der Erkenntnis. Hat man sie einmal erfahren, gewährt sie einem immerwährende Erfüllung und Entzücken. Sie gleicht nicht dem sinnlichen Vergnügen, das für eine gewisse Zeit ganz nett ist, dann wieder verschwindet, neues Verlangen in uns erzeugt, wieder aufhört, wieder neu entsteht, und das ohne Ende...

Hat man einmal Göttliche Wonne erlebt, so bleibt der Eindruck, den sie in uns hinterlässt, für immer bestehen. Sie wächst und wächst, bis wir von ihr gänzlich erfüllt und überwältigt sind. Schließlich wird es zu einer anhaltenden Erfahrung, für alle Ewigkeit.

Amma spricht ja hier nicht nur vom Geschmack der Zunge sondern vom sinnlichen Leben im Allgemeinen. Ich will nochmals betonen: Sie sagt nicht, dass wir es tun müssen; sie weist nur auf einen spirituellen Tatbestand hin, der integraler Bestandteil der Philosophie ist. Wenn du die Seligkeit des Herzens in ihrer Fülle erfahren willst, musst du nach innen blicken. Ohne dies zu tun, wirst du sie nicht finden – draußen ist sie nicht. Der Geschmack des Herzens kann nicht genossen werden, wenn man nach dem Geschmack der Zunge verlangt. Da wir uns hier aber vor allem über Nahrung unterhalten, spricht Amma an dieser Stelle besonders vom Geschmacksinn.

OM NAMAHA SHIVAYA

Satsang im M A Center, 1995
Kassette Nr.10, Seite B

Über Freigiebigkeit

In der letzten Woche sprachen wir über die Notwendigkeit von Disziplin im spirituellen Leben und über Ammas Aussage, dass zu Beginn bestimmte Regeln zu beachten sind, um geistig zu wachsen. Es war auch die Rede davon, wie Amma uns durch Leiden und durch Schwierigkeiten gehen lässt, wenn wir versuchen, diese Regeln zu befolgen. Sie macht das, wie sie sagt, deshalb, damit wir lernen, uns hinzugeben, vom Ego loszukommen. Sie macht es auch, um uns die Stärke zu verleihen, diese schwierigen Situationen zu überwinden.

Doch selbst dann, selbst wenn wir dies wissen, empfinden wir manchmal Ammas Ratschläge als unvernünftig und widersprüchlich – sie scheinen keinen Sinn zu ergeben. Das ist ein Problem für alle von uns.

Der Grund dafür, warum wir Ammas Ratschläge zuweilen nicht verstehen, warum wir meinen, dass sie keinen Sinn machen, ist vollkommen nachvollziehbar. Es liegt daran, dass Ammas Welt und unsere Welt absolut nicht dieselben sind. Sie lebt in der Welt Gottes, in *Brahmaloka*, könnte man sagen – wir aber bewohnen *Manushyaloka*, die Welt des Menschen.

Wir empfinden, dass der Leib unser Selbst ist. Selbst wenn wir davon ausgehen, dass es vergangene und zukünftige Leben gibt, so haben wir doch keine direkte Kenntnis der Vergangenheit und der Zukunft. Außerdem sind wir uns überhaupt nicht bewusst, dass wir die Seele sind und nicht der Leib.

Auf der anderen Seite ist für Amma alles klar. Sie sieht die Vergangenheit, die Gegenwart und die Zukunft. Sie weiß, wo wir herkommen und wo wir hingehen. Sie weiß, dass wir in diese Welt kommen, um die Lektionen, die wir zu lernen haben, endlich abzuschließen. Wir mögen in der Vergangenheit viele Fehler begangen haben und immer wieder hierhin kommen, um in dieser Schule des Lebens das Examen zu bestehen, damit wir nicht wieder zur Erde zurückkehren müssen. Im Besitz dieses Wissens versucht Amma uns mit Rat uns Tat zur Seite zu stehen, um uns vorwärts zu bringen. Doch sogar dann wirken ihre Ratschläge manchmal befremdlich.

Ich hatte auch so eine Erfahrung. Ich kam 1979 zu Amma; zu dieser Zeit war noch niemand dort. Es gab nur Mutter, ihre Familie, Gayatri, mich und Balu, der nun *Amritasvarupananda Swami* heißt, der ab und zu dort blieb. Nachdem der Ashram gegründet worden war, wollten auch andere Leute kommen und dort bleiben. Bis zu diesem Zeitpunkt kamen und gingen die Leute, es waren alles Besucher. Sie kamen zum *Krishna Bhava* und zum *Devi Bhava*, dann gingen sie fort. Acchan, Ammas Vater erlaubte einigen von uns, dort zu bleiben und so entstand der Ashram. Es war anfangs nur eine kleine Hütte, in der wir alle lebten. Nach anderthalb Jahren bauten wir noch eine. So lange brauchten wir, um genug Geld dafür zusammen zu bekommen. Habt ihr eine Vorstellung, was so eine Hütte kostet? Sie kostet etwa 15 Dollar. Wir brauchten ein Jahr, um 15 Dollar zu sparen und eine zweite Hütte zu bauen.

Die Vision eines Mahatma

Zu dieser Zeit waren wir etwa sechs oder sieben Leute. Langsam aber stetig kamen immer mehr Leute dorthin und wir hatten keinen Platz, wo sie bleiben konnten. Wir hatten kein Gästehaus oder irgendetwas Ähnliches. Alles, was wir besaßen, waren diese zwei kleinen überdachten Hütten aus Kokospalmenblättern. Wenn nun irgendjemand kam, der dort für eine Nacht oder ein paar Tage übernachten wollte, dann sagte Amma zu uns: „Okay, wir schlafen unter den Bäumen und überlassen ihnen die Hütten." Das ist alles, was wir anzu-

bieten hatten, nur diese kleinen Hütten. So ging das für eine Weile.
Außerdem gab es das Problem mit der Meditation; es gab keinen Platz, wo man meditieren konnte. Ammas Haus stand genau in der Mitte des Dorfes (wo es übrigens immer noch steht). Eine Menge Leute gingen dort aus und ein, sie wollten ihre Familie besuchen. Ständig war dort etwas los und es herrschte Lärm – die Leute in dieser Gegend sind nicht die Stillsten. Sie drehen die Musik auf, sie schreien, verursachen jede Menge Tumult. Es war also ein Problem, zu meditieren. Die spirituellen Anfänger wollen einen stillen Platz, einen privaten Ort, einen Platz außerhalb der Menge. Doch solch einen Platz gab es nicht.
Drittens hatte Amma keinerlei Privatsphäre. Zu jeder Tages- und Nachtzeit kamen Leute in die Hütte, denn die Tür war nicht abgeschlossen. Sie kamen einfach herein, um Ammas Darshan zu erhalten, selbst nachdem sie schon die ganze Nacht bis sechs Uhr morgens aufgeblieben war. Sogar wenn sie schlafen gehen wollte, kamen Leute herein, um sie in Beschlag zu nehmen, selbst wenn es schon sieben Uhr war. Es gab jede Menge Probleme.

Zu dieser Zeit begann ich mich ziemlich unwohl zu fühlen. „Das kann nicht so weitergehen", dachte ich mir. „Aber es gibt nichts, was ich tun kann; was sollte es auch sein?
Wir brauchten ein Jahr, um 15 Dollar zu sparen, und was für eine Art Behausung kann ich davon schon bauen? In diesem Tempo werde ich hundert Jahre alt sein, bevor ich mehr als nur eine einfache Hütte bauen kann." All dies ging mir durch den Kopf. Wir kannten niemanden, der uns Geld hätte geben können. Wie ihr wisst, kommen die meisten Leute, die Amma aufsuchen, mit Problemen zu ihr. Eine ganze Reihe von ihnen hat finanzielle Probleme. Bei vielen handelt es sich um arme Menschen. Es gab also niemanden, den wir

bitten konnten, uns zu helfen, irgendetwas zu bauen. So schob ich den Gedanken einfach beiseite. „Vergiss es, es gibt nichts, was ich tun kann, es ist eben Gottes Wille." Ich dachte zwar, ich würde es vergessen, doch jeden Tag ging mir mindestens zehnmal dieser Gedanke durch den Kopf. Er wurde mir wirklich lästig. So ging das täglich über etwa zwei Monate. Da sagte ich: „Genug. Hör auf, vergiss es, ich will diese Gedanken nicht." Ihr wisst ja, wie das Gemüt ist.

Es beunruhigte mich sehr, und dann kam mir ein anderer Gedanke: „Wenn du hier das Geld nicht bekommen kannst, warum gehst du dann nicht nach Amerika? Vielleicht könntest du einen Spendenaufruf verschicken oder etwas Ähnliches." Dann dachte ich: „Wo kommt denn dieser Gedanke her? Eine schreckliche Vorstellung! Ich will Indien niemals im Leben verlassen."

Ich brachte den Gedanken zum Schweigen: „Das muss ein altes *Vasana* sein, das aus der Zeit stammt, als ich noch in Amerika lebte." Ich versuchte, das Ganze zu kontrollieren, aber es kam wieder und wieder. Dann überlegte ich: „Selbst wenn ich nach Amerika ginge, was hätte es für einen Sinn? Ich kenne dort niemanden, nur eine einzige Person, meine leibliche Mutter. Das ist alles. Sie ist keine reiche Frau." Ich glaubte, das sei das Ende der Geschichte, aber sie kam immer wieder aufs Neue hoch. Die meiste Zeit war es nicht *Mantra Japa*, was ich betrieb; es war vielmehr diese Art von *Japa*: „Amerika, gehe nach Amerika."

Schließlich machte es mir eines Tages Angst: „Warum kommt das immer in mir hoch?"

Ich ging zu Amma und sagte zu ihr: „Amma, ich habe diese Gedanken, die dauernd in mir entstehen, ich kann sie nicht loswerden." Sie antwortete: „Das sind nicht deine Gedanken sondern meine. Ich sehe, wie ihr Kinder alle leidet. Mir ist das alles egal, ich brauche kein Zimmer für mich selbst; doch ich weiß, dass ihr einen Ort zum Meditieren braucht.

Über Freigiebigkeit 163

Ich möchte euch nicht weiter jede Nacht unter den Bäumen schlafen sehen. Das ist nicht richtig. Andererseits besitzen wir aber nichts. Es gibt keinen Ort, von wo wir irgendetwas zu erwarten hätten. Also dachte ich, dass du vielleicht nach Amerika gehen und etwas Geld sammeln könntest, um damit einen Meditationsraum für den Ashram zu bauen." Einerseits war ich erleichtert: Es waren also Ammas Gedanken gewesen, nicht meine. Andererseits war ich über das Ganze nicht besonders glücklich, denn eigentlich wollte ich Indien niemals verlassen. Mutter sagte mir: „Egal, du fliegst; deine Mutter hat doch angeboten, dir das Ticket zu bezahlen, wann immer du nach Amerika zurückzukehren gedenkst. Mach dir keine Sorgen. Ich werde bei dir sein; und sei nicht enttäuscht." Ich stutzte: „Was meint Amma mit ‚Sei nicht enttäuscht.'?" Das hörte sich nicht allzu verheißungsvoll an. Also fragte ich sie: „Amma, was ist los?" Sie sagte: „Was meinst du, wie viel Geld du brauchst, um hier die Sachen zu bauen?" „Keine Ahnung", antwortete ich, „vielleicht 15000 Dollar." Ihr könnt euch vorstellen, was 15000 Dollar für uns bedeuteten. Sie sagte: „Also 15000. Gut, du wirst bekommen, was du brauchst. Sei nicht zu ehrgeizig." Damals verstand ich nicht, was sie meinte. Schließlich würde ich nach Amerika gehen; dort würde ich einen großen Spendenaufruf verschicken; jeder würde Amma lieben und dem armen Ashram in Indien helfen wollen. So ähnlich dachte ich.

Ich kam also in Amerika an, in Santa Fe; dort wohnte meine Mutter zu jener Zeit. Ich kannte absolut niemanden. Ich wusste auch überhaupt nicht, was ich tun sollte. Von Kapitalbeschaffung hatte ich nicht die geringste Ahnung. Ich schrieb also irgendetwas nieder; jemand bot sich an, eine Broschüre über Amma und den Ashram zu drucken. Niemand in Amerika kannte sie, in Indien übrigens auch nicht. Außerhalb ihres Dorfes war Amma in jenen Tagen völlig unbekannt. Das war

1981, etwa zwei Jahre nachdem ich gekommen war, um dort zu bleiben.

Nun, und woraus bestand meine Adressenliste? Sie bestand aus den Freunden und Verwandten meiner Mutter. Keiner von ihnen war spirituell besonders interessiert. Ich dachte: „Was habe ich schon zu verlieren, wir verschicken sie einfach." Ich hatte auch ein Gespräch mit der Lokalzeitung in Santa Fe. Ihnen schilderte ich Ammas Geschichte. Der Reporter konnte nicht glauben, was ich ihm da erzählte. Nehmen wir an, ein Durchschnittsamerikaner nimmt zufällig ihre Biografie in die Hand und liest sie. Was wird er wohl denken? In einem spirituellen Magazin las ich einmal eine Rezension von Ammas Biografie, in welcher gesagt wurde, das Ganze lese sich wie ein Auszug aus einem Märchen. Es erscheint eben unglaublich. Niemand hat ein solches Leben. Dieser Mensch nun, der mit mir sprach, dachte wohl so: „Hm, wieso habe ich mich eigentlich zu diesem Interview bereiterklärt?" Auch er konnte nicht glauben, was ich da erzählte.

Dennoch veröffentlichten sie den Artikel und ich dachte: „Jetzt werden viele anrufen, um nach Amma zu fragen." Tatsächlich rief niemand an. Nun begriff ich langsam, was Amma gemeint hatte.

Dann verschickten wir den Aufruf. Von 75 oder 80 Leuten spendeten 3 Leute ihre 10 Dollar. Ich dachte: „Das reicht ja nicht mal für das Flugticket. Dreißig Dollar; bin ich hier hingekommen für dreißig Dollar? Ich meine, ich sollte vielleicht nicht über Geld nachdenken, aber deswegen bin ich doch hier. Man kann doch keine Meditationshalle aus Gras und Sand bauen." Ich war sehr enttäuscht.

Nun erinnerte ich mich, dass sie mich gewarnt hatte: „Sei nicht enttäuscht. Sei nicht ehrgeizig." Ich kam zu dem Entschluss, noch eine Woche zu warten. Vielleicht würde ja noch etwas passieren. Danach würde ich wieder zurückfliegen müssen. Doch nach einer Woche war nicht das Geringste

Über Freigiebigkeit

geschehen. „Selbst Ammas Worte haben sich als falsch erwiesen", war mein Gedanke. Ich bat also meine Mutter, mir das Flugticket zurück nach Indien zu buchen: „Es hat keinen Sinn, noch länger zu bleiben. Ich bin jetzt schon 6 Wochen hier." Sie schaute mich an und sagte: „Weißt du, als du ein kleiner Junge warst, kaufte dein Vater eine Münzsammlung für dich. Damals bezahlte er 900 Dollar dafür. Es ist lange her; aber ich habe sie noch in einem Schließfach in der Bank verwahrt; da liegt sie seit dreißig Jahren. Bestimmt ist sie jetzt mehr wert als 900 Dollar. Warum nimmst du sie nicht und schaust, was du dafür bekommst?" Ich nahm also die Münzsammlung und ging damit zu einem Händler. Er bot mir 10000 Dollar dafür. Ich verkaufte sie ihm und erhielt sofort die Summe. Doch immer noch hatte ich meine Zweifel. 10000 Dollar sind keine 15000 Dollar. Ich sah also trotzdem ein wenig betrübt aus. Am Tag vor meiner Abreise sprach meine Mutter zu mir: „Warum siehst du so traurig aus? 10000 Dollar sind doch eine Menge Geld." Ich antwortete: „Ja, es ist viel Geld." Darauf fragte sie mich: „Wie viel brauchst du denn?"

„15000 Dollar."

„Nun, weißt du, als dein Vater starb, hinterließ er irgend so eine Art Sparvertrag. Er ist immer noch 5000 Dollar wert. Wenn ich mit den Leuten in der Bank rede, denke ich, dass wir sie bekommen können. Du schreibst einfach einen Brief, in dem du erklärst, wofür du das Geld brauchst, dass du versuchst, in Indien etwas zu bauen." Ich schrieb also den Brief und sie überwiesen die Summe sofort. Am nächsten Tag flog ich zurück mit 15000 Dollar in der Tasche. Nun verstand ich, was Amma gemeint hatte. Sie sah das alles voraus, schon zu dieser Zeit. Es war ihr Entschluss, ihre Vision der Ereignisse. Ich hatte nicht die geringste Vorstellung davon; wer hat sie schon? Gewiss haben viele von uns ähnliche Erfahrungen: Amma sagt etwas, und es scheint keinen Sinn zu ergeben.

Die Geschichte von der Anleitung eines Mahatmas

Ich erinnere mich an eine andere Geschichte, die sehr deutlich zeigt, wie Vergangenheit, Gegenwart und Zukunft für den Blick von *Amma* offen zu Tage liegen. Alles ist für sie ein offenes Buch, und immer gebrauchen sie dieses Wissen zu unserem Wohlergehen.

Diese Geschichte, die sich tatsächlich ereignet hat, handelt von einem großen *Mahatma*, der vor ein paar hundert Jahren lebte. Ein überaus wohlhabender Mann hörte von seiner Größe, von seiner Macht und seinem Wissen. Er suchte ihn auf, um seinen *Darshan* zu bekommen. Eine Weile sprach er mit ihm über gewöhnliche Dinge; als er aufstand, nahm er ein kleines Säckchen aus seiner Tasche. Es enthielt ein paar Goldmünzen, die er auf den Tisch legte. Als er im Begriff war zu gehen, stand der *Mahatma* auf und ging mit ihm zur Tür; er sprach zu ihm:

„Kann ich etwas für Euch tun? Kann ich Euch nicht helfen?"

Der Mann antwortete: „Nein, ich brauche keine Hilfe, *Swamiji*. Ich kam hierher, um Euren *Darshan* zu erhalten, das ist alles. Ich hörte davon, Ihr wäret der größte Weise unseres Landes und kam einzig und allein wegen Eures *Darshans*."

Der Weise wiederholte: „Nein, nein, seid Ihr sicher? Ich bin davon überzeugt, dass ich etwas für Euch tun und Euch helfen kann."

Der Mann aber sprach: „*Swamiji*, welche Hilfe sollte ich benötigen? Ich besitze viel Gold, bin reich. Meine Töchter sind verheiratet und haben gute Ehemänner; meine Söhne sind alle erfolgreich und meine Enkelkinder sind gesund. Kurzum: Alles läuft sehr gut. Was brauche ich also? Ich benötige wirklich nichts von Euch."

Der *Swami* aber bestand darauf: „Nein, nein, ich fühle, dass ich Euch helfen kann. Ich will Euch eine Geschichte erzählen."
Der Mann antwortete: „In Ordnung."
Der Heilige begann zu erzählen:
„Vor hundert Jahren gab es in einem Dorf, das hier ganz in der Nähe liegt, zwei Kaufmannsfamilien. In diesen beiden Familien wurden am selben Tag zwei Söhne geboren; je einer pro Familie. Sie wuchsen als Nachbarskinder auf. Diese beiden Jungen waren wie Brüder. Als sie heranwuchsen, schworen sie ein Gelübde: Bis zu ihrem Tode wollten sie Blutsbrüder bleiben. Niemals in ihrem Leben würden sie den anderen im Stich lassen.

Als sie das Erwachsenenalter erreicht hatten, wurden sie verheiratet und zogen in verschiedene Städte, die etwa 500 km voneinander entfernt lagen. Am Anfang schrieben sie einander noch einmal pro Woche, dann einmal im Monat, schließlich einmal im Jahr; dann vergaßen sie einander, da sie völlig mit ihren Geschäften und familiären Angelegenheiten befasst waren. Beide wurden sehr wohlhabend. Doch der eine der beiden hatte Pech: Sein Geschäft ging bankrott und alles ging schief. Seine Schiffe sanken, sein Lagerhaus brannte ab und er wurde von Dieben beraubt; außerdem wurde er betrogen. Er verarmte völlig. Außer ein paar Pennies blieb ihm nichts übrig. In dieser Situation erinnerte er sich an seinen Freund und er schrieb einen Brief an ihn: „Ich komme, um dich zu sehen. Es geht mir sehr schlecht." Er machte also eine 500 km lange Reise, um seinen Freund zu besuchen. Als er in sein Haus kam, hieß ihn der Freund willkommen und war über sein Erscheinen sehr glücklich. Er umarmte ihn, bereitete ihm ein Mahl und gab ihm ein Zimmer. Schließlich fragte er ihn: „Was ist los?" Der Andere sagte: „Mein ganzes Hab und Gut ging verloren." Darauf holte der Freund seinen Buchhalter und wies ihn an: „Mache eine Aufstellung über meinen gesamten Besitz, alle meine Vermögenswerte und Barschaften, über alles. Dann händige die Hälfte davon meinem Bruder aus."

Der Mann war überwältigt und gerührt. Er nahm die Hälfte des Vermögens und segnete seinen Freund. Dann kehrte er in seine Stadt zurück. Er gründete ein großes Unternehmen und wurde sehr reich, reicher noch als zuvor. Weil er aber an seiner vorherigen Armut so sehr gelitten hatte, entschloss er sich, nie mehr in eine solche Situation zu kommen. Daher baute er sich ein Haus, das einer Festung glich. Es gab dort keine Fenster, so dass weder Diebe einzudringen vermochten noch Feuer ausbrechen konnte. In einer Ecke des Hauses, im oberen Stockwerk gab es ein Zimmer, das ganz aus Eisen gefertigt war. In diesem Raum bewahrte er sein ganzes Geld, seine Wertpapiere und Geschäftsbücher auf. Er entwickelt eine große Anhaftung an das Geld.

In der Zwischenzeit ging das Geschäft seines Freundes, der ihm die Hälfte seines Besitzes gegeben hatte, in Konkurs. Alles lief schief, sogar sein Haus wurde ihm weggenommen. Er wurde noch ärmer, als sein Freund jemals gewesen war und musste sogar hungern. Nach dem er eine Woche in solch einer Situation verbracht hatte, dachte er sich: „Ich will meinen Freund aufsuchen. Sicher wird er sich erinnern, was ich für ihn getan habe. Er wird sich um mich kümmern und mir helfen." Er schrieb also dem Freund einen Brief: „Ich komme, aber ich muss zu Fuß gehen; ich besitze nämlich nichts mehr und kann daher kein Verkehrsmittel benutzen." Völlig ausgehungert begab er sich auf die Wanderung. Er war fast tot, als er den Ort und das Haus seines Freundes erreichte. Den ganzen Weg über dachte er: „Sicher wird er einen Wagen schicken, der mich abholt. Alles wird gut werden." Doch nichts geschah. Schließlich kam er zum Eingangstor des gewaltigen festungsartigen Gebäudes. Er klopfte an die Tür. Der

Über Freigiebigkeit

Torwächter öffnete und sagte: „Was wollt Ihr? Bettler sind hier nicht erwünscht!"
Er antwortete: „Nein, ich bin kein Bettler. Dies ist das Haus meines Bruders. Ich bin sein Bruder, sein bester Freund."
„Er hat keine Brüder; er besitzt auch keine Freunde. Verschwindet! Hinaus mit Euch!"
„Nein, nein, ich bin sein Bruder."
„Geht jetzt endlich raus!", sagte er und schlug das Tor zu. Darauf hämmerte der Mann gegen das Tor und war kurz davor, zu sterben." Am Ende öffnete der Wächter das Tor und fragte ihn: „Was wollt Ihr denn eigentlich?"
Der Mann antwortete: „Sagt ihm einfach, wer ich bin." Er nannte ihm seinen Namen. Der Diener ging also nach oben in den eisernen Raum, wo der reiche Mann saß, umgeben von all seinem Geld und Säcken voller Gold. Er sprach zu ihm: „Unten steht ein Bettler am Tor. Er sagt, er sei Euer Bruder, Euer bester Freund und dass Ihr ihn erwartet. Er behauptet, er habe Euch einen Brief geschrieben." Der Mann überlegte: „Wenn ich ihn jetzt hereinlasse, dann erwartet er vielleicht, dass ich ihm die Hälfte meines Vermögens gebe, wie er es damals auch mit mir gemacht hat. Oder mein Herz wird weich, wenn ich ihn in seinem leidvollen Zustand sehe und ich werde ihm etwas von meinem Geld geben; was aber dann? Vielleicht werde ich dann wieder arm, so wie er es jetzt ist." Er sagte also zu seinem Diener:

„Ich kenne niemanden, der so heißt. Sage ihm, er soll gehen."

Der Diener ging also hinunter und richtete dem wartenden Mann aus: „Mein Herr sagt, er kenne Euch nicht; und Bettlern gibt er nichts." Er schlug ihm die Tür vor der Nase zu.

Der Mann dachte bei sich. „Hm, es muss sich um ein Versehen handeln. Wie auch immer, ich muss sterben, doch es ist besser, nicht an der Türschwelle eines anderen Menschen

zu sterben. Das wäre nicht gut für ihn." Er kroch also weg von dem Haus, bis er ein paar Meter entfernt war. Dort brach er zusammen und starb. Nach ein paar Monaten wurde der reiche Mann krank und starb auch. Beide kamen sie nach *yama-loka*, wo der Gott der Gerechtigkeit, *Yama*, herrscht. Jeder geht nach dem Tod dorthin. Zu dem großzügigen Mann sagte *Yama*:
„Du gehst in den himmlischen Bereich, und zwar für eine sehr lange Zeit."
Dann schaute er den anderen Mann an und sprach zu ihm: „Und weißt du, wo d u hingehst?"
„Ja."
„Du gehst in die Hölle, für eine sehr lange Zeit: Denn du hast den Menschen, der dir half, abgewiesen. Was für ein schreckliche Tat du begangen hast!"
Darauf meldete sich der großzügige Mann zu Wort:
„Oh, *Yama*, tut das nicht! Er ist mein Bruder und ich habe einen Eid geschworen, immer bei ihm zu bleiben. Wenn er also in die Hölle muss und nicht mit mir in den Himmel kommen kann, dann gehe ich eben mit ihm in die Hölle. Auch dort werde ich über alle Maßen glücklich sein.

Yama aber antwortete: „Das ist nicht möglich. Er geht in die Hölle und du gehst in den Himmel. Wenn dir eine andere Lösung einfällt, dann sage sie mir, doch es besteht keine Möglichkeit, dass du mit ihm in die Hölle oder er mit dir in den Himmel geht."

Darauf schlug der gute Mann vor:
„In Ordnung, es muss sich um ein Versehen gehandelt haben. Entweder sagte ihm der Diener etwas Falsches oder er hatte mich einfach vergessen. Ich weiß nicht, was es gewesen ist. Wir wollen versuchen, ihm zu helfen, diesen Fehler wieder zu berichtigen. Lasst uns beide wieder auf Erden geboren werden, ich als Sohn eines armen Mannes, eines Bett-

Über Freigiebigkeit

lers und er wieder als ein reicher Mann. Dann komme ich wieder zu ihm und bettle. Dieses Mal wird er mir helfen."

„So sei es, geht nun beide!", sagte *Yama*.

Beide wurden also mit einem Expresszug nach unten befördert und tatsächlich: Der gute Mann wurde als Sohn eines Bettlers geboren, der schlechte als Sohn eines reichen Mannes. Sie wuchsen auf und erinnerten sich natürlich an nichts mehr. Doch das Gelübde bzw. der Entschluss des armen Mannes stand noch aus. Eines Tages begab es sich, dass er die Straße entlang wanderte, wo der reiche Mann wohnte und er ging an dessen Eingangstor, um zu betteln. Alle Nachbarn sagten: „Vergiss es, geh' da nicht hin, der Mann ist so geizig, dass er nicht mal den Vögeln ein paar Brotkrümeln gibt."

„Nein", sagte der Bettler, „davon will ich mich selbst überzeugen." Er ging also hinein. Der reiche Mann stand vor ihm. Er fragte ihn:

„Was willst du?"

„Herr, ich möchte nur ein Stück *Chappati*. Ein vertrocknetes Stück *Chappati* ist genug.

Auch ein *Papadam* reicht aus. Irgendetwas!"

„Nein, weißt du denn nicht, dass ich nicht einmal den Vögeln etwas gebe? Hinaus!"

„Nein, Herr, irgendetwas, irgendetwas; eine verfaulte Banane wäre auch gut."

„Nein, ich gebe niemandem etwas."

„Ihr müsst mir etwas geben, ihr müsst es."

Hier meldete sich sein unterbewusster Wunsch, seinen Bruder davor zu bewahren, in die höllischen Welten zu kommen. Er fleht:

„Ich nehme nur von Euch etwas an, von niemandem anderen. Irgendetwas muss ich bekommen."

„Nein, du gehst jetzt", kam die Antwort.

Aber der Bettler bestand darauf: „Nein", und zog an seinem Hemd, „gib mir etwas, du musst es tun."
Da schlug der Mann den Bettler ins Gesicht. Dieser war durch den Hunger bereits so sehr geschwächt, dass er hinfiel und starb.

Der *Mahatma*, der die Geschichte erzählte, hielt an dieser Stelle inne; unmittelbar darauf brach der reiche Mann in Tränen aus. Er weinte und weinte und weinte. Er gestand: „*Swamiji*, der reiche Mann bin ich. Ich war es, der letzte Woche die schreckliche Tat begangen hat."

„Ich weiß", antwortete der *Swami*.

„Was soll ich denn jetzt tun? Wie kann ich diese schlimmen Dinge, die ich verübt habe, wiedergutmachen?"

Darauf sagte der *Swami:*

„Du nimmst alles, was dir gehört, verkaufst es, und wechselst es in Gold um. Dann gehst du hinaus zu jeder armen Person, die du siehst, mit der Einstellung: ‚Das ist ein Mitglied der Familie meines Bruders', und verteilst das Gold an sie. Alle armen Menschen sind e i n e Familie. Gib dein Gold allen Armen, die du finden kannst. Wenn du mit dem Verteilen fertig bist, dann werde selbst ein Bettler; und alles Geld, das du erbettelst, gibst du denjenigen die noch ärmer sind als du; liebe sie als deine Brüder und Schwestern. Dann wird dir nichts geschehen."

Die *Mahatmas* können also weit zurückschauen. Sie sehen unsere Vergangenheit wie unsere Zukunft und handeln in einer Weise, die uns zum Guten gereicht. Wir müssen nur Vertrauen besitzen. Das ist es, worauf es letztlich hinausläuft: Vertrauen zu haben in ihre göttliche Vision. Das ist ein Grund, warum wir alle zu Amma kommen, warum wir sie um ihren Beistand, ihren Segen und ihre Ratschläge bitten.

Worin besteht nun das hauptsächliche Hindernis, ihrem Rat zu folgen? – In unserem Ego. Unser Ich denkt, es wüsste

Über Freigiebigkeit

Bescheid, obwohl es in Wirklichkeit überhaupt nichts weiß. Es ist ein vollkommener Ignorant, der nur eine sehr kurzsichtige Vision besitzt. Davon, sagt sie, müssen wir uns befreien, wenn wir die Göttliche Gegenwart wahrnehmen wollen. Ich lese ein wenig vor, was sie zu diesem Thema sagt:

„*Was bei der spirituellen Praxis wirklich nötig ist, ist die Entwurzelung des Ego. Das ist die eigentliche Aufgabe der Übungen. Wir glauben immer, dass wir bedeutend sind und halten uns anderen gegenüber für überlegen. Diese Empfindung verfolgt uns, wo immer wir auch hingehen. Selbst wenn wir uns bei jemandem entschuldigen, denken wir später: ‚Das hätte ich nicht tun sollen. Ich habe doch ein ganz anderes Niveau. Wieso entschuldige ich mich eigentlich bei ihm?' Diese egozentrischen Gefühle werden uns immer wieder herabziehen. Nur in der Gegenwart eines göttlichen Meisters können wir solche egoistischen Gedanken und Handlungen beseitigen.*"

Es ist euch vielleicht schon aufgefallen: Leute, die nie in ihrem Leben geweint haben, kommen zu Amma - und was geschieht? Sie schluchzen und werden vor ihr zu kleinen Kindern.

„*Nur die Meister können das Ego in uns beseitigen. Ein riesiger Baum schläft im Samenkorn, doch nur, wenn letzteres unter der Erde vergraben wird, sprießt der Baum hervor. Denkt er aber: ‚Warum sollte ich mich vor der schmutzigen Erde verbeugen?', dann kann sich seine wahre Natur nicht offenbaren. Nur wenn wir Demut kultivieren, ist es möglich, die Höchste Wahrheit zu realisieren, die unser wahres Wesen ist.*"

Einige von euch kennen sich bestimmt in griechischer oder indischer Mythologie aus und haben darüber gelesen. Unterschiedliche Traditionen haben unterschiedliche Mythen. Viele von ihnen sprechen von der Erlangung des „Goldes", des „Nektars" oder des „Schatzes". Man kommt ihm nahe, und was passiert? Entweder ist da ein Höllenfeuer oder ein großer Riese, ein Dämon, der den Schatz bewacht; es können auch Schlangen sein oder ähnliche Hindernisse. Worum handelt es sich dabei? Um das Ego (*Ahamkara*). Was ist der Schatz, das Gold? - Unser wahres Wesen, das Selbst, unsere Göttlichkeit.

Das ist es, worum es in diesen mythologischen Erzählungen geht - um die Reise zur Selbstverwirklichung und die auf dem Weg dorthin auftauchenden Hindernisse.

Das Ego ist also für die Verwirklichung Gottes das größte Hindernis.

Die Essenz aller Belehrungen

Es war einmal ein *Mahatma*, der jahrelang regelmäßige *Satsangs* abhielt. Ein Mann, der ständig an ihnen teilnahm, musste für ein paar Jahre wegziehen. Als er wiederkam, ging er hinauf zum Swami und sagte: „Wie sehr habe ich Eure *Satsangs* vermisst!"

Der *Swami* antwortete: „Was gibt es da zu vermissen? Selbst wenn du 20 Jahre nicht da gewesen wärest, hättest du nichts verpasst, denn alles, was ich zu sagen habe, könnte man auf einen Fingernagel schreiben. Es lautet: Werde frei vom Ego. Das ist alles, darum dreht es sich bei allen *Satsangs* und im gesamten spirituellen Leben. Wenn man das Ego losgeworden ist, was bleibt dann übrig? Wenn du alles aus diesem Zimmer entfernst, die Pfeiler und den Teppich, was ist dann noch hier? – Raum, sonst nichts. Ebenso bleibt dann, wenn du das Ego und alle Gedanken entfernst, sowohl die positiven wie die negativen, einfach alles, nur noch das Selbst übrig. Das ist Gott. Es ist das Substrat von allem. Man muss Gott von nirgendwo herbringen. Nur die anderen Dinge, die den Raum einnehmen, müssen beseitigt werden. Das ist alles." Nun kommen wir zu folgendem Vers:

„*Für einen spirituellen Aspiranten ist es gut, wenigstens einmal im Monat Slums und Krankenhäuser zu besuchen. Diese Besuche werden ihm helfen, die Natur des Leidens innerhalb des menschlichen Lebens zu verstehen und sein Gemüt stark und voller Mitgefühl werden lassen.*"

Was sollen wir also tun, um uns des Egos zu entledigen? Es ist wie ein Knoten, und zwar ein fester Knoten. Was ist sein Kern? Gier, Neid, Eifersucht? Mit einem „S" fängt es an: Selbstsucht.

Amma sagt, ein Mittel, den Knoten zu lösen, so dass unsere Energie, unsere Göttlichkeit fließen kann, besteht darin, unsere Selbstsucht aufzugeben. Wie machen wir das? Wie der Heilige in der Geschichte empfahl: Wir müssen geben. Selbstsucht hingegen bedeutet, dass wir nehmen wollen: ‚Ich will dies, ich will jenes'. Viele Menschen sagen, dass sie, sobald sie geben, sobald sie sich in einer Situation oder einer Position des Gebens befinden, Ammas Gnade fühlen. Sie empfinden eine Art des Glücklichseins, das sie durch das Nehmen nie erreichen. Sie fühlen Amma in diesem Moment. Das ist der Grund. Sie ist bereits da, für alle von uns; sie ist bereits da, i n allen von uns – aber wir fühlen sie nicht aufgrund der Gegenwart der Selbstsucht, des Egos. Wenn diese jedoch nur ein bisschen nachlässt, dann manifestiert sich Ammas Gegenwart ein wenig in uns.

Das ist der Grund, warum Amma empfiehlt, Orte zu besuchen, wo viel menschliches Leid anzutreffen ist; auf diese Art und Weise verschwindet die Selbstsucht nämlich und Sym-

pathie und Mitgefühl treten an ihre Stelle. Es geht nicht nur darum, der Menschheit zu dienen, sondern auch darum, die Göttliche Präsenz zu erfahren und Gott zu verwirklichen. In den *Upanishaden* gibt es eine kleine Geschichte. Die Dämonen, Götter und Menschen kamen zu Brahma a, dem Schöpfer und fragten ihn: „Was sollen wir tun?"
Er antwortete: „*Da-Da-Da.*"
Da, da, da – was ist das für ein Ratschlag?
Also fragten sie ihn: „Was meinst du mit ‚*Da, Da, Da*'?
Brahm a blickte die *Devas* an und sprach:
„Da steht für „*Dama*". Es bedeutet Kontrolle. Wenn ihr wissen wollt, was gut für euch ist, müsst ihr Kontrolle wahren."

Wieso müssen die Götter Kontrolle wahren? Weil sie sich im Himmel befinden, wo sie es sich fortdauernd gut gehen lassen. Sie sind so sehr vertieft in Freuden, dass sie weder Tag noch Nacht kennen, Sie wissen nicht, worin das höchste Gut für sie besteht, also sagte er zu ihnen: *Dama*, Kontrolle.

Dann kamen die Dämonen an die Reihe: *Da* bedeutet *Daya*, Freundlichkeit, Mitgefühl. Ihr wisst ja, was Dämonen tun. Sie sind Störenfriede.

Am Ende belehrte er die Menschen und sagte: „*Da* bedeutet *Dana*, geben. Menschliche Wesen sind zumeist ichbezogen, sie unterliegen der Anhaftung. Damit sie davon loskommen, – was zu ihrem eigenen Besten dient - müssen sie geben."

OM NAMAHA SHIVAYA

Satsang im M A Center, 1995
Kassette Nr.11, Seite A

Sadhana und Verwirklichung

„Ein spiritueller Aspirant sollte niemals schwach werden. Vielmehr sollte er die ganze Bürde der Welt tragen."

Wenn jemand *Sadhana* macht, also nicht nur über spirituelle Übungen spricht, sondern sie mit ganzem Herzen praktiziert, mit einem Herzen, das nach Selbstverwirklichung, nach der Vision Gottes brennt, dann fassen andere Menschen, die nicht so viel Inspiration fühlen, aber gleichwohl Devotees sind, Mut. Sie realisieren, dass es tatsächlich möglich ist, mit seinem ganzen Wesen in das *Sadhana* einzutauchen. Wenn sie sehen, dass ein Mensch wirklichen Fortschritt macht, dann kann das durchaus Auswirkungen auf sie selbst haben, sei es durch das Auftreten des betreffenden Menschen, sei es durch seine Art zu reden, seine Handlungsweise, seine Lebensführung oder seine bloße Anwesenheit. Die natürliche Folge davon wird sein, dass sie diese Person als eine Stütze, eine Hilfe im spirituellen Leben betrachten.

Ammas Aussage gilt also für jene Menschen, die eine solche Stellung einnehmen; sie sollten nicht schwach werden. Alle haben Probleme. Doch wenn Menschen beginnen, zu uns aufzuschauen und uns sozusagen als ihre Zuflucht in spiritueller Hinsicht ansehen, dann sollten wir keine Schwäche zeigen. Vielmehr sollten wir unsere eigenen Probleme ignorieren und ihnen bei der Lösung ihrer Probleme zu helfen versuchen.

Bedenkt, dass das nicht für jeden gilt. Wenn man einen Elefanten an einen kleinen Strauch anbindet, was wird dann wohl passieren? Er wird ihn einfach fressen bzw. ausreißen. Man muss ihn also an einem großen, ausgewachsenem Baum festbinden. Er kann sich dann sogar an ihm reiben, ohne dass etwas passiert. Mutter spricht hier nicht von jedem, der spirituelle Übungen verrichtet. Sie spricht von denen, die es intensiv betreiben und dafür die Früchte ernten, d.h. sich spirituell weiterentwickeln. Alle Arten von Selbstsucht sollten sie aufgeben – zum Guten der Menschheit. Es ist Ammas Ideal und ebenfalls das Ideal vieler anderer Weiser und Heiliger in der Geschichte der Menschheit.

Das wahre Opfer

Nehmen wir zum Beispiel *Buddha*. Er war ungefähr 40 Jahre alt, als er die Erleuchtung erlangte. In den nachfolgenden 42 Jahren – er wurde 82 Jahre alt – widmete er sein ganzes Leben der Menschheit. Doch am Anfang war das noch nicht so. Als er unter dem *Bodhi*-Baum saß und jenes Erleuchtungs-Erlebnis erlangte, war er zunächst unschlüssig. Einige Tage ging er unter dem Baum auf und ab, auf und ab. Worüber dachte er nach? Er fragte sich: „Soll ich mich allein dieser Seligkeit erfreuen? Soll ich es nach diesem jahrelangen Ringen für mich allein behalten oder meine Erkenntnis mit der Welt teilen?" In seinem Geist entstand ein großer Konflikt. Warum? Nun, sobald man beginnt, mit anderen Menschen in Kontakt zu treten, ist das Ganze nicht unbedingt immer die reine Freude. Die Leute kommen mit ihren Problemen zu einem. Dazu dient uns ja eine spirituelle Person: Wir wollen alle unsere Probleme loswerden. Jeder wird uns also sofort mit seinen Schwierigkeiten aufsuchen. Für eine spirituelle Person, die im Reich göttlicher Seligkeit lebt, bedeutet es ein ungeheures Opfer, von dieser Ebene herabzukommen und ständig den Problemen anderer zuhören zu müssen.

Denkt einmal darüber nach. Stellt euch einfach vor, ihr befindet euch im Tiefschlaf, wo ihr intensive Wonne erlebt; nun kommt alle 5 Minuten jemand ins Zimmer und will euch von seinen Problemen erzählen. Es ist so ähnlich, obwohl

Sadhana und Verwirklichung

göttliche Wonne weitaus intensiver ist als Schlaf. Das ist Ammas Situation. Mehrmals hat sie geäußert, sie müsse ihren Geist willentlich unten, auf der Ebene dieser Welt halten, um ihr Werk, den Problemen der Menschheit zuzuhören, zu erfüllen. Natürlich hört sie nicht nur zu, sie tut auch etwas gegen diese Probleme.

Buddha hatte also diesen inneren Kampf durchzustehen. „Soll ich oder soll ich nicht?" Nun, in der Regel durchleben die großen *Mahatmas*, die *Avatare* sind, zuerst diesen Konflikt, der aber am Ende verschwindet. Sie treffen die richtige Entscheidung – denn deswegen sind sie ja schließlich herabgekommen: „Ja, ich teile meine Verwirklichung mit dem Rest der Menschheit." Genau das tat *Buddha*. Er machte sich auf und hielt seine erste Rede; und an wen richtete er sie? – An dieselben Asketen, die ihn zuvor abgelehnt hatten. Damit fingen seine Probleme erst an. Man stelle sich vor:

Von diesem Tag an folgten ihm Tausende von Menschen. (Es waren wirklich so viele, die ihn umringten. Man sagt, dass die *Sangha* oder die Mönchsgemeinde aus 10000 Menschen bestand, die ständig mit ihm umherzogen.) Man bedenke, er musste sich ja um sie alle kümmern. Er musste sie zwar nicht verköstigen, für sie kochen; doch sie alle hatten Zuflucht zu ihm genommen. Er konnte also nicht über seine eigenen Probleme nachdenken. Vielmehr hatte er sich die ganze Zeit mit den ihrigen zu befassen. Dann waren da auch noch andere Menschen, die Haushälter. Viele kamen zu ihm, um sich Rat zu holen. Schließlich gab es auch noch seine Kritiker. Beileibe nicht jeder liebte Buddha. Selbst sein Cousin war gegen ihn, er war sein größter Feind; wieder und wieder versuchte er ihn umzubringen. Es war also nicht so, dass er keine eigenen Probleme hatte. Er hatte sie sehr wohl – doch er kümmerte sich nicht um sie. Er ließ sie beiseite und weihte sein Leben der ganzen Welt, nicht nur für eine Minute oder einen Tag lang, sondern 42 Jahre lang, Tag und Nacht.

Außerdem gab es noch Jesus Christus. Er tat dasselbe. Als er dreißig Jahre alt war, begann er, seine Verwirklichung mit der Welt zu teilen; auch er hatte, wie jeder weiß, ein paar Probleme. Er wurde sowohl von den Römern wie von den Zeloten verdächtigt. Wisst ihr, wer die Zeloten waren? Das waren diejenigen unter den Juden, die Israel von der Römerherrschaft befreien wollten. Die Römer hielten zu dieser Zeit Israel besetzt. Die Zeloten wollten kämpfen, doch Christus war gegen den Kampf. Er sagte, wenn ein Mensch dich auf die rechte Wange schlägt, so biete ihm auch die linke an. Er bevorzugte den spirituellen Weg, nicht den weltlichen. Deswegen wurde er von allen missverstanden.

Dann gab es die Sadduzäer und Pharisäer, das waren zu jener Zeit die jüdischen Priester. Auch ihnen gefiel nicht, was er zu sagen hatte, da er nicht wortgetreu im Sinne der Schriften predigte – er hielt sich vielmehr an ihren Geist. Nach drei Jahren bekamen sie ihn schließlich zu fassen. Er starb; er wurde nur 33 Jahre alt. Während dieser Zeit hatte er seine 12 Jünger, und bei ihnen handelte es sich offensichtlich nicht um *Uttama Adhik arins*, um besonders fähige Adepten. Es handelte sich bei ihnen um Fischer, die ihn überhaupt nicht verstanden. Wenn man die Bibel liest, stellt man fest, dass sie zu fast allem, was er ihnen sagte, fragten: „Wie meinst du das? Wir verstehen das nicht; es ergibt keinen Sinn; sprich doch nicht die ganze Zeit in Parabeln." Es waren also nicht unbedingt gute Schüler. Sie hatten einigen Glauben an ihn, doch waren sie nicht sehr aufgeweckt oder spirituell besonders entwickelt, und es kann einem Kopfschmerzen bereiten, wenn man solche Jünger hat... (*Gelächter*) Ich sage ja nur, dass er seine Probleme hatte. Abgesehen von den Zeloten, den Römern und den Priestern, waren also auch seine eigenen Jünger ein Problem für ihn. Des Weiteren wurde er überall, wo er hinging, von tausenden Menschen verfolgt. Da er einige Wunder voll-

Sadhana und Verwirklichung 181

brachte, wollten alle, die blind, lahm und krank waren, ihn berühren und ihm nahe kommen.

Worauf will ich also hinaus? Diese Menschen sind *Avatare* (Herabkünfte); es sind *Siddhas*, vollkommene Wesen. Worin bestand ihr Vorbild? - In absoluter Selbstlosigkeit. Als sie sich einmal entschlossen hatten, ihr Leben der Welt zu weihen, setzten sie es auch in die Tat um.

Schaut auf *Ramakrishna Paramahamsa* oder *Ramana Maharshi*, die aus der neueren Zeit stammen. *Ramakrishna* sprach viel über Spiritualität und gab seinen Devotees so viele Ratschläge, dass man sagt, dies habe seinen Kehlkopfkrebs verursacht. Ob es nun tatsächlich daran lag, weiß ich nicht. Aber vielleicht waren seine Stimmbänder so angegriffen, dass die Zellen in diesen Organen mutierten und zu der Krankheit führten. Bis zu seinem letzten Atemzug gab er sich selbst den Menschen.

Ramana Maharshi, auch er litt sehr, und zwar unter Gelenkrheumatismus. Wenn man sich jemals den Film über sein Leben angesehen hat, weiß man, dass seine Beine aussahen wie Stöcke mit Knäufen. Sie waren durch das Rheuma so angeschwollen, dass er kaum laufen konnte. Trotzdem kümmerte er sich um die Menschen, ungeachtet seiner großen Schmerzen, die er die ganze Zeit über hatte. Man konnte zu jeder Tag- und Nachtzeit zu ihm kommen. Es gab sozusagen keinen Freiraum, es gab keine Wände. Immer konnte man ihn aufsuchen, um ihn zu sehen. Bis zu seinem Tod gab er *Darshan*. Die Leute konnten an seinem Sofa vorbeigehen und ihn ansehen, wie er dort saß – bis zu seinem letzten Atemzug.

Er bestand darauf, dass die Menschen *Darshan* haben konnten, denn er kannte den Wert des Blicks eines *Jivanmuktas*, einer verwirklichten Person.

Ein jeder kann sich Heiliger oder *Swami* nennen, doch einen Menschen, der tatsächlich mit Gott eins geworden ist, trifft man selten an. Dass sie den Wert ihres *Darshan* kennen, hat nichts mit Ego zu tun. Es ist Mitgefühl. Jeder wache Augenblick Ammas, wem dient er? Gewiss nicht ihr selbst. Er ist für uns, für jeden, der zu ihr kommt. Und das sind eine Menge Leute. Wenn man Amma beobachtet, selbst wenn sie eine Mahlzeit einnimmt (was etwa um 4 Uhr nachmittags zu geschehen pflegt, weil sie bis 3.00 Uhr oder 3.30 Uhr da sitzen muss, um *Darshan* zu geben), selbst wenn sie also etwas isst – was sehr wenig ist – dann sind immer drei oder vier Leute um sie herum, die ihr von ihren Problemen erzählen. Versucht einmal zu essen, und jemandem dabei zuzuhören. Was geschieht? Man kann die Speise kaum schmecken, da der Geist sich nur einer Sache vollständig widmen kann. Entweder ist es also Schmecken, Sehen oder Hören. Ich glaube daher, dass Amma in den letzten 20 Jahren wahrscheinlich kaum einmal ihre Mahlzeit geschmeckt hat. Es klingt komisch, aber es ist so.

Sie hat alle die Leute, die zu ihr kommen; sie gibt fast jeden Tag ihres Lebens *Darshan;* sie reist 6 Monate im Jahr durch die Welt. Ihr wisst ja, wie müde man sich fühlt, wenn man nur für ein paar Tage unterwegs ist. Sie macht das täglich für ein halbes Jahr. Das geht nun bereits 8 Jahre so (Anm.: die Aussage wurde 1995 gemacht.) Es sind ja nicht nur ein paar Kilometer.

Sie reist um die ganze Welt. Auch jetzt wieder. Dann sind da all die Leute, die im Ashram in Indien leben. Das sind mehrere hundert Personen. Um jeden Einzelnen von ihnen hat sie sich zu kümmern und ihn zufrieden zu stellen; sie müssen unterwiesen werden; sie sind zu schulen und zu erziehen. So viele Leute... Außerdem gibt es 150 *Brahmacharis* (Zölibatäre), schließlich die *Swamis.* Jeder möchte etwas Zeit mit Amma verbringen; jeder will ein paar Worte von ihr hören. Es gibt das Waisenhaus und 11 oder 12 Schulen, das Computer-Institut, die Technische Hochschule und nun wird dieses große Krankenhaus gebaut (AIMS). Wer kümmert sich um all diese Dinge? Natürlich gibt es Menschen, die dafür verantwortlich sind, aber alle kommen zu Amma, um herauszufinden, was zu tun ist. Hier ist diese Schwierigkeit, dort jene. Sie sagt nicht: „Oh, lasst mich zufrieden; es reicht jetzt." Wir würden so reagieren, wenn wir nur einem Bruchteil dieser „Belästigungen" ausgesetzt wären.

Der Punkt ist folgender: Wie sollen wir als Devotee Ammas oder als Devotee eines dieser großen Weisen, die jene selbstloses Natur besaßen, uns verhalten? Darauf gibt uns Amma hier die Antwort, dass wir nicht schwach sein sollen. Das bedeutet: Breche nicht unter der Last deiner eigenen Bürde zusammen. Trage die Bürde anderer; werde selbstlos. Das wird dich zum Zustand vollkommener Selbstlosigkeit, zum Status der Ichlosigkeit erheben;

das ist Selbstverwirklichung. Das Wort bedeutet nicht, dass das Selbst irgendetwas verwirklicht; es heißt, frei zu sein vom kleinen Selbst. Was dann erblüht, ist euer wahres Selbst.

Vergesst aber nicht, dass das, was hier gesagt wird, nicht für jeden gilt. Es gilt erst dann, wenn wir eine gewisse Höhe spiritueller Reife und Einsicht erlangt haben. Weil es an dieser Stelle im Buch steht, lesen wir es vor. Es heißt nicht, dass alle von uns diesen Zustand geistiger Stärke erreicht haben.

Die Praxis im täglichen Leben

Angenommen wir führen ein Familienleben oder einfach ein normales Alltagsleben. Wir sind keine Heiligen. Wir sollten Ammas Ideal als einen Ansporn begreifen, es auf unser tägliches Leben anzuwenden: ein wenig Selbstlosigkeit, ein wenig Geduld. Wenn ihr die Welt betrachtet, seht ihr, dass sie an diesen Dingen – Selbstlosigkeit und Geduld - nicht interessiert ist. Hier geht es mehr um andere Dinge: Egomanie; Zorn; an sich zu raffen, was man bekommen kann; zu tun, was einem gefällt; eigene Rechte zu fordern, etc. Das ist nicht Ammas Weg oder jener der Heiligen. Ihr Weg besteht darin, alles zu geben und so wenig wie möglich zu verlangen. Was man braucht, nimmt man, und den Rest gibt man. Im Familienleben gibt es dafür viele Gelegenheiten. Im Alltagsleben gibt es viele Situationen, Geduld zu bewahren, nicht in Zorn zu geraten oder dem Anderen den Vortritt zu lassen. Angenommen man geht durch eine Tür. Viele Male beobachte ich das bei mir selbst. Wenn etwa zwei Leute in einen Raum gehen wollen und nur einer kann durch, dann warte ich und schaue: Versuche ich, zuerst hindurchzugehen? Oder lasse ich dem anderen den Vortritt? Zumeist sehe ich, dass die Leute sich einfach ihren Weg bahnen wollen. Sie wollen der erste sein. Beobachtet das in eurem eigenen Leben. Das ist eine ganz einfache Sache. Wie oft versucht man, zuerst herein zu gehen und kümmert sich nicht um die nächste Person? Man macht es im Bus, im Auto, im Haus, überall. Zuerst komme ich… Das ist nur eine winzige Sache, verglichen mit dem, was Amma von uns erbittet: unser kleines Selbst mit all seinen Problemen und seiner Egozentrik für das Wohlergehen anderer aufzuopfern. Wir müssen keine Heiligen sein, um rücksichtsvoll zu sein.

Amma sagt:
„*Sadhana* ist wichtig." Was *Sadhana* ist, weiß jeder? - Spirituelle Praxis.

„Wenn auch der Same die Pflanze enthält, so wird er doch nur Früchte tragen, wenn er auf angemessene Weise behandelt und gedüngt wird. In gleicher Weise wird auch die allen Wesen innewohnende Höchste Wahrheit nur durch Sadhana erstrahlen."

Sie sagt: Seid vorsichtig; *Brahman*, die Höchste Wahrheit, die Wirklichkeit, Gott sind in euch; ihr seid DAS – aber ohne dass man *Sadhana* ausübt, wird sie nicht zum Vorschein kommen.

Sadhana und Verwirklichung

Heutzutage neigt man dazu, *Vedanta* zu studieren und dann zu glauben: „Ich bin *Brahman*" oder „Ich bin das Selbst." Amma sagt, dass das soweit in Ordnung sei; man kann es studieren, man kann darüber nachdenken, aber vor allem hat man *Sadhana* zu praktizieren, um es zu erfahren.

Einst besuchte eine Frau einen *Vedanta*-Kursus, in welchem *Aham Brahma Asmi*[7] gelehrt wurde. Eines Tages kam sie nach dem Unterricht nach Hause und beschloss: „Ich bin *Brahman*; warum sollte ich irgendwas tun? Warum muss ich mich eigentlich um meine Familie, meinen Mann und meine Kinder kümmern? Frühmorgens muss ich aufstehen; ich muss auch für sie kochen. Wieso soll ich mich damit abgeben? Ich bin Brahman, Gott. Sie sollen sich um sich selbst kümmern." Also hörte sie auf, für sie zu sorgen. Sie schlief bis 8 oder 9 Uhr in der Frühe, denn Brahman war noch müde und wollte vorher nicht aufstehen. Eines Tages wollte der Ehemann ein wenig Wasser trinken und ging in die Küche. Wie ihr vielleicht wisst, gibt es auf dem Dorf kein Leitungswasser. Man muss zum Brunnen gehen und es sich dort holen. Normalerweise füllen die Frauen das Wasser in Töpfen ab. Dieser Mann nun war sehr durstig und ging in die Küche; er konnte aber dort kein Wasser finden. Er rief seine Frau: „Meine Liebe, wo ist das Wasser?" Darauf antwortete sie: „Oh, das wirkliche Wasser ist in dir. Der *Ganges*, die *Yamuna* und die *Sarasvati*, alle diese Flüsse befinden sich in dir als *Ida*, als *Pingala* und *Sushumna Nadis*, als *Kundalini Shaktis*." (Die *Kundalini* besitzt diese drei Bahnen, die auf - und abwärts führen.) „Diese drei Ströme repräsentieren diese Flüsse.")

Nun wusste er also, dass die Frau *Vedanta* studiert hatte. An diesem Tag beschloss er, ihr eine Lektion zu erteilen. Er kochte eine sehr scharf gewürzte Speise mit viel Salz und Chili.

---

[7] *Aham Brahma Asmi* bedeutet: Ich bin Brahman

Er rief sie: „Liebes, ich habe mich entschieden, heute für dich zu kochen. Bitte komme zum Essen." Sie setzte sich also hin und aß zu Mittag. Wie ihr euch vorstellen könnt, brannte es in ihrem Mund; ihre Nase lief und ihre Augen tränten. Sie suchte nach dem Wasser und es war keins da. Er fragte sie: „Wonach suchst du, Liebes?" – „Wasser, ich brauche Wasser; wo ist es?" Darauf antwortete er: „Der Ganges, die *Yamuna* und die *Sarasvati* befinden sich in dir. Du nimmst das Wasser einfach von ihnen."

Es ist diese Art von „Ich bin Brahman", wovor Amma warnt.

Ein Bettler erhielt einmal einen Topf Milch als Almosen. Er brachte ihn nach Hause und fügte etwas Yoghurt hinzu, um sie gerinnen zu lassen dann band er ihn fest und ließ ihn von der Decke herunterhängen. Warum tat er das wohl? – Um zu verhindern, dass die Katze sich an der Milch zu schaffen machte. Er begann nachzudenken: „Morgen wird diese Milch Yoghurt sein und ich werde Butter daraus machen. Dann erhitze ich die Butter und gewinne Ghee aus ihr. Das Ghee bringe ich zum Markt, verkaufe es und kaufe dafür eine Henne. Sie wird Eier legen und sie ausbrüten und ich erhalte einige Küken; es werden immer mehr Küken und Eier und das Ganze entwickelt sich zu einem großen Betrieb; nach einiger Zeit werde ich eine Geflügelfarm haben." Solchen Gedanken hing er nach. Er wollte ein reicher Mann werden.

Er dachte weiter nach: „Wenn ich diese große Geflügelfarm aufgebaut habe, verkaufe ich sie und erstehe dafür einige Rinder; so gewinne ich Milch und eröffne eine Molkerei. Auf die Weise werde ich sehr reich. Ich verkaufe alle die Rinder und kaufe einen Elefanten. Diesen großen Elefanten tausche ich ein gegen zwei Baby-Elefanten; ich ziehe sie auf und mache ein großes Geschäft mit Elefanten."

Sadhana und Verwirklichung

Wie er nun so weiterdachte, schlief er ein. Doch selbst im Traum gingen seine Gedanken weiter: „Ich habe nun also diese große Elefantenfarm und kaufe mir ein Juweliergeschäft. Wenn ich einen schönen Diamanten bekomme, begebe ich mich zum König und biete ihn ihm an. Er kauft ihn für seine Königin; dies wird mir den Ruhm als der reichste Mann im Ort verschaffen."

Er setzte seinen Traum fort: „Mein Geschäft floriert von Tag zu Tag besser. Bald bin ich der reichste Mann der Welt. Schließlich wird jemand von mir hören und sein Interesse bekunden, dass ich die Ehe mit seiner Tochter eingehe. Ich werde dieses schöne Mädchen heiraten und wir werden einen Sohn haben. Er wird sehr klug sein, doch auch sehr stur. Er ist ein Störenfried, einer, der nur Unsinn anstellt; nie hört er auf mich. Er ist ungehorsam und störrisch, einer, der mich jeden Tag ärgert. Ah, was für ein Sohn! Sogar jetzt macht er mir Scherereien..."

Im Schlaf nahm er einen Stock und fing an, zu schimpfen: „Du kleiner Frechdachs; ich werde dir helfen!" Er sprang im Schlaf hoch und traf den Milchtopf; dieser zerbrach und die ganze Milch ergoss sich über ihn. Er erwachte und jammerte: „Oh nein – mein Haus, meine Frau, mein Sohn, mein Geschäft – alles ist weg. Sogar die Milch ist nicht mehr da!"

So ähnlich verhält es sich mit jemandem, der denkt: „Ich bin Brahman", - und überhaupt nicht Brahman ist. Es ist wie ein Traum. Es ist bloßes Denken, sie sprechen es nur nach. Man hat *Sadhana* zu machen, um Brahman zu werden; man erreicht nicht einfach so die Identität mit dem Absoluten. Man kann es nicht erfahren, solange man kein *Sadhana* macht. Im Traum kann jeder etwas Großes sein, kann behaupten: „*Aham Brahma Asmi.*" Aber dadurch ist man es noch lange nicht.

„*Wenn ein Steckling angepflanzt, aber nicht sorgsam gepflegt wird, verdorrt er. Bei richtiger Behandlung wird die Pflanze keinen Schaden leiden. Selbst wenn die Spitze abgeschnitten wird, wachsen viele neue Zweige nach. Wie schwer die Vorschriften auch sein mögen, so sollte der spirituelle Aspirant ihnen zu Beginn dennoch folgen. Nur dadurch wird er wachsen.*"

Die Beseitigung der Widerstände führt zur Seligkeit

Amma sagt:

„*Was ist also zu tun? Es reicht nicht aus, zu sagen ‚Ich bin Brahman'. - Sadhana ist nötig.*"

Was bedeutet dieses Wort? Es bedeutet Regel. Es gibt bestimmte Dinge, die zu tun sind und andere, die zu unterlassen sind. Die Schriften sagen: Du bist vollkommen, unsterblich und höchste Wonne, absolute Zufriedenheit – *Aptakama*. So steht es geschrieben – und wir schauen uns um. Von wem wird da gesprochen? Ich kann damit nicht gemeint sein. Ich bin weder vollkommen, noch unsterblich, noch erfreue ich mich der höchsten Wonne. Trotzdem steht es da. Was ist also das Problem? Warum erfahren wir es nicht?

Amma betont, dass es nur einen einzigen Grund dafür gibt, warum wir nicht erfahren, was in den Schriften steht. Was ist das für ein Grund? Etwas schweift ruhelos in unserem Inneren umher. Es ist unser Gemüt. Das ruhelose Gemüt ist das einzige Hindernis zur Erlangung der Selbstverwirklichung, zur Erfahrung der Freude des Selbst. Um das Gemüt zu zähmen, haben wir eine gewisse Disziplin zu praktizieren. Bis jetzt gingen wir davon aus, das Gemüt oder der Leib sei das Selbst; diese Welt ist sozusagen das Feld, auf dem die Früchte unseres Genusses wachsen. Wenn wir nun die Schriften

Sadhana und Verwirklichung

heranziehen, so sagen sie: „Nein, euer wirkliches Selbst ist etwas anderes." Das ändert unser Wertesystem vollkommen, unsere Art, Dinge zu beurteilen. Unsere Handlungen und Gedanken beruhen auf der Identifikation mit dem Körper, während Amma behauptet: „Nein, ihr seid der *Paramatma*, das Höchste Absolute." Daraus ergibt sich die Notwendigkeit, eine Vielzahl von Dingen zu ändern – um es milde auszudrücken. Alles haben wir zu ändern, um das Selbst zu verwirklichen. Also ist ein gewisses Ausmaß an Selbstdisziplin, eine gewisse Anzahl von Regeln, unvermeidlich.

Doch sollte es nicht zu viel sein oder zu schnell gehen. Einige Menschen lesen etwas über spirituelle Wahrheiten und springen dann direkt hinein; doch sie zerbrechen, sie zerplatzen, d.h. sie werden enttäuscht und deprimiert; sie sind nicht fähig, ihr spirituelles Leben aufrecht zu erhalten. Fast alle von uns gleichen völlig ausgewachsenen Bäumen. Wenn wir nicht mehr im Kindesalter sind, dann ist unsere weltliche Natur schon voll entwickelt. Wir wollen doch aber Gott erfahren. Was können wir tun? Angenommen ein Baum wächst in ein Haus hinein. Er wächst in die falsche Richtung. Was soll man dann machen? Ihn fällen? Nein, man will den armen Baum doch nicht töten. Man will nur dafür sorgen, dass er in eine andere Richtung wächst. Also bindet man ein Seil oder einen Draht an ihn und zieht ihn ein wenig – nur um einen Grad – in die Richtung, in die er wachsen soll. Man nimmt keine Seilwinde und reißt ihn in die andere Richtung. Was würde dadurch geschehen? Er würde zerbrechen. Langsam! Nur ein Grad. Dann nach einem oder zwei Monaten eine weitere Drehung der Kurbel; behutsam...

Wenn er schließlich vollständig in die gewünschte Richtung wächst, kann man ihn loslassen; er bleibt dann in dieser Stellung. Wenn man ihn aber vorher loslässt, was passiert? Sofort springt er in die ursprüngliche Position zurück.

Mit *Vasanas* oder Gewohnheiten verhält es sich ähnlich. Langsam haben wir gute Eigenschaften zu entwickeln, und zwar durch spirituelle Praxis. Wenn das zu einem Teil unseres Wesens geworden ist, dann brauchen wir keine Regeln, keine Vorschriften und keine Disziplin mehr. Wir werden zu DEM. Wir nehmen eine spirituelle Natur an. Unsere Art, Dinge zu betrachten, unsere Art, zu denken, zu sprechen, zu handeln – alles wird vergeistigt. An diesem Punkt brauchen wir keine Disziplin, keine Regeln mehr. Vorher aber sehr wohl. Das ist es, wovon Amma hier spricht. Natürlich gibt es immer ein paar Menschen, die keine Regeln benötigen, die sich bereits jenseits von ihnen befinden, sie gleichen einem Vogel, der keine Straße braucht. Doch die meisten von uns fallen nicht in diese Kategorie.

Wir sollten beim *Sadhana* beharrlich sein und unermüdlich daran festhalten. Gnade jedoch ist am Allerwichtigsten. Wann immer ich einen Vortrag halte, versuche ich zu unterstreichen, dass, auch wenn das *Sadhana* für die meisten von uns ein wenig schwierig ist, ja sogar unmöglich erscheinen mag, uns die Gnade am Ende retten wird. Alle von uns betreiben in einem gewissen Ausmaß spirituelle Praxis, aber wir machen keine großen Fortschritte; wir erfreuen uns nicht alle der göttlichen Wonne, und es scheint ein wenig hoffnungslos, es in diesem Leben noch zu schaffen. Wir sollten nicht entmutigt werden, denn wir haben Amma. In der Gita sagt Krishna so viele Dinge zu Arjuna. „Tue dieses und lasse jenes!" etc. Doch was sagt er am Ende? „Suche einzig und allein Zuflucht bei mir und du brauchst dir um nichts Sorgen zu machen. Du besitzt meine Gnade und sie wird dich retten. Ich führe dich zur Einheit mit Brahman." Das ist die Besonderheit, die darin besteht, dass wir Ammas Devotees sind, dass wir sie haben. Sie ist von Krishna nicht verschieden. Wenn wir diese Art von Zuflucht bei ihr nehmen, wird sie uns ungeachtet aller unserer Schwächen erretten. Jene Gnade wird fließen.

Doch müssen wir ihren Unterweisungen folgen.

Der Segen von Guruseva

Einst kamen zwei Schüler zu einem Guru, um Einweihung zu erhalten. Er schickte beide hinaus und sprach zu ihnen: „Ihr kümmert euch um die Felder." Nachdem der eine von ihnen dort ungefähr sechs Monate verbracht hatte, war er der Arbeit ziemlich überdrüssig geworden. „Wie lange soll diese Arbeit in den Feldern noch weitergehen? Was hat das mit Spiritualität zu tun? So erreiche ich niemals etwas. Ich kam hierhin, um die Schriften zu studieren, um zu meditieren, um *Satsang* zu hören; stattdessen stehe ich hier 12 Stunden in den Feldern, säe die Samen aus und jäte das Unkraut." Also ging er fort. Der andere Schüler arbeitete drei Jahre im Dienste seines Gurus in den Feldern, bis was geschah? – Er begann, alles als reines Bewusstsein wahrzunehmen. Er fing an, Felder, Pflanzen, Bäume und Erde als strahlendes Bewusstsein wahrzunehmen, als Gewahrsein, als Gott, als Gegenwart des *Guru*. Schließlich rief der Meister ihn nach drei Jahren zu sich und sagte: „Es ist nicht mehr notwendig, dass du mir dienst. Du hast alles erreicht." Der Jünger rief aus: „*Guruji*, ich habe nichts getan; alles, was ich gemacht habe, war zu arbeiten." Doch der Guru antwortete: „Das war alles, was du zu tun hattest; du besitzt nämlich Gehorsam und Vertrauen. Deshalb begannst du, Gott wahrzunehmen. Jene Gnade floss in dich hinüber. Mehr war nicht nötig. Nun kannst du gehen." Darauf machte sich der Schüler auf und gründete einen Ashram. Da kam der andere Mann – der erste Schüler – zu ihm und fragte: „Was ist geschehen? Wie bist du zu einem solchen *Mahatma* geworden?" Der andere antwortete: „Ich habe einfach in den Feldern *Guruseva* geleistet und auf diese Weise Gott verwirklicht."

Der Guru sorgt für Hindernisse

Das ist also ein Mittel: Wir haben einfach nur Ammas Unterweisungen gehorsam zu folgen und die Gnade wird zu uns fließen. Doch manchmal mögen wir uns fragen, warum Amma uns so viele Hindernisse in den Weg stellt. Viele Leute behaupten, Amma würde ihnen Probleme bereiten. Tatsächlich gibt sie keinesfalls ihre Zustimmung, dass für irgendjemanden Probleme entstehen; vielmehr beseitigt sie sie. Selbst wenn sie ein Problem schafft, dann nur deswegen, um es zu lösen. Angenommen man hat einen Dorn im Fuß. Wie kann man ihn herausziehen? Man nimmt einen anderen Dorn und entfernt mit ihm den ersten. Danach wirft man beide beiseite. Von derselben Eigenart sind auch die Schwierigkeiten, die Amma erzeugt. Ich möchte dazu etwas vorlesen.

Jemand fragte sie: „Amma, warum bereitest du uns Sorgen?" Antwort: *„Sohn, das wird so bleiben, bis vollständige Hingabe erreicht sind. Völlige Hingabe und die Ausübung von Disziplin unter der Anleitung eines Guru sind gleichermaßen notwendig. Völlige Hingabe – ist sie nicht identisch mit einem Leben der Entsagung? Es ist nicht möglich, Gott ohne jegliche Art von Sorge näher zu kommen. Daher wird Gott durch Amma mancherlei Schwierigkeiten erzeugen. Nachdem der Schmied das Eisen im Feuer erhitzt hat, hämmert er auf es ein. Es ist nicht möglich, das Eisen in eine passende Form zu bringen, ohne es auf die rechte Weise zu erhitzen. Es kann nicht umgestaltet werden, solange es denkt: ‚Ich lasse es nicht zu, dass man mich erhitzt.' Der Guru schafft Hindernisse und Sorgen, die der Jünger durch intensives Sadhana überwinden sollte."*

Dies ist ein Schlüsselsatz: denkt nicht, dass Mutter grausam ist und dass sie Hindernisse in eurem Leben erzeugt. Wenn ihr es freilich so sehen wollt, dass sie diese schafft, ist es auch recht. Es ist okay, so zu denken. Ihr könnt durchaus dieser Meinung sein. Amma sagt hier, dass man jene Hin-

Sadhana und Verwirklichung

dernisse durch intensives *Sadhana* überwinden soll. Was bedeutet „sie überwinden"? Man mag nicht in der Lage sein, die Hindernisse aufzulösen, sie los zu werden. Was heißt es denn dann, dass man das Hindernis durch *Sadhana* überwinden soll? Es bedeutet, unberührt von ihm zu bleiben, Hingabe zu entwickeln. Bis man die völlige Hingabe erreicht und Zuflucht genommen hat, werden diese Hindernisse weiterhin auftauchen, denn sie dienen dazu, jenen Gemütszustand herbeizuführen, in welchem man sich dem Willen des Meisters vorbehaltlos hingibt. Was geschieht dann? Das Ego löst sich auf und man wird ganz vom *Guru* erfüllt. Es gibt keine Hindernisse mehr. Diese können nur existieren, solange Widerstand gegenüber gewissen Dingen da ist. Wenn du voller Wonne, wenn du vollkommen bist, wie kann dann noch die Frage nach Hindernissen auftauchen?

Nutzt also alle eure Schwierigkeiten, Sorgen, Plagen und Probleme, um den Zustand vollkommener Hingabe zu erreichen; so überwindet ihr sie.

„Spiritualität ist nichts für faule Leute. Die Bedrängnisse auf den subtilen Ebenen sind verglichen mit den Sorgen der äußeren Welt weitaus hartnäckiger. Doch gibt es nichts zu fürchten für denjenigen, der alles einem Satguru hingegeben hat."

Das sind Ammas letzte Worte. Die Härten des spirituellen Lebens sind sogar noch viel schwieriger zu meistern als die Probleme unseres materiellen Daseins. Doch sollten wir uns keine Sorgen machen, denn alle Schwierigkeiten werden überwunden, wenn wir Zuflucht genommen haben zu einem *Satguru* wie Amma.

OM NAMAHA SHIVAYA

Satsang im M A Center, 1995, Kassette Nr. 11, Seite B

Christus, der Avatar 1

Es ist sehr schön, alle von euch am Weihnachtsabend hier zu sehen. Das Wort *Dharma* besitzt eine Fülle von Bedeutungen. Die Buddhisten sagen: „Ich suche Zuflucht beim *Dharma*, beim Buddha und bei der *Sangha*." In einem bestimmten Sinne bedeutet es „richtiges Verhalten", die Weise, wie wir in jedem Augenblick handeln, denken und sprechen sollen. Ohne *Dharma* würde das menschliche Leben auf die animalische Existenz reduziert.

Ihr wisst, wie es im Tierreich zugeht. Es ist eine Welt des Fressens und Gefressenwerdens. Wenn man auf einen Hund schaut, auf irgendein Tier, das draußen in der Wildnis lebt, stellt man fest, dass es sehr wachsam ist. Warum? Weil es sich immerzu darum sorgt, dass es von jemandem gefressen wird; oder es hält danach Ausschau, selbst ein anderes Lebewesen zu fressen. Dies ist auch Teil der menschlichen Natur.

Würde die Wissenschaft des *Dharma* nicht existieren, wäre sie der Menschheit völlig unbekannt, so würde der Mensch sich zum Tier zurückentwickeln, denn alle von uns besitzen diese animalische Natur. Es gibt so viele Eigenschaften, die wir gemeinsam mit dem Tier haben: wir hassen, werden ärgerlich, haben Hunger, paaren uns, schlafen, haben Begierden.

Doch verfügen Tiere nicht über die Intelligenz, die Menschen besitzen. Menschliche Wesen benutzen ihre Intelligenz auf vielfältige Weise. Ein Ziel besteht darin, es sich möglichst bequem zu machen. Wenn wir die ganze moderne Lebensweise auf einen Begriff reduzieren, so kann man sagen, es ist der Wunsch nach Bequemlichkeit, der Wunsch, auf angenehme Weise zu leben. Alle modernen Erfindungen dienen diesem Ziel.

Doch gibt es noch einen anderen Nutzen der menschlichen Intelligenz, und er besteht darin, Geistesfrieden zu erlangen. Das ist der Grund, warum wir wieder und wieder hierhin kommen. Alle großen Weisen, Heiligen und erleuchteten Traditionen, die es in der Welt gibt, lehren uns diese Art des *Dharma*: es geht darum, zuerst den Geist und dann die Welt zu einem Ort des Friedens zu machen.

Es ist schön, ein dharmisches Leben zu führen. Die Tradition sagt aus, dass wir uns jetzt im *Kali-Yuga* befinden. *Kali-Yuga* heißt „Zeitalter des Streits". Das Wort „*Kali*" bedeutet „Kampf", „Streit". Man braucht nur die Zeitungen aufzuschlagen oder sich im Fernsehen fünf Minuten Nachrichten anzusehen; was wird einem gezeigt? Natürlich schlechte Neuigkeiten.

Aber welche Art schlechter Nachrichten? Es sind Neuigkeiten über das, was in der ganzen Welt passiert. Das ist nicht nur heute so. Es geht schon seit langer Zeit in diese Richtung. Es gibt viele Kriege, viel Kampf, viele Gewalttaten. Vielleicht sind es heute mehr, vielleicht waren es auch mehr vor 50 Jahren, wir wissen es nicht so genau, wir erinnern uns nicht. Jedenfalls ist dies ein Zeichen des *Kali-Yuga*, dieser Streit, dieser Kampf. Und was ist die Ursache des Streits? – Es ist Selbstsucht.

Man kann auch sagen, dass das *Kali-Yuga* das Zeitalter der Selbstsucht ist. Wenn wir uns Ammas Aussagen anschauen, weist sie immer wieder auf diesen Punkt der Selbstsucht hin, wie unglücklich sie uns macht.

Die Gründe des Unglücklichseins

Für das Unglücklichsein gibt es viele Gründe. Alle von uns, ob wir Kinder sind oder Erwachsene, in welchem Alter wir uns auch immer befinden, manchmal sind wir glücklich, manchmal nicht. Wir wissen nicht genau, warum das so ist.

Wir wissen irgendwie, warum wir glücklich werden, aber wir wissen nicht, worin die Ursache für das Unglücklichsein besteht. Manchmal liegen die Gründe direkt auf der Hand. „Dieser Mensch hat das und das zu mir gesagt, diese Leute haben mir das und das angetan; oder ich habe mein Examen nicht bestanden"; oder irgendein anderer offensichtlicher Grund. Doch gibt es andere Gründe, die mehr von subtiler Natur sind; sie sind nicht sichtbar. Wir wissen nicht, was sie sind. Man könnte sagen, sie sind das Ergebnis vergangenen *Karmas*. Vielleicht sind es die *Karmas* (Handlungen) unser früheren Geburten. Wir fühlen uns einfach nicht gut, wir fühlen uns elend. Also sollten wir versuchen, zu verstehen, was uns so unglücklich macht. Das ist Teil der menschlichen Intelligenz, nach den Ursachen der Dinge zu forschen.

Amma sagt es, und die Schriften sagen es ebenfalls, dass es verschiedene Arten von Ursachen gibt. Es gibt erstens die unmittelbare Ursache. Dann gibt es zweitens die Hauptursache, die einen anderen Charakter hat und über den wir sprechen werden. Es gibt drittens den Primärgrund, der selbst der Grund für die Hauptursache ist.

Nehmen wir ein Beispiel, das Beispiel von Ebenezer Scroge[8], gerade weil heute Weihnachten ist. Wir werden über ihn sprechen. Weiß jeder, wer dies ist? Nun, für diejenigen, die es nicht wissen: Er war ein äußerst selbstsüchtiger Mensch. Ich weiß nicht, ob er eine reale Person war, doch Individuen seiner Art existieren ohne Zweifel. Er war überaus egoistisch und glaubte, wie es so viele Menschen tun, dass man glücklich wird, wenn man sich egoistisch verhält. Das ist die menschliche Natur. Viele Leute handeln so, auf irgendeine Art; vielleicht nicht in dem Ausmaß, wie Scroge es getan hat. Wenn man nun aber glaubt, dass man durch Egozentrik

---

[8] Eine Romanfigur aus der „Weihnachtsgeschichte" von Charles Dickens

glücklich wird, was geschieht dann? Nicht nur befindet man sich selbst in einem Zustand des Elends; auch diejenigen, die einen kennen, fühlen sich miserabel. So war es im Falle von Scroge. Es war so etwas wie eine ansteckende Krankheit. Er mag den Grund dafür nicht gewusst haben. Das ist das Seltsame bei der Selbstsucht: dass die selbstsüchtigen Leute unglücklich werden und zumeist nicht die geringste Idee haben, woher ihr Elend rührt. Sie sind sich nicht einmal ihrer Egozentrik bewusst - der Tatsache, dass ihr Leben auf Selbstsucht gegründet ist.

Was ist also in diesem Beispiel die Ursache für das Unglücklichsein? Es ist Egomanie, Selbstsucht. Vielleicht besteht die sekundäre Ursache in seinen Lebensumständen. Der Hauptgrund aber ist: Jeder hasst ihn, und daran leidet er. Es gibt jedoch einen subtileren Grund; und worin besteht er? Was ist die Ursache für Selbstsucht? Wir kommen nun der Wahrheit langsam näher.

Im *Vedanta* heißt es, die Ursache für Selbstsucht sei *Ajnana*, was Nicht-Erkenntnis bedeutet, es ist also das Gegenteil von Erkenntnis. *Ajnana* ist eine höchst reale Sache, eine weitaus realere als etwa dieser Tisch. Tatsächlich ist es die Ursache des gesamten Universums. Es ist die Macht, die uns vergessen lässt, dass wir Geist sind, dass wir Bewusstheit sind, dass wir *Sat-chit-ananda* (Sein-Bewusstsein-Glückseligkeit) sind. Es lässt uns stattdessen empfinden, Gemüt und Leib seien unser wahres Selbst. Alle von uns schlafen ganz fest in diesem Unwissenheits-Traum, jeder, der hier sitzt.

Amma sagt, dass wir selbst innerhalb der Unwissenheit – wir wollen sie *Maya* nennen; es lässt sich leichter aussprechen und behalten – inmitten dieser Illusion, dass Leib und Gemüt unser Körper sind, den Drang verspüren, unser wahres Selbst zu erfahren. Von diesem Drang können wir nicht loskommen.

Wenn ich einen von euch frage: „Wollt ihr das Selbst verwirklichen?", so werden viele antworten: „Nein, ich bin nicht interessiert. Ich habe meine eigenen Probleme. Ich mag einfach nur *Bhajans*, ich mag Ammas *Darshan*, das indische Essen, das es nach dem *Satsang* gibt, aber ich bin nicht besonders interessiert daran, das Selbst zu verwirklichen. Was ist das überhaupt? Nein, deshalb bin ich nicht gekommen." Einige Leute wollen natürlich Selbstverwirklichung *(Atma-Sakshatkara)* erreichen.

Alle sind Sat-chit-ananda

Amma betont jedoch, dass eigentlich jeder daran interessiert ist, das Selbst zu erfahren. Warum? Weil das Selbst *Sat-chit-ananda* ist. Jeder möchte leben. Niemand will sterben, sondern für immer existieren. Darin bekundet sich das Verlangen nach *Sat* oder dem ewigen Sein, welches die Natur des *Atman* ist. Wenn wir den Körper verlassen, was allen von uns eines Tages widerfahren wird, existieren wir weiter, obwohl der Körper zurückbleibt. Wir werden weiterhin da sein, das Bewusstsein wird noch da sein, Leben wird noch da sein. Das ist also das Verlangen nach *Sat*.

Außerdem ist da *Chit*. Es bedeutet Gewahrsein, Bewusstheit, Einsicht, Erkenntnis. Jeder will so viel wie nur möglich wissen. Keiner will im Zustand der Ignoranz verbleiben. Niemand will sich mit einer beschränkten Erkenntnis begnügen; niemand will über irgendetwas im Unklaren sein. Vielmehr will man vollständig unterrichtet sein. Das ist der Wunsch nach *Chit*, nach Bewusstheit und Erkenntnis.

Schließlich *Ananda*. Jeder weiß, was das ist: Glückseligkeit. Jeder möchte glücklich sein. Man kann nicht einmal für einen Augenblick aufhören, glücklich sein zu wollen. Vielleicht macht es mich glücklich, an meinem Ohr zu kratzen, vielleicht macht mich Gähnen glücklich oder Sprechen,

Zuhören, Essen, Schlafen, Gehen, etc. Es dient alles nur dazu, Freude zu erfahren. Uns selbst zum Trotz wollen wir also gleichwohl *Sat-chit-ananda* sein. Wir sind Es. Doch wissen wir es nicht, da wir nicht die Bedingungen erfüllen uns selbst als den *Atman* zu erfahren. Wir streben in anderer Weise danach. Zum Beispiel versuchen wir, gesund zu bleiben Wir tun alles, um unseren Körper so gesund wie möglich zu erhalten. Wir sind bereit, dafür alles zu tun. Wir gehen bis zum Äußersten, um nicht sterben zu müssen: Das tun wir also für *Sat.*

Wir studieren, lernen und tun alles, um gut unterrichtet zu sein: Das tun wir für *Chit.*

Und ebenfalls unterliegt es keinem Zweifel, dass wir alles tun, um unser ganzes Leben glücklich zu sein; wir verbringen alle unsere Zeit in dem Streben nach Freude: Das tun wir für *Ananda.*

Wir versuchen also sehr wohl, uns zu verwirklichen, aber mit begrenzten Mitteln. Es ist wahr, dass wir ein gewisses Ausmaß an Glück und ein gewisses Ausmaß an Erfolg durch diese Mittel erreichen können. Wir vermögen durchaus, uns durch unsere Sinne und den Intellekt Freude zu verschaffen. Bis zu einem bestimmten Punkt können wir Zufriedenheit und Erfolg durch solche Dinge erlangen. Doch wenn wir alles erfahren haben, was es zu erfahren gibt, dann kommen wir an einen Punkt, wo wir feststellen, dass nichts von alledem, was wir tun, uns vollkommen zufrieden stellen kann. Dies gilt für alle lebendigen Wesen. Das Feuer des Glücklichsein-Wollens kann nicht ausgetreten werden.

Immer noch fühlen wir uns ruhelos, immer noch fühlen wir einen Mangel, immer noch fehlt uns etwas. Vielleicht glauben wir, es sei hier oder dort, an welchem Ort auch immer, aber wir können es nirgends finden. An diesem Punkt setzt Spiritualität an. Christus sagt in der Bibel: „Seid vollkommen, wie euer Vater im Himmel vollkommen ist."

Er meint eigentlich nicht „vollkommen werden". Der *Atman* ist bereits vollkommen, er ist vollkommene Wonne, vollkommenes Leben. Er will vielmehr sagen, dass wir es verwirklichen, erfahren sollen.

Direkte Erfahrung ist Wahre Spiritualität

Diese Erfahrung ist es, worum sich im geistigen Leben alles dreht; sie ist es, worauf alle Mystik gerichtet ist. Im Hinduismus nennt man es *Samadhi*. Es bedeutet die direkte Erfahrung der Essenz *(Svarupa)*, die Verwirklichung der eigenen Natur als des *Atman*. Dieser ist verschieden vom Körper; er ist dasjenige, was den Leib beseelt, was ihn sich bewegen lässt. Ist man am Leben, kann man sich umherbewegen, selbst wenn man zwei oder drei Zentner wiegt. Ohne Schwierigkeit ist man in der Lage, zu gehen und sich zu bewegen; man kann seinen Körper überall hintragen. Wenn man aber den Körper verlassen hat, braucht es sechs Leute, um jenen Klumpen Fleisch hochzuheben. Was ist es also, was den Leib bewegt, was ihn hochhebt, was das Gemüt agieren lässt? Es ist das Selbst, der *Atman*. Ihn müssen wir erfahren, um diese vollkommene Wonne zu erleben. Damit das gelingen kann, haben wir zuerst die Bedingungen zu erfüllen; dann können wir die mystische Vereinigung mit Gott erreichen. Alle Traditionen weisen auf ein und dieselbe Sache hin. Sie verwenden nur unterschiedliche Begriffe.

Einer der *Rishis* sagt im *Veda*: „Ich habe dieses Große Wesen strahlenden Lichtes gesehen, jenseits aller Dunkelheit, und wenn auch du diese Wahrheit geworden bist, wirst du durch das Tor der Unsterblichkeit gehen."

Die Bedeutung ist, dass wir den Tod transzendieren, wenn wir die direkte Erfahrung des *Atman*, die Vision Gottes haben. Doch muss es tatsächlich ein unmittelbares Erlebnis sein. Wenn jemand euch kneift, dann ist das eine direkte Erfahrung für euren Körper und euer Nervensystem. Darüber nachzudenken, wie es sein mag, wenn einen jemand kneift, ist nicht dasselbe, als wenn man wirklich gekniffen wird. Ebenso ist das Reden über Gott und den *Atman* nicht dasselbe wie das Selbst authentisch zu erfahren, wodurch alle Dunkelheit *Mayas* weggeblasen wird, wodurch wir unseres wahren Wesens gewahr werden. Christus sagt dasselbe: „Und ihr sollt die Wahrheit kennen, und die Wahrheit soll euch freimachen." Frei von was? Frei von *Agnyana*, frei von der Identifikation mit dem, was nicht unser wahres Selbst ist, nämlich Körper und Gemüt. *Dharma* ist der Weg dorthin.

Wie wissen wir denn, was der Weg ist? Es gibt so viele Bücher. Jede Überlieferung besitzt ihre heilige Schrift. Die Christen haben die Bibel; die Juden haben das Alte Testament, die Hindus haben die *Veden*, die *Puranas* und die *Itihasas* (Epen), die Moslems haben den Koran und die Buddhisten den *Dhammapada*. Jeder hat seine eigenen heiligen Bücher, seine eigenen *Shastras*. Was besagen die *Shastras*? Sie sprechen von nichts anderem, als davon, wie es zu erfahren ist, wie man die Wirklichkeit Gottes oder den *Atman* erkennen kann. Das ist zwar gut, und trotzdem ist es ist nur Wissen aus zweiter Hand.

Mahatmas erscheinen, um der Menschheit den Weg zu Gott zu zeigen

Amma sagt, dass aus göttlicher Barmherzigkeit regelmäßig *Mahatmas* in diese Welt hineingeboren werden - selbst in diese moderne Welt mit allen ihren Maschinen, ihren wissenschaftlichen Erfindungen und ihrer Intellektualisierung.

Sie werden hier geboren, um von der Realität des *Atman*, d.h. des Göttlichen und der Realität des *Sadhana*, der spirituellen Praxis, Zeugnis abzulegen. Und ebenso wie Selbstsucht die dominierende Eigenschaft von Menschen ist, die im *Kali*-

Yuga leben, wozu auch wir gehören, so ist andererseits Selbstlosigkeit das Kennzeichen der *Mahatmas*.

Wenn man auf ihr Leben blickt, so zeigt sich, dass es von Anfang bis Ende ein selbstloses Sichverströmen ist. In Indien zum Beispiel gab es große Wesen wie *Shri Rama und Shri Krishna*, die vor Jahrtausenden lebten, doch von damals bis auf den heutigen Tag wurden tausende von Menschen, ja Hunderttausende, sogar Millionen Menschen selbst zu Heiligen, einfach indem sie an sie dachten, indem sie von ihren Lebensbeschreibungen hörten, indem sie sie nachzuahmen und ihre Eigenschaften in sich aufzunehmen versuchten. Solche frommen Verehrer wurden befreit aus diesem endlosen Kreislauf des Sterbens und Geboren werdens, in welchem man ständig nach Glück sucht, ohne es je zu erlangen. Sie erlebten *Atmananda*, die Wonne des Selbst.

Einfach dadurch, dass sie sich an *Rama* oder *Krishna* erinnerten, wurden sie selbst über die menschliche Ebene erhoben. *Rama* und *Krishna* kamen für eine bestimmte Aufgabe, sie kannten den Zweck ihres Hierseins und lebten dementsprechend. Wir hingegen haben nicht die geringste Idee, wo wir herkommen und wo wir hingehen; wir wissen nicht einmal, warum wir überhaupt geboren wurden. Wir wissen überhaupt nichts, wir wissen nur, dass wir glücklich sein wollen, das ist alles. Amma weiß genau, wieso sie hier ist, was ihre Aufgabe ist, wo sie hingeht, und wie sie erreicht, was sie sich vorgenommen hat: ein Beispiel zu geben für die Menschen der heutigen Zeit, damit sie erkennen können, dass es eine Möglichkeit gibt, jederzeit glückselig, jederzeit freudvoll und jederzeit voller innerer Harmonie zu sein.

Die Begebenheiten im Leben *Ramas*, *Krishnas* und *Christi* sind nicht lediglich erfundene Geschichten.

Die Tradition lebt weiter: Heute haben wir Amma, das ist etwas, wovon wir Kenntnis haben. Aber wisst ihr, das moderne Zeitalter übt einen starken Einfluss auf uns aus - so sehr, dass diese Göttlichen Wesen uns unwirklich anmuten. Sie können unmöglich existiert haben... Gibt es einen Gott? Wer weiß das schon? Was ist dann erst mit *Avataren*? Ich will daher ein wenig vorlesen, was Amma zu diesem Thema sagt:

„*Gott ist allmächtig, warum zweifelst du dann daran, dass er eine Gestalt annehmen und auf die Erde herabsteigen kann, um der Menschheit zu dienen und Frieden und Dharma wieder herzustellen? Gott ist formlos, kann jedoch zu jeder Zeit jede Form annehmen, die er wünscht. Um sein Líla als menschliches Wesen aufführen zu können, nimmt er eine Form an. Er wird sich genau wie ein Mensch verhalten, doch im Innern niemals seine wirkliche Identität vergessen. Shri Rama war eine Inkarnation von Vishnu-Narayana*[9] *Trotzdem, vergoss er nicht auch Tränen, als Síta von R avana geraubt wurde? Shri Krishna wurde durch einen Pfeil getötet, der von einem Jäger geschossen wurde, nicht wahr? Was ist mit Jesus? Wurde er nicht gefoltert und litt er nicht wie ein gewöhnlicher Mensch? Sie waren alle Avatare, aber als sie eine menschliche Form annahmen, wollten sie alles erfahren, was ein menschliches Wesen erlebt. Darin besteht ihre Größe, dass sie sich dafür entschieden, wie ein sterbliches Wesen zu leiden, obwohl sie sich ihrer Göttlichkeit völlig bewusst waren. Dies ist die größte, wunderbarste Entsagung, die ein Mahatma vollbringen kann. Für das Wohlergehen anderer nimmt er die Leiden aus eigenem Willen auf sich. Darüber hinaus kann man einen deutlichen Unterschied erkennen zwischen einem Menschen, der durch Sadhana Befreiung erlangt hat und einer Person, die göttlich geboren wurde. Ein Avatar führt tausende Menschen über den Ozean der Wiedergeburten.*

---

[9] Die alldurchdringende Gottheit als Wohnstatt aller Wesen.

Er ist ein riesiges Schiff, das tausende von Passagieren tragen kann. Ein Mensch, der durch Sadhana Befreiung erreicht hat, vermag das nicht. Ein Avatar kommt herab mit all seinen göttlichen Kräften, die er in großem Umfang offenbart. Er ist sich seiner göttlichen Natur vom Augenblick seiner Geburt an bewusst. Selbst wenn er Sadhana betreibt, geschieht es nur, um für andere ein Beispiel zu geben. Er besitzt unendliche Stärke und unerschöpfliche Energie."

Das passt alles auch sehr gut auf unsere Amma, die über unglaubliche Energie verfügt. Das merkt jeder, der hinausblickt über das Offensichtliche, dass Amma um 9.30 in die Halle kommt, dann um 15.30 Uhr weggeht, um 19.30 Uhr wiederkommt und die Halle um 2.00 Uhr verlässt. Schon das ist ungewöhnlich, so viele Stunden sowohl vormittags als auch am Abend in sitzender Haltung zu verbringen, doch ist es nicht die ganze Geschichte über Amma, beileibe nicht. Sie ist die meiste Zeit des Tages und der Nacht beschäftigt und dient jedermann, der zu ihr kommt. Hier ist es nur *Darshan*, aber wo immer sie von hier aus hingeht, wo immer sie sich aufhält, sie ist mit den Menschen zusammen, die dort sind. Außerdem gibt es noch die vielen Briefe, die an die Devotees zu schreiben sind. Es ist eine unnterbrochene Vereinnahmung. In Indien kommen Zehntausende, um sie zu sehen. Dann mag sie wohl so um die acht bis zehn Stunden da sitzen und *Darshan* geben. Dann gibt es Devi Bhava, das Reisen. So geht es immer weiter, ohne dass sie Zeit für sich selbst hat. Das ist selbstlose Existenz, das ist die grenzenlose Energie, die ein großer *Mahatma* wie dieser besitzt.

Im Grunde lehren die *Mahatmas*, die hierhin kommen, um die Welt zu bessern, dasjenige, was in der *Bhagavad Gita* als *Yoga* bezeichnet wird. Sie lehren die Wissenschaft der Selbstverwirklichung.

Zum Beispiel gibt es *Karma Yoga*. Es ist der Versuch, sein Ego aufzugeben. Wir versuchen, selbstlos zu sein, wenn jemand uns bittet, etwas zu tun, anstatt das Gefühl zu haben, dass man uns unsere Zeit stiehlt oder uns belästigt. Wir müssen etwas opfern. Nehmt es als Gelegenheit, *Karma Yoga* zu praktizieren und dann diese Handlung als eure Art der Verehrung Gottes oder des Guru darzubringen. Erfreut den Guru, um seine Gnade zu erlangen. Wenn ihr das tut, wird euer Geist allmählich mit göttlichen Gedanken erfüllt; all die zerstreuten weltlichen Gedanken verschwinden. Der Geist wird still und friedvoll, und diese ist die richtige Verfassung, um das Selbst oder Gott wahrzunehmen. Christus sagt es so: „Was ihr dem geringsten meiner Brüder getan habt, das habt ihr mir getan." Dies bedeutet, dass der Dienst an der Menschheit ein Opfer an Gott darstellt.

Dann gibt es *Bhakti Yoga*. Die meisten Religionen befassen sich mit *Bhakti Yoga*. Es bedeutet, das falsche Ego in der wahren Realität, die sich in jedem von uns befindet, also in Gott, dem *Atman* aufzulösen. Es geschieht durch Liebe oder durch verschiedene hingebungsvolle Praktiken. Christus drückt es so aus: „Du sollst den Herrn, deinen Gott lieben mit all deinem Herzen, mit all deiner Seele, mit all deiner Vernunft." Also nicht nur, wenn man eine *Puja* macht, nicht nur, wenn man *Bhajans* singt, nicht nur, wenn man zum *Satsang* kommt, nicht nur, wenn man zu Ammas Darshan geht, sondern das ganze Gemüt, das ganze Herz, alles sollte einzig von dem Gedanken an Gott und an den Guru erfüllt sein. Kein anderer Gedanke! Stellt euch das vor. Das ist Hingabe. Das ist wirkliche *Bhakti*, wenn man an nichts anderes denkt und das Gemüt wie ein Strom in den Ozean Gottes fließt. Das ist die Frucht von lang anhaltendem *Sadhana*. Danach streben wir. Jedes kleine Bisschen hilft etwas, wie *Krishna* in der Gita sagt. Seid nicht verschreckt von dem Gedanken, dass alle Gedanken verschwinden müssen und nur ein einziger bleiben darf. Es ist möglich. Jeder Schritt vorwärts ist ein Schritt weiter zum Ziel. Versucht es.

Außerdem gibt es *Jnana* Yoga. Er besteht darin, der Unwirklichkeit zu entsagen. Auch wenn Christus viel über *Bhakti* spricht, so äußert er sich doch auch in gleicher Weise über *Jnyana Yoga*. Er sagt: *„Sammelt euch Schätze im Himmel an, wo sie weder durch Motten noch Rost verderben, und auch keine Diebe einbrechen und stehlen."* Was heißt das? Bedeutet es, wir sollen all unser Geld nach *Brahmaloka*, nach *Vaikuntha* oder zum *Kailas* überweisen? „*Bhagavan*, bitte bewahre mein Geld sicher auf, bis ich komme!"

Habt ihr noch die Geschichte im Kopf, die wir neulich über den wohlhabenden Mann erzählten, der glaubte, sein Reichtum würde ihn für immer begleiten. Sein Guru kam zu ihm und gab ihm eine Nadel. Erinnert ihr euch? Er gab sie ihm und sagte: „Bewahre sie für mich auf, ich hole sie mir in der anderen Welt." Darauf nahm der Mann die Nadel an sich, doch seine Frau sprach zu ihm: „Was für ein Narr du doch bist, was willst du denn mit der Nadel?" „Was meinst du?" „Hast du nicht nachgedacht? Verstehst du denn nicht, was er gesagt hat? Willst du die Nadel etwa mitnehmen, wenn du stirbst? Alles bleibt hier: die Nadel ebenso wie das Haus, dein Körper, das Geld und alles. Nur dein *Karma* kannst du mitnehmen."

Da erkannte er, dass seine Anhaftung an den Reichtum ein Hindernis für ihn war; das hatte ihm sein Guru durch die Nadel zu verstehen gegeben. Das ist es, wovon Christus hier spricht, wenn er sagt: „Sammelt eure Schätze im Himmel." Es sind die guten Handlungen gemeint. Sie kommen mit euch, wenn ihr sterbt, sonst nichts. Wie wir eben zu sagen pflegen:

Man kann es nicht mitnehmen. Aber in diesem Falle kann man es. Wie macht man das? Angenommen, ihr habt jede

Menge Gold, Tonnen von Gold und es ist sehr schwer. Ich will es nicht mit mir herumschleppen, ich fahre nach New York; wie viel Koffer hätte ich da zu tragen! Was soll ich tun, wenn ich das ganze Gold mit nach New York nehmen will? Es in einen Bankscheck eintauschen! Dann kann ich ihn alles mir nehmen. Was wir besitzen, mag es nun Reichtum sein, Gesundheit oder Besitz, wir können es umtauschen in etwas, das nicht verschwindet. Dies sind gute Handlungen. Wenn wir geben, anstatt zu nehmen, dann bedeutet das, wir wechseln unser Vermögen ein und das ist es, was mit uns geht. Wenn wir den Körper verlassen, wird es sehr wertvoll sein.

Die Worte Christi

Wir wollen ein wenig von den Worten Christi lesen. Selbst heute, nach 2000 Jahren, sind sie angefüllt mit spiritueller Energie und Kraft. Das ist der Grund, warum er so verehrt wird, nicht nur, weil er so viele Wunder vollbracht hat: Wunder sind keine so große Sache. Jeder, der *Tapas* macht, kann die Fähigkeit dazu erlangen, das ist es nicht. Seine Worte entstammen der Verwirklichung, sie entstammen der Wirklichkeit des Selbst oder Gottes. Selbst jetzt nach so vielen Jahren, so vielen Übersetzungen und all den verschiedenen Schülern, die sie auf unterschiedliche Weise auffassten, sind sie gleichwohl überaus inspirierend – die Worte einer Seele, die Gott realisiert hat. Wir werden ein wenig davon lesen. Er spricht vom mosaischen Gesetz. Moses ist der Gesetzgeber der Juden und Christus war auch ein Jude. Moses sagt, wenn jemand einem anderen Menschen das Auge ausschlägt, so muss er mit seinem eigenen Auge bezahlen. Wenn ein Zahn ausgeschlagen wird, dann schlage man dem, der es getan hat, ebenfalls den Zahn aus. Das ist das Gesetz. Zahle es ihm mit gleicher Münze heim.

„*Ich aber sage euch, widersteht der Gewalt nicht. Wenn du auf die eine Wange geschlagen wirst, so halte die andere Wange hin. Wenn du vor Gericht zitiert wirst und man dir dein Hemd wegnimmt, dann gebe auch deine Jacke dazu. Wer dich nötigt, mit ihm eine Meile weit zu gehen, mit dem gehe zwei Meilen. Gib dem, der dich bittet, und wende dich nicht ab von dem, der bei dir borgen will.*"

Jedes Wort, das er äußert, deutet hin auf jenen Zustand des Seins, auf dieses selbstlose Wesen, Gott oder auf den *Atman*, anstatt das selbstsüchtige Ego zu sein, das alle diese anderen Eigenschaften der Rachsucht, des Nehmens und Verlangens besitzt. Fasst einfach das, was er sagt, als einen Hinweis auf das Göttliche auf, anstatt auf das Ego.

„*Es gibt ein Sprichwort, das sagt; ‚Liebet eure Freunde und hasst eure Feinde.' Ich aber sage euch, liebet eure Feinde. Betet für diejenigen, die euch verfolgen, und ihr werdet als wahre Söhne Gottes handeln. Denn er gibt das Sonnenlicht sowohl den Bösen wie den Guten, er sendet den Regen den Gerechten wie den Ungerechten. Wenn ihr nur diejenigen liebt, die euch lieben, was ist gut daran? Auch die Schurken tun das. Wenn ihr nur freundlich zu euren Freunden seid, wo unterscheidet ihr euch da von anderen? Doch ihr seid vollkommen. Ihr sollt vollkommen sein, so wie euer Vater im Himmel vollkommen ist.*"

Seid nicht so wie der gewöhnliche unwissende Mensch, der das „Fressen und Gefressen-Werden" beherzigt, der sich überhaupt nicht um *Dharma* kümmert! Das ist es, was Christus sagt. Seid fromm, seid göttlich. Wenn jemand etwas von euch will, gebt es ihm. Liebt nicht nur eure Verwandten und Freunde, liebt jedermann, so wie Amma. Es ist einzigartig, dass wir ein lebendiges Wesen um uns haben, eine gottverwirklichte Seele, die wir sehen können; sie ist die Verkörperung dieser Lehren. Bei allem, was wir lesen, denkt einfach in Begriffen Ammas. Betet für eure Feinde. Liebt eure Feinde. Genau das tat sie. Ihr eigener Cousin kam, um sie zu töten, stach mit dem Messer auf ihre Brust ein. Er brach zusammen, und was tat sie am nächsten Tag? Sie besuchte ihn im Krankenhaus. Er lag im Sterben, keiner wusste warum. Er erbrach Blut, seitdem er versucht hatte, sie zu töten. Was tat sie? Was hättet ihr getan, wenn jemand kommen und versuchen würde, euch umzubringen, einfach nur, weil er euch nicht leiden konnte? Ihr würdet ihm niemals vergeben. Die meisten von uns würden ihm niemals verzeihen, wir würden ihn nie mehr sehen wollen.

Was tat Amma? Am nächsten Tag geht sie ihn im Hospital besuchen und streichelt ihm die Brust, reibt seine Stirn ab; sie hat für ihn etwas gekocht, was er gerne mag und füttert ihn mit ihren eigenen Händen. Was passiert? Er bricht in Tränen aus; er begreift, das *Maya* sein Gemüt umwölkt hat. Trotzdem starb er, denn man kann sich solche Dinge gegenüber einer gottverwirklichten Seele nicht erlauben, ohne Rückwirkung irgendeiner Art befürchten zu müssen.

Geistiger Reichtum ist der wirkliche Schatz

„Hortet keine Schätze hier auf Erden, wo sie verderben oder von Dieben gestohlen werden können. Hortet sie im Himmel, wo sie niemals ihren Wert verlieren und vor Dieben sicher sind. Wenn euer Gewinn im Himmel ist, so wird es euer Herz auch sein."

Es gibt verschiedene Möglichkeiten, die Lehren Christi aufzufassen, ebenso wie es unterschiedliche Arten gibt, Ammas Aussagen zu deuten. Man kann sie vom oberflächlichen oder religiösen Gesichtspunkt betrachten, dies ist ein Weg. Religion hat ihren Wert. Dann gibt es die spirituelle

Dimension. Es ist richtig, dass es einen Himmel gibt und dass gute Menschen dort hingehen. Doch das ist es nicht, wovon er spricht. Er spricht vielmehr davon, Losgelöstheit gegenüber weltlichen Dingen zu wahren. Wir können sie gebrauchen, wir müssen es sogar. Jeder braucht Geld und Besitz. Aber es gilt, sich nicht um sie zu sorgen; dies ist nicht der Sinn des Daseins. Man sollte darüber nicht so viel Aufhebens machen.

Man mag ein sehr religiöser Mensch sein, aber wenn man sich zum Meditieren hinsetzt und sich nicht konzentrieren kann, seinen Geist nicht beruhigen kann, so bedeutet das, dass man kein spiritueller Mensch ist. Ich mag an Gott glauben, ich habe Vertrauen in Amma, mache *Pujas*, meditiere, singe *Bhajans*, führe *Archanas* aus und mache viele andere Dinge, doch wenn ich zu meditieren versuche, vermag ich mein Gemüt auch nicht für einen Augenblick zur Ruhe zu bringen. Das heißt, selbst wenn man religiös ist, so ist man noch lange nicht spirituell.

Denn was ist es letztlich, was das Gemüt wandern lässt? Es ist Materialismus. Er entsteht, wenn das Gemüt voller Anhaftung ist. Die ganze Zeit ist es von materiellen Dingen in Beschlag genommen; daher findet es keine Ruhe. An physische Dinge zu denken kann das Gemüt niemals zum Stillstand bringen, so wird es nur immer unruhiger. Der einzige Weg, es still werden zu lassen, besteht darin, sich von all diesen Dingen loszulösen und die Regungslosigkeit im Inneren zu erreichen. Das meint er also, wenn er sagt: „Wenn euer Gewinn sich im Himmel befindet, so wird euer Herz auch da sein." Wo immer euer Gemüt ist, da ist auch euer Herz. Wenn also der innere Sinn andauernd von Gegenständen eingenommen ist, kann man nicht von Hingabe an Gott reden. Es ist nur eine partielle, keine rückhaltlose Hingabe. Ein Teil eurer Hingabe bezieht sich dann auf weltliche Dinge. Der andere Teil mag auf Amma oder auf Gott gerichtet sein. Jedes Wort von ihm geht in diese Richtung, absolut jedes! Ich bin erstaunt, wie viele Menschen, selbst solche, die Christen sind, niemals die Worte Christi gelesen haben. Er ist eine der großen Seelen innerhalb der Weltgeschichte.

Die Reinheit des Gemüts lässt das innere Licht strahlen

„Wenn dein Auge rein ist, wird Sonnenschein in deiner Seele sein. Wenn aber dein Auge von bösen Gedanken umwölkt ist, befindest du dich in tiefer geistiger Dunkelheit; und wie tief diese Dunkelheit sein kann."

Wenn also das Auge – natürlich nicht das physische sondern das geistige Auge – klar ist, wenn das Gemüt klar ist und man keine negativen Gedanken hat, dann sieht man überall nur Licht. Man erblickt die Gegenwart Gottes, das Licht des Bewusstseins, das überall vorhanden ist. Wenn aber das Gemüt voller negativer Gedanken ist, befindet es sich in Dunkelheit und man kann das Licht nicht erkennen. Nichts anderes als eure Gedanken sind das Hindernis für dieses göttliche Licht. Wenn ihr euch bemüht, ist es nicht unmöglich, es zu sehen. Wir sollten nicht denken: „Was kann ich schon tun. Mein Gemüt ist ein großes Durcheinander. Es kann nicht gebessert werden." So ist es aber nicht. Wir sind es, die aus dem Gemüt ein Durcheinander machen, und sind es ebenfalls wir, die es reinigen.

Das ist es, was Amma sagt. Der Guru kann es nicht für einen machen. Er kann einem Unterweisungen geben, er kann einem sozusagen zeigen, wie das Haus zu säubern ist; doch wird er nicht kommen, und es für einen reinigen. Wer hat das Durcheinander geschaffen? Wir waren es; also haben wir das Haus auch sauber zu machen. Man kann keinen Diener anstellen, der das für einen erledigt. Dieses Haus liegt innen und nicht außen.

„Man kann nicht zwei Herren dienen, Gott und dem Mammon. Man wird nämlich entweder den einen hassen und den anderen lieben oder umgekehrt."

Christus sagt nicht, man dürfe kein Geld besitzen und dass man entweder nur das eine oder das andere haben könnte, das ist nicht der Punkt. Doch wenn man Gott als eine Realität erfahren will, nicht nur darüber lesen und ein wenig hiervon und davon machen will, wenn es einem tatsächlich um die Verwirklichung des Herrn geht, bedarf es eines hundertprozentigen Einsatzes. Wenn aber das Gemüt mit materiellen Dingen beschäftigt ist, dann ist es nicht möglich, es in den Winkel eures Wesens zurückzuziehen, wo Gott sich befindet. Andernfalls müsst ihr euch mit einer teilweisen Erfahrung zufrieden geben, das ist alles.

Hingabe an den Willen des Herrn

„Also lautet mein Rat: Sorgt euch nicht um Gegenstände, um Speis, Trank und Kleidung. Denn das Leben und den Leib habt ihr schon, und sie sind weitaus wichtiger als Nahrung und Kleidung."

Zu wem spricht er hier? Wenn auch die Bibel für jedermann geschrieben ist, so spricht er doch in erster Linie zu seinen Jüngern. Tatsächlich ist es genau das, was sich ereignete. Er wanderte umher, ging an viele Orte, vollbrachte mehrere Wunder, heilte Menschen von ihren Krankheiten, brachte sie zurück zum Leben; er tat sehr viele Dinge. Er gönnte sich nicht eine Minute Rast, genau wie Amma. Immer aktiv, immer selbstlos – so gab er sein Leben, um den Menschen Erleichterung zu verschaffen und sie zu inspirieren. Doch hatte er diese 12 Jünger bei sich und sie folgten ihm überallhin. Die Öffentlichkeit umringte ihn ebenfalls. Es waren hunderte, ja tausende Menschen, die ihm folgten. Was wollen sie? 95 % wollen Essen, Trinken und Kleidung; sie wollen von ihren Krankheiten befreit werden, einen Beruf haben, dieses und jenes. Das ist in Ordnung, jeder braucht das.

Aber wenn er wirklich von dem sprechen will, wonach ihm der Sinn steht, wenn er wirklich inspirieren will, dann sagt er: „Kommt, lasst uns auf den Hügel gehen und reden." Auf diese Weise rief er diese 12 Menschen und sie gingen auf den Hügel; an sie wandte er sich. Wenn man nämlich auf solche Weise mit Menschen spricht, die am spirituellen Leben überhaupt nicht interessiert sind, was passiert dann? Vom ersten Wort an nehmen sie eine ablehnende Haltung ein. „Wie kannst du dies behaupten, wie kannst du jenes behaupten. Brauchen wir nicht eher Geld, Nahrung und Kleidung, usw.?" Also redet er nicht zu allen, sondern zu denjenigen, die es wirklich ernst meinen mit dem geistigen Leben. Das heißt, sie sind der anderen Sachen überdrüssig geworden. Sie hatten soviel Geld, wie sie wollten, so viel Nahrung, wie sie wollten und trotzdem konnte sie das alles nicht zufrieden stellen. Sie besaßen alle Spielzeuge, die sie wollten. Nun suchen sie nach etwas Tieferem. Von jener Art waren die Jünger und er wusste es. Er ging einfach die Straße entlang und sagte: „*Folgt mir! Ihr seid Fischer? Ich mache euch zu Menschenfischern.*" Genau wie Amma; sie ist auch die Tochter eines Fischers, nicht wahr?

Sie fängt die menschlichen Wesen, schneidet sie in Stücke, brät sie, verschluckt sie, verdaut sie, macht sie eins mit sich selbst. - Sie nimmt sie in sich auf. Nun, das ist etwas anderes; aber zumindest lehrte er sie, Menschen zu fangen.

Das ist die wahre Sache; sie passierte vor 2000 Jahren, aber sie ereignet sich auch heute: Gott kommt auf diese Welt und will so viele Seelen wie nur möglich fangen, die im Ozean des Lebens und des Todes umherirren, auf und nieder, bald versinkend, bald schwimmend, immer wieder der Geburt und dem Sterben unterworfen. Er bildet eine Schar von Menschen heran, die hinausgehen und den Köder auswerfen. Das ist eine Realität – nicht etwas, dass nur vor 2000 Jahren geschah; auch heute passiert es. Was Christus tat, ist genau dasselbe wie das, was Amma tut. Dito! Es ist eine Kopie. Sorgt euch also nicht.

„*Schaut auf die Vögel des Himmels. Sie säen nicht, sie ernten nicht und sammeln nicht in Scheunen, denn euer himmlischer Vater ernährt sie. Seid ihr nicht mehr wert als sie? Wer aber von euch vermag mit seinen Sorgen seiner Lebenslänge eine einzige Elle hinzuzufügen? Und was sorget ihr euch wegen der Kleidung? Betrachtet die Lilien des Feldes, wie sie wachsen: sie arbeiten nicht und spinnen nicht. Ich aber sage euch: selbst Salomon in all seiner Pracht war nicht gekleidet wie eine von diesen. Wenn aber Gott das Gras des Feldes, das heute steht und morgen in den Ofen geworfen wird, so kleidet, wie viel mehr dann euch, ihr Kleingläubigen!*"

Macht euch also keine Sorgen um ausreichende Kleidung und Nahrung. Doch es gibt einen Haken. Man kann nicht sagen: „Ich werde überhaupt nichts tun. Ich werde mich an eine bestimmte Stelle setzen, und Gott wird mich ernähren; es wird schon alles gut gehen. Christus hat das gesagt und Amma bestätigt es. Warum zur Schule gehen? Wozu einen Beruf ergreifen? Ich kann zu Hause sitzen und den ganzen Tag fernsehen. Gott wird sich um mich kümmern." – Auf gar keinen Fall wird dies von irgendjemandem behauptet. Um wen kümmert sich Gott? Um denjenigen, der ihm den ersten Platz in seinem Leben gibt und sein Dasein nach seinem Willen richtet. Das bedeutet, wenn man so leben will, dass man nicht arbeiten und sich um seinen Lebensunterhalt kümmern muss, dann muss man sich vollständig in die Hände Gottes geben. Mit anderen Worten, man muss ein Heiliger werden. Dann wird Gott für einen sorgen. Andernfalls muss man für sich selbst sorgen. Wenn wir dazu bereit sind, schön und gut. Es gibt so viele, die es getan haben und niemand von ihnen hungerte, niemand von ihnen lief nackt herum, sie alle besaßen Kleider. Ja, Gott wird sich um einen kümmern, wenn man sich vollkommen um Gott kümmert. Wenn es weniger ist als „vollkommen", dann muss man für sich selbst sorgen.

Die Pforte zu Gott ist eng

„Richtet nicht, auf dass ihr nicht gerichtet werdet." „Der Himmel kann nur durch ein schmales Tor betreten werden. Die Straße zur Hölle ist breit, und ihr Tor ist weit geöffnet für alle, die den leichten Weg wählen. Doch das Tor zum göttlichen Leben ist klein und schmal. Die Straße ist eng und nur wenige finden sie."

Was bedeutet das? Was heißt hier „Himmel"? Wann immer Christus vom Himmel spricht, meint er göttliches Bewusstsein, das Gewahrwerden Gottes, *Samadhi*. Er sagt, der Weg sei sehr eng. Es bedeutet, dass man das Gemüt auf einen Punkt fokussieren muss; nicht ein Gedanke außer derjenige an Gott darf übrig bleiben, dann kann man durch das Tor hindurch schreiten und in den Himmel des göttlichen Bewusstseins gelangen. Es ist sehr eng, nur wenige Menschen finden es. Wo ist es? Man muss nicht das Flugzeug benutzen. Es ist in euch, nicht einmal in eurem Körper. Das Tor zum Himmel ist in eurem Gemüt. Der Himmel selbst, Gott selbst ist direkt in eurem Gemüt, aber das Tor ist so eng, weil ihr alle zerstreuten Gedanken, alle Energie sammeln und zu ihrer Quelle bringen müsst; dann wird das Tor sich öffnen und ihr werdet ein blendendes Licht sehen. Ihr geht nach innen und badet in diesem Licht, werdet eins mit der Wonne.

Doch das gilt nur für wenige Leute, die meisten bemühen sich nicht einmal darum. Die große Mehrheit benutzt die breite Hauptstrasse, die in die entgegengesetzte Richtung führt. Nicht dass jeder zur Hölle fahren würde. Davon ist nicht die Rede. Aber verglichen mit jener Wonne ist alles andere die Hölle. Alles andere ist nichts, wenn es mit jener überwältigenden Seligkeit der Gottverwirklichung verglichen wird.

Um also eine lange Geschichte kurz zu machen: Christus gab all diese Unterweisungen und überall, wo er hinkam, äußerte er sich auf ähnliche Weise. Man kann sich vorstellen, wie das von der Öffentlichkeit aufgenommen wurde. Die meisten Leute waren nicht besonders glücklich über das, was er sagte. Sie hielten ihn für einen Unruhestifter. Christus war zwar ein *Avatar*, wäre er in Indien geboren, so wäre er mit *Rama* und *Krishna* im selben Atemzug genannt worden, aber er wurde eben nicht dort geboren. Vielmehr unternahmen die Menschen seiner Zeit, die in keiner Weise begriffen, wer er wirklich war, den Versuch, ihn umzubringen; er wurde gefangen genommen und verurteilt; wegen was? Wegen nichts! Selbst derjenige, der die Regierungsgewalt innehatte, Pontius Pilatus, sagte: *„Ich kann nichts Unrechtes an ihm finden. Worin besteht das Verbrechen, das man ihm zur Last legt?"*

Doch die anderen Leute, welche sich durch alle diese spirituellen Lehren bedroht fühlten, die materialistischen Zeitgenossen, sie sagten: „Nein, nein, nein! Wir müssen ihn loswerden, egal wie." Schließlich sagte Pilatus: „Nun, ich will mit alldem nichts zu tun haben, ich wasche meine Hände in Unschuld." Also ergriffen sie ihn und er wurde getötet.

Jeder weiß, wie Christus getötet wurde: Er wurde gekreuzigt. Man nagelte ihn ans Kreuz. Das ist der Grund, wieso in den christlichen Kirchen ein Kreuz hängt. Es repräsentiert sein Opfer. Wieso war es ein Opfer? Er hatte die Macht, alles zu tun. Amma sagt, dass weder *Krishna* noch *Rama* oder Christus von irgendjemandem gegen ihren Willen getötet werden konnten. Niemand konnte sie berühren. Auch Ammas Cousin war ja dazu nicht in der Lage. Aber sie gebrauchten diese Macht nicht, denn sie wollten die völlige Hingabe an den göttlichen Willen unter Beweis stellen. Christus wollte ein Beispiel geben für jenen egolosen, selbstlosen Zustand, damit es ein Beispiel mehr gäbe. Dass es kein kleines Beispiel war, erkennt man daran, dass nahezu ein Drittel der Welt ihn als ein göttliches Wesen verehrt; durch ihn erfahren sie Geistesfrieden und werden zu einer Haltung der Hingabe inspiriert, ebenso wie Menschen *Krishna* und *Rama* als ihren Gott, als ihren *Avatar* betrachten. Somit ist es ein großes Beispiel.

Was geschah denn nun, nachdem er gestorben war? Er wurde von einem seiner Devotees in eine Höhle gelegt. Nach drei Tagen kamen seine nahen Verehrer dorthin und stellten fest, dass er nicht mehr da war. Er hatte gesagt: „*Ich werde diesen Tempel zerstören und in drei Tagen wieder aufbauen.*" Er meinte damit seinen Körper, welches der Tempel Gottes ist, denn der *Atman* erstrahlt in jedem Einzelnen. Niemand jedoch verstand die spirituelle Bedeutung dessen, was er sagte. Sein Leib war nach drei Tagen fort.

Das ist es, worauf die *Mahatmas* hinweisen, dass sie selbst dann, wenn sie den physischen Körper verlassen haben, sich nicht wie gewöhnliche menschliche Wesen verhalten, für die alles vorbei ist und die sich nun in der Verwirrung des Nachtod-Zustands befinden. Die göttlichen Seelen hingegen verkörperten sich nicht aufgrund ihres *Karmas* sondern aus freiem Willen, und sie verließen den Körper ebenfalls kraft eigener Entscheidung. Selbst nach dem Tode können sie bei uns sein. In ähnlicher Weise spricht auch Amma:

„Ich bin bei euch, Kinder, wo immer in diesem Universum ihr euch auch befinden möget, jetzt und immer. Selbst wenn ich gehe, so bin ich doch bei euch." Amma erfährt das Universum in ihrem eigenen Innern. Sie betrachtet sich nicht als einen physischen Körper, an den sie gebunden wäre. Den gesamten Kosmos nimmt sie als Blase in ihrem Selbst *(Antar-Atman)* wahr - ein „Außerhalb" gibt es für sie nicht. Christus sagte ähnliche Dinge und wir werden sie nun vorlesen. Er erschien den Jüngern, und sie waren verblüfft, schockiert. Zu dieser Zeit waren sie keine großen *Sadhakas*, sie waren ja nur für kurze Zeit bei ihm. Gleichwohl waren sie bedeutend, denn später folgten sie ihm nach, verinnerlichten seine Lehren und begaben sich an viele Orte, wo sie erfüllt vom Glauben an ihn predigten. Fast alle von ihnen wurden getötet, ebenso wie er selbst. So sagt er an einer bestimmten Stelle: *„Mir ist die Aufsicht über Himmel und Erde verliehen worden."* Das heißt, er ist eins mit Gott. *„Daher gehet hin und erwählt Jünger unter allen Völkern und lehret sie, alles zu befolgen, was ich euch gesagt habe. Und siehe, ich bin bei euch alle Tage bis ans Ende der Welt."*

Kassette Nr. 12

Christus, der Avatar

Für die meisten Leute ist Religion ein integraler Bestandteil ihrer Kultur. Sie werden in sie hineingeboren und praktizieren sie als Teil ihres täglichen Lebens. Dies gilt für die Mehrheit der Menschen. Für einen geistigen Sucher jedoch, für einen spirituellen Aspiranten, ist die Religion nicht nur ein Teil seines Lebens, nicht nur ein Bereich oder eine Abteilung. Sie ist eine Frage von Leben und Tod; sie gilt 24 Stunden am Tag lang. Ein solcher Mensch hat das Leben genau beobachtet und versucht, das Wirkliche vom Nicht-Wirklichen zu unterscheiden. Er hat herauszufinden versucht, wo unvergängliches Glück anzutreffen ist. Ein jeder möchte ja glücklich sein. Der eine will vielleicht Freude erleben durch einen Zeitvertreib oder ein Spielzeug, der andere durch Urlaub machen, eine geschäftliche Position oder irgendetwas anderes; am Ende aber wollen alle dasselbe: Glück. Unbestreitbar erfährt auch jeder ein gewisses Maß an Glück, doch bleibt es nicht bestehen, es dauert nicht an. Wir wollen das zwar, aber es verschwindet trotzdem. Was wir auch tun, es zerrinnt uns zwischen den Fingern. Wir meinen, wenn wir ein und dieselbe Sache immer wieder tun, oder andererseits verschiedene Dinge unternehmen, könnten wir dafür sorgen, dass es für immer so bleibt. Den Wunsch danach haben wir also - nicht jedoch die Mittel. Wenn man sich bis zu dieser Stufe der Einsicht in die Lebenszusammenhänge fortentwickelt hat, dann beginnt das spirituelle Leben, dann hinterlassen die Worte der *Mahatmas* eine nachhaltige Wirkung.

Was sagen sie denn? Man nehme irgendeine Religion, etwa das Christentum, den Hinduismus, den Buddhismus oder den

Islam; sie alle sagen, dass wirkliche Glückseligkeit in Gott, in der Gegenwart des Göttlichen zu finden ist, dass sie in einem selbst und nirgendwo sonst präsent ist. Doch gibt es nicht viele Menschen, die das erfahren. Dennoch glauben wir aufgrund des Vertrauens in die Worte der *Mahatmas*, dass es so sein muss. Wenn wir uns in der Gegenwart großer Persönlichkeiten wie Amma befinden, erfahren wir auch etwas davon; wir haben ein inneres Erlebnis dieser Wirklichkeit. Auf diese Art und Weise entwickelt sich Vertrauen.

Religion und Spiritualität sind verschieden

Ein Mensch mag sehr religiös sein; doch das bedeutet noch nicht, dass er auch spirituell ist. So viele Leute sagen: „Ich gehe in den Tempel, ich gehe in die Kirche und lese die Schriften, ich mache *Pujas*." Das ist jedoch nicht Spiritualität, es ist Religiosität. Ersteres bedeutet, wie bereits erwähnt, zwischen dem Ewigen und Nicht-Ewigen unterscheiden zu können, mit anderen Worten, Gottverwirklichung anzustreben. In der westlichen Kultur nennt man es Mystik. Es geht um das Streben nach direkter Gotteserfahrung, nach dem inneren Erlebnis der höchsten Glückseligkeit, nach dem Erlangen transzendentaler Erkenntnis, nach Ausweitung des eigenen Wesens, so dass es das ganze Universum umfasst; es geht um Selbstverwirklichung. Wenn wir diese Erfahrung zu erlangen versuchen, stellen wir fest, dass es nicht leicht ist. Wir können manches darüber lesen, darüber reden oder auch darüber nachdenken – doch ungeachtet aller unserer kümmerlichen Versuche sind wir unfähig, es zu erreichen.

Die größte Hilfe ist ein Avatar

Es wird gesagt, dass der Kontakt mit einer verwirklichten Seele die größte Hilfe auf dem Weg ist. Größer freilich noch als dies ist, wie Amma sagt, ein *Avatar*. (Wir sprachen darüber letzte Woche.) Ein *Avatar* ist ebenso ein Phänomen der Schöpfung Gottes, wie es Pflanzen, Menschen und Tiere sind - er gehört auch dazu. Er ist keine „Mutation". Solange es Menschen gibt, wird sich das Höchste Wesen auch inkarnieren. Ein *Avatar* ist jemand, der von der Ebene des Höchsten Bewusstseins in diese materielle Welt herabkommt und wie ein Mensch lebt und handelt. Warum soll das Allmächtige Wesen nicht als Mensch geboren werden und sich bewegen wie wir alle? Dessen ungeachtet bleibt es sozusagen ein Ozeanriese, der Tausende Menschen über das Meer der Geburten und Tode trägt. Solche Wesenheiten offenbaren ungeheuerliche, übermenschliche spirituelle Macht, sogar auf der physischen Ebene. Ihr Hauptanliegen ist, uns zu zeigen, wohin wir eigentlich gehören, wohin wir zu gehen haben, und uns auf den rechten Pfad zu führen – die meisten von uns wissen das nämlich nicht.

Wir wollen glücklich sein und tun alles Mögliche, um dies zu erreichen; das ist aber auch schon alles, was wir wissen. Wir haben keine Ahnung, in welche Richtung wir uns bewegen, ob wir das Richtige tun oder das Falsche. Tatsächlich wissen menschliche Wesen nicht sehr viel. Ein *Avatar* kommt also, um uns den Weg zu zeigen. Indem wir über ein solches Wesen meditieren, über sein Leben, seine Worte, erhalten wir ein praktisches Beispiel dafür, wie wir leben sollen. Wir alle kennen Amma und ihr Leben, wie viel sie zu erdulden hatte und wie sie dennoch ihren Prinzipien treu blieb. Um uns zu läutern, reicht es aus, wenn wir ihrem Beispiel folgen.

Es hat andere solcher Wesen gegeben, wie etwa *Krishna* oder Christus, über den wir reden wollen. Es ist sehr interessant, festzustellen, dass alle diese Wesen dasselbe sagen. Nimmt man zum Beispiel Christi Worte aus ihrem speziellen historischen Kontext heraus, wie er vor 2000 Jahren in Israel existierte, und tut man dasselbe im Hinblick auf Krishnas Aussagen, so wird man entdecken, dass sie genau dasselbe sagen.

Amma sagt, dass es nur eine einzige Wahrheit gibt. Alle *Avatare* sind selbstverwirklichte Wesen, alle *Jivanmuktas* (Befreite) befinden sich in Einheit mit Diesem, sind identisch mit Diesem *(tat)*. Es gibt nur eine Elektrizität; doch mag es Lampen, Föne und andere elektrisch Geräte geben. Sie manifestieren Elektrizität auf verschiedene Weise. Die eine Birne mag als Nachtlicht dienen, die andere hat vielleicht 1000 Watt, der Strom hingegen, der durch sie alle fließt, ist derselbe. In Analogie hierzu gibt es nur eine Wirklichkeit. Brahman ist das Eine-ohne-ein-Zweites *(ekam-ev advitiyam-Brahma)*. Der Körper und der Geist verwirklichter Seelen mögen sich voneinander unterscheiden; die Wahrheit jedoch, die sie erfahren, ist immer die selbe. Sie ist eins, ob sie nun christliche, hinduistische, buddhistische oder andere religiöse Prägungen erhalten hat. Gott *(Brahman)* hat keine Religion. Nur der Mensch besitzt sie.

Der Nachdruck, der auf die Hingabe an einen Avatar gelegt wird

Wenn ihr die Worte Christi, die Worte *Krishnas* gelesen habt, dann wisst ihr, dass sie nachdrücklich betonen, wie wichtig die Hingabe an ihre Person ist. Von unserem Blickwinkel aus klingt das ziemlich egozentrisch. Warum sollte ich an sie glauben? Doch von ihrer Perspektive aus lässt sich sagen: Sie kennen ihren Wert. Nehmen wir etwa *Ramana Maharshi*. Als er starb, als er auf seinem Totenbett lag, bestand er darauf, dass den Menschen erlaubt werden sollte, *Darshan* von ihm zu erhalten. Es war nicht bloß Selbstlosigkeit, es geschah aus Einsicht in die Bedeutung eines solchen Kontaktes. Wir können nicht ermessen, wie selten es ist, mit dem höchsten Wesen zusammenzukommen. Schon ihr *Darshan* reinigt uns von den Handlungen so vieler Geburten. Es gibt in der *Gita* viele Verse, in denen *Krishna* erklärt, dass er das höchste Wesen ist. Für jemanden, der das zum ersten Mal liest, mag der Eindruck entstehen: „Das ist Unsinn, wie kann eine Person so reden?" Amma bemerkt dazu folgendes:

„Wir sollten verstehen, dass die Bedeutung von ‚Ich' bei Inkarnationen sich auf das Höchste Prinzip (Tattva) bezieht.
- Es ist nicht das ‚Ich', das nur 1,50m groß ist. ‚Ich' meint vielmehr das weite, allumfassende Selbst; das ‚Ich', das alles als das Eine erkennt. Wenn ein Avatar sagt: ‚Ich bin Krishna', welchen Krishna meint er dann? Den Krishna, der das höchste Wesen (Parama-Purusha), der das Eine-in-Allem ist. Dieser Krishna ist sowohl Rama wie Christus. Wenn ein Avatar ‚Ich' sagt, werden wir ihn missverstehen und glauben, er beziehe sich auf das kleine Individuum; er spricht jedoch von demjenigen Ich, welches das Höchste Prinzip ist."

Jemand fragte Amma: „Amma, wir haben gehört, dass der Prophet Mohammed gesagt habe, diejenigen, die nicht seinem Pfad folgten, würden streng bestraft. Ist dies eine vernünftige Behauptung?" Amma antwortete:

„Sohn, dies kann auf verschiedene Weise interpretiert werden. ‚Mein Pfad' heißt der Pfad, dem er gefolgt ist, der Pfad des höchsten Wesens. ‚Strenge Bestrafung' ist das Leiden, das wir aufgrund unserer Vasanas oder Gewohnheiten erdulden müssen, wenn wir nicht nach unserer wahren Natur suchen. Als Mohammed sagte: ‚Mein Pfad', bezog er sich nicht auf das ‚Ich', das auf den Körper beschränkt ist, sondern auf das universelle oder ewige ‚Ich'. In diesem Sinne war der Pfad, den er meinte, gleichzeitig der Pfad zur Ewigkeit. Versucht eine positive Haltung gegenüber allen

Religionen einzunehmen. Nehmt ihre guten Seiten in euch auf, anstatt Fehler bei ihnen zu finden."

In der Gita sagt *Bhagavan Shri Krishna* dasselbe, und wie wir noch sehen werden, äußert sich Christus im Evangelium in ähnlicher Weise; er verwendet die gleiche Sprache. Eine solche Sprache zu benutzen ist sehr einfach; jeder kann so reden, als wäre er Gott. Aber niemand kann handeln, als wäre er Gott. Man sollte in der Lage sein, es unter Beweis zu stellen. Zu reden kostet nichts, wie man sagt. In der *Gita* macht *Bhagavan* einige bemerkenswerte Aussagen:

„Zu Brahman geworden und heiter im Selbst weilend empfindet er weder Kummer noch Wunsch; allen Wesen gegenüber ist er gleichgesinnt und erlangt höchste Hingabe an mich.

Durch Hingabe erkennt er mich in meiner Essenz (Tattvatah), erkennt er, was und wer ich bin; hat er mich dann in meiner Essenz (Tattvato) erkannt, geht er unverzüglich in das Absolute (Tad) ein. Wenn er alle Handlungen ausführt, nachdem er bei mir Zuflucht gesucht hat, erlangt er durch meine Gnade die ewige, unzerstörbare Wohnstatt. Entsage geistig allen Handlungen in mir, sieh mich als dein höchstes Ziel, wende dich dem Yoga der Unterscheidung zu und richte deinen Geist immerzu auf mich aus. Wenn dein Sinn auf mich gerichtet ist, wirst du durch meine Gnade alle Hindernisse überwinden; wenn du mich aber aus Ichsucht heraus nicht hören willst, wirst du untergehen."

Wenn *Bhagavan* sagt, man werde untergehen oder zerstört werden, wenn man nicht auf ihn höre, meint er nicht, man werde zu Staub pulverisiert und würde niemals mehr existieren. Nein, das kann nicht geschehen. Der Körper mag pulverisiert werden, bei der Seele jedoch ist das nicht möglich. Du verlässt Deinen Körper und kehrst zurück mit einem anderen. Das ist nicht die implizierte Bedeutung. Er meint etwas anderes, was man im Anschluss an das, was Amma gesagt hat, so ausdrücken könnte: „Deine Vasanas, deine negativen Neigungen werden dir viel Leid zufügen, wenn du nicht auf das hörst, was ich dir sage, wenn du meinem Rat nicht folgst, denn ich sage es zu deinem Besten, nicht aus Egoismus heraus."

„Richte deinen Geist auf mich, sei mir ergeben, opfere mir und verneige dich vor mir. Du wirst zu mir gelangen; wahrlich dieses Versprechen gebe ich dir, denn du bist mir lieb.

Gib alle Pflichten (Dharma) auf und suche Zuflucht allein bei mir; Ich werde dich von allen Sünden befreien; sorge dich nicht."

„Jene, die diese Meine Lehre bekritteln und nicht beherzigen, wisse, dass sie in ihrer Kenntnis getäuscht sind; sie leben ohne Sinn und sind zum Untergang verurteilt."

Diese Redeweise ist für uns schwierig zu akzeptieren, wenn wir nicht glauben, dass *Krishna* Gott ist. Doch sein Leben war voller Wunder. Er tat Dinge, die kein menschliches Wesen jemals vollbringen kann. Er zog tausende Menschen an und läuterte sie. Eigentlich zog er sie nicht einfach an; das kann sogar ein Diktator. Er verwandelte sie und sie wurden still, voller Frieden und Wonne. Da sind die *Gopis*, da sind die großen Devotees *Krishnas* in all den nachfolgenden Jahrtausenden; viele von ihnen wurden zu Heiligen, indem sie über *Krishna* meditierten, indem sie seine Gnade empfingen. Er sprach also nicht einfach solche Worte, sondern stellte seine Göttlichkeit auch unter Beweis.

Auch Christus war eine einzigartige Persönlichkeit, denn in dem kurzen Zeitraum der drei Jahre, in denen er an die Öffentlichkeit trat, strömte die Gnade von ihm aus wie ein Fluss. Jeder, der in aufrichtiger Haltung zu ihm kam, wurde von seinen Problemen befreit. Wir werden ein wenig lesen über einige der Wunder, die Christus vollbrachte; sie gaben den Menschen das Vertrauen, an ihn zu glauben. Es gibt in der Bibel mehrere Stellen, wo er sagt, dass man, wenn man an ihn glaubt, nicht untergehen werde. Er meint damit, dass das Vertrauen, das man einem *Avatar* entgegenbringt, einen über den Ozean von Leben und Tod hinüberträgt.

„*Da brachten sie ihm einen gelähmten Knaben, der auf einer Bahre lag. Als Jesus ihren Glauben sah, sprach er zu dem Gelähmten: Mut, Kind, deine Sünden sind dir vergeben*"

Es gibt andere Stellen in der Bibel, wo gesagt wird, dass es einen großen Ansturm von Menschen gab, dass Tausende zu ihm kamen. Es ist genauso wie bei Amma; wenn sie an irgendeinen Ort außerhalb ihres Dorfes geht, finden sich 25, 50, ja 1000 Leute ein. Wenn solch eine Seele auf der Erde erscheint, ist das eine große Seltenheit – es gibt ja so viele Probleme... Jeder hat welche. Wenn sie nun davon hören, kommen sie angelaufen. Dasselbe passierte damals. Christus war vielleicht der einzige *Avatar*, der in jenem Teil der Welt erschien.

Es ist nötig, dass wir ein wenig über den Hintergrund des Leben Christi wissen; letzte Woche haben wir dieses Thema kaum berührt. Die damalige Religion war das Judentum. Ihr Begründer war ein Mensch namens Abraham. In ihrer Tradition gab es mehrere *Mahatmas* und sie nannten sie die Propheten. Sie sagten voraus, dass ein *Avatar* geboren würde. Sie sagten nicht den genauen Zeitpunkt voraus, aber sie gaben bestimmte Hinweise, wann es geschehen würde. Es gibt mehrere Stellen im Alten Testament, die beschreiben, was für eine

Art von Person es sein, was sie sagen, was in ihrem Leben passieren würde. Die Menschen warteten also darauf, denn in jenen Tagen liefen die Dinge ziemlich schlecht. Im Land herrschten die Römer, und sie waren sehr grausam; sie töteten die Menschen ohne vernünftigen Grund, insbesondere die Juden, welche in diesem Teil der Erde heimisch waren.

Sie warteten auf den Messias, den Retter. Als Christus begann, diese Wunder zu tätigen, die niemand zuvor in jenem Teil der Welt vollbracht hatte, - tausende von Menschen wurden durch ihn von ihrer Krankheit oder von der Besessenheit durch Geister geheilt - dachten die Leute, er müsse dieser Messias sein und sie stürmten herbei, um ihn zu sehen. Man brachte einen Jungen herbei, der seit langem gelähmt war. Christus befand sich zu der Zeit im Haus und die Leute konnten nicht hineingelangen, weil es so überfüllt war. Ihr wisst ja, manchmal geht Amma irgendwohin, um *Darshan* zu geben und man kommt einfach nicht an sie heran.

Was taten sie also? Sie hatten solches Vertrauen, dass es sich bei ihm um den *Avatar* handelte, dass sie den Jungen nahmen und auf eine Trage legten und nach oben auf das Dach brachten. Von dort ließen sie ihn ins Innere des Hauses hinab. Sie waren sich nämlich sicher, dass er den Jungen heilen würde.

Als er ihren Glauben sah, sprach er: *„Fasse Mut, Sohn, es ist dir vergeben."* Was wurde ihm vergeben? Das schlechte Karma aus dem einen oder anderen Leben, das die Lähmung, an der er nun litt, verursacht hatte. Diese Schuld wurde nun getilgt, das Karma wurde ausgelöscht.

„*'Er lästert! Dieser Mann behauptet, Gott zu sein!', riefen einige der Schriftgelehrten bei sich selbst aus."* Wer kann jemand anderem sein Karma vergeben? Nur Gott vermag das, kein Mensch. Die Pharisäer, die damaligen Priester der Juden, sagten: „Was für einen Unsinn erzählt dieser Mann!"

Vom Wert der Wunder

"Jesus kannte ihre Gedanken und fragte sie: ‚Warum denkt ihr Böses in euren Herzen? Was ist denn leichter, zu sagen:‚Deine Sünden sind dir vergeben' oder zu sagen: ‚Stehe auf und gehe umher'? Damit ihr aber wisst, dass der Menschensohn auf Erden Macht hat, Sünden zu vergeben' – da sprach er zu dem Gelähmten: ‚Stehe auf, nimm deine Bahre und gehe heim!'" Keine große Sache, komm' jetzt, stehe auf, du kannst gehen! *"Und der Junge sprang auf und ging heim. Als das die Volksscharen sahen, fürchteten sie sich und priesen Gott, der den Menschen solche Vollmacht gegeben hat."*

Dies ist der Wert von Wundern, es ist der Grund, warum *Avatare* sie vollbringen; in keinem Fall geschieht es zu ihrem eigenen Nutzen. Für sie selbst gibt es nichts zu erreichen. Es dient vielmehr dazu, in die Menschen die Gegenwart des Göttlichen einzuflößen, damit sie erkennen, dass Gott wirklich existiert, dass es einen Sinn macht, dem zu folgen, was die Schriften empfehlen, dem nachzueifern, was der Guru sagt. So vollbrachte er also einige legendäre Wunder. Man bekommt eine Vorstellung von dem, was sich damals ereignete.

Jesus kehrte zurück zum See von Galilea, bestieg den Hügel und setzte sich dort nieder. Die Menschenmenge brachte ihm die Lahmen, Blinden und Krüppel; auch die, die nicht sprechen konnten und viele andere. Sie legten sie vor ihn und er heilte sie alle. Was für ein Schauspiel das war! Diejenigen, die nicht sprechen konnten, redeten. Die ohne Arme und Beine erhielten neue. Die Krüppel gingen und sprangen herum. Die vormals Blinden schauten dem Treiben zu. Die Menge aber staunte nur und pries Gott.

"Jesus rief seine Jünger zu sich und sprach: ‚Ich habe Mitleid mit diesen Menschen, denn schon drei Tage harren sie bei mir aus und haben nichts zu essen. Und wenn ich sie hungrig nach Hause gehen lasse, werden sie unterwegs erliegen." Er ist barmherzig,

kein Egoist. Wir glauben vielleicht, ein Mensch, dem solche Kräfte zu Gebote stehen, hätte ein großes Ego. Nein, er empfindet großes Mitgefühl für diese Menschen, die bereits drei Tage bei ihm sitzen und nichts gegessen haben. Später wird gesagt, dass es 4000 Leute waren. „*Da entgegneten ihm seine Jünger: ‚Woher soll man hier in der Wüste Brot hernehmen, sie zu sättigen?'... Da ließ er das Volk sich auf der Erde lagern, nahm die sieben Brote, sprach das Dankgebet, brach sie und gab sie seinen Jüngern zum Austeilen. Und sie teilten sie aus unter dem Volk. Auch ein paar kleine Fische hatten sie und er sprach das Segensgebet darüber und ließ auch sie austeilen. Und sie aßen und wurden satt und hoben noch übrig gebliebene Brotkrümel auf; sieben Körbe voll. Es waren aber ungefähr 4000 und er entließ sie. Dann bestieg er mit seinen Jüngern das Boot und kam in die Gegend von Dalmanuta*".

Hier werden seine Worte nun sehr scharf. Die Pharisäer waren ihm übel gesinnt, denn sie empfanden ihn als eine Bedrohung. Sie hatten die Macht. Es handelte sich bei ihnen nicht um erleuchtete Personen. Es waren einfach nur Priester. Aber sie besaßen die Kenntnis über die Religion und übten über die Menschen Kontrolle aus. Sie waren in einer ziemlich angenehmen Position. Nun kam Christus und erzählte all diese Dinge, die ihre Stellung untergruben. Deshalb war er eine Bedrohung für sie und sie beabsichtigten, ihn umzubringen. Hört einfach den kühnen Worten zu, die er sprach: „*Wenn ihr mich getötet habt, werdet ihr erkennen, dass ich der Messias bin und dass ich euch nicht meine eigenen Gedanken mitgeteilt habe sondern das, was mein Vater mich gelehrt hat.*" Wer ist der Vater eines *Avatars*? Gott. Amma erwähnte einmal, dass Christus, wenn er vom Vater spricht, *Shiva* meint. Er war ein Devotee *Shivas* - in ähnlicher Weise, wie Amma ein Devotee *Krishnas* war. Selbst *Avatare* haben die Idee, dass die Quelle ihrer Existenz das Unendliche Wesen ist. Was hat das zu besagen? Dass er möglicherweise für eine gewisse Zeit seines Lebens in Indien gewesen ist, bevor alle diese Dinge geschahen. Seine Wunder und seine Worte verraten eine yogische Sicht, sie sind typisch für jemanden, der *Raja-Yoga* ausgeübt und zu einem Meister darin geworden ist.

Im Einklang sein mit Gott und Guru

„Und der, der mich gesandt hat, ist bei mir, denn ich tue immerzu das, was ihn erfreut."
Amma sagt, dass eine selbstverwirklichte Person sich allezeit im Einklang mit Gott befindet. Was immer aus ihrem Munde kommt, was auch immer sie tut – es kommt von Gott. Sie ist vollkommen, ein makelloses Werkzeug des göttlichen Willens. Was er hier sagt, *„alles, was ich tue, erfreut Ihn"*, rührt daher, dass sein Handeln Gottes eigenes Handeln ist. Darauf begannen viele der Führer, d.h. der Pharisäer, die ihn diese Dinge sagen hörten, zu glauben, er sei der Messias. *„Und Jesus sprach: Ihr seid wahrhaft meine Schüler, wenn ihr so lebt wie ich euch aufgetragen habe; ihr werdet die Wahrheit kennen, und die Wahrheit wird euch befreien."* Das ist es, was auch Amma sagt. Man kann nicht behaupten, man sei ihr Schüler und trotzdem tun, was einem beliebt. Man mag ein Devotee von Amma sein und dennoch machen, was man will. Wenn ihr aber ein Jünger Mutters sein wollt, müsst ihr tun, was immer sie sagt; ihr müsst euer Dasein ihren Idealen gemäß umformen. Ein vollkommener Jünger wird eins mit Amma. Wenn alles, was man tut und spricht und denkt im Einklang ist mit ihren Unterweisungen, dann kann nur eines geschehen: Ihr geht in ihr auf.

Christus, der Avatar 2   231

Es ist wie mit einem Radio. Angenommen ihr wollt Musik hören und sie wird auf Kanal 99 gesendet. Ihr stellt den Sender solange ein, bis sich die rote Nadel genau auf Kanal 99 befindet. Wenn ihr aber nur ein wenig zur einen oder anderen Seite hin davon abweicht, bekommt ihr atmosphärische Störungen. Ebenso wird auch ein Schüler, der nicht genau eingestimmt ist auf den Guru, jenen reinen Klang nicht hören. Die Gnade wird nicht vollständig präsent sein; zum Teil wird ihr eigener Wille sich einmischen und ein gewisses Ausmaß an Leid geht daraus hervor. Doch wenn ihr völlige Feinabstimmung mit eurem Guru erreicht habt, wird die Gnade durch euch hindurchströmen; ihr werdet euch der Seligkeit des Eins-Seins mit ihm erfreuen. Es bedarf der absoluten Einstimmung der Handlungen, Worte und Gedanken auf den Guru oder seine Belehrung; wenn ihr das tut, werdet ihr – wie er sagt – die Wahrheit kennen und sie wird euch befreien. Welche Wahrheit? Die mit einem großen oder einem kleinen „W"? Freisein von was? Freiwerden vom Kreislauf der Geburten, von euren Begrenzungen, damit ihr eins werdet mit dem Höchsten Wesen. So viel birgt dieser kleine Satz.

Darauf sprachen die Pharisäer: Wir sind die Nachkommen Abrahams und waren niemals der Sklave irgendeines Menschen auf Erden. Was meinst du mit Freisein?

Mit anderen Worten sagen sie: Ein Jünger zu sein ist gleichbedeutend damit, ein Sklave zu sein.

Man übergibt seinen Willen jemand anderem, der einem dann seinen eigenen aufzwingt. Ich nehme an, von außen betrachtet ist es genau das, was passiert. Doch besteht die Erfahrung des Schülers gerade darin, dass er von allen Begrenzungen, seinen schlechten Gewohnheiten befreit wird und die Göttliche Gegenwart wahrnimmt. Er erlebt Glückseligkeit, er erlangt Wissen. Dies ist der Grund, warum er sich willentlich jemand anderem unterwirft, der mehr weiß als er selbst, der ihn befreien kann von allen seinen Begrenzungen und ihn segnet. Die Pharisäer behaupten jedoch: „*Wir sind Nachkommen Abrahams und nie jemandes Sklaven gewesen. Wie kannst du behaupten: Ihr werdet frei werden?*" *Darauf antwortet Christus: ‚Wahrlich, wahrlich, ich sage euch: Jeder, der Sünde tut, ist ein Sklave. Der Sklave aber bleibt nicht für immer im Hause, der Sohn aber bleibt für immer. Wenn also der Sohn euch freimacht, werdet ihr wirklich frei sein... Ihr aber sucht mich zu töten, weil mein Wort nicht zu euch durchdringt. Was ich bei meinem Vater gesehen habe, davon rede ich, und auch ihr, was ihr bei eurem Vater gehört habt, tut ihr.'"*

Wer ist denn ihr Vater? „Unser Vater ist Abraham", behaupteten sie. „*Nein*", antwortete *Christus*, „*denn dann würdet ihr die Werke Abrahams tun.*"

Abraham war ein *Mahatma*. Es gibt über ihn eine wunderbare Geschichte; so begann tatsächlich die jüdische Religion. Er war schon sehr alt, als er ein Kind bekam. Bis dahin war er kinderlos geblieben, aber schließlich, als ein alter Mann, war er dann doch noch mit einem Kind gesegnet worden; er hing sehr an ihm, doch gleichzeitig empfand er große Anhaftung gegenüber Gott. Er konnte ständig seine Stimme hören. Er war also kein gewöhnlicher Mann. Eines Tages sprach Gott zu ihm: „Du nimmst deinen Sohn uns bringst ihn weit weg zu einem Berg. Dort tötest du ihn, bringst ihn mir zum Opfer. Mache eine *Puja* und verwende ihn als Opfergabe". Wie schrecklich! Doch er gehorchte. Er nahm den Sohn und brachte ihn zu dem abgelegenen Ort. Der Sohn wusste, was geschehen würde und sagte: „Oh, Papa, ich werde mit dir kommen." Nachdem sie auf den Berg geklettert waren, errichteten sie einen Altar und schichteten Holz auf. Der Sohn fragte: „Papa, wo ist die Ziege?" Diese pflegten sie nämlich zu opfern. Abraham antwortete: „Das Opfer bist du. Wir brauchen keine Ziege." Der Junge kletterte auf die Opferstelle und der Vater band ihn fest. Er nahm ein Messer und hielt es hoch, um auf ihn einzustechen. In diesem Augenblick ergriff etwas Besitz von seiner Hand. Es war ein göttliches Wesen, ein Engel, der zu ihm sagte: „Warte Abraham! Nun weiß ich, dass du mich liebst." Man kann sich vorstellen, wie Abraham sich in diesem Moment fühlte. Er muss beinahe in Ohnmacht gefallen sein! So groß war seine Hingabe an Gott, dass er gewillt war, seinen geliebten Sohn zu opfern.

Christus sagt: *„Wenn Abraham euer Vater wäre, würdet ihr seinem guten Beispiel folgen, ihr wäret wie er. Stattdessen wollt ihr mich töten, weil ich euch die Wahrheit sagte, die ich von Gott vernommen habe. So etwas würde Abraham nicht tun. Nein, ihr gehorcht eurem wirklichen Vater, wenn ihr so handelt. Wenn Gott euer Vater wäre, würdet ihr mich lieben, denn von ihm bin ich gekommen. Er sandte mich hierhin, warum könnt ihr nicht verstehen, was ich sage? Es liegt daran, dass ihr daran durch euren Vater gehindert werdet – es ist der Teufel. Ihr liebt die Dinge, die er liebt: Bosheit, Mord und Lüge. In ihm ist auch nicht ein Iota Wahrheit. Wenn er lügt, verhält er sich vollkommen normal, denn er ist der Vater der Lüge. Wenn ich daher die Wahrheit spreche, ist es natürlich, dass ihr keinen Gefallen daran findet."*

Wenn er hier vom Teufel redet, meint er vielleicht eine bestimmte Persönlichkeit, einen riesigen Dämon, den König der Rakshasas. Möglicherweise ist es das, was er unter Teufel versteht. Man kann die Stelle auch auf eine andere Art deuten. Der Teufel kann *Maya* sein, diese universelle Täuschungsmacht, die in allen Lebewesen negative Gedanken und Handlungen bewirkt. Also sagt er zu ihnen, sie seien die Söhne von dieser Macht, nicht aber die Kinder Gottes oder von Abraham, der ein großer Heiliger war. Wäret ihr Gottes Kinder, so würdet ihr lieben, was ich sage, denn ich sage die Wahrheit und von der Wahrheit komme ich. Ihr aber hasst mich, denn wir haben verschiedene Väter. *„Wer von euch kann mich* *wahrhaftig einer einzigen falschen Tat anklagen? Wenn ich euch also die Wahrheit verkünde, warum glaubt ihr mir nicht? Jedermann, dessen Vater Gott ist, hört gerne auf die Worte Gottes. Sofern ihr das nicht tut, beweist es nur, dass ihr nicht seine Kinder seid."* „*Sie antworteten: ‚Sagen wir nicht mit Recht, dass du ein Samariter und von einem Dämon besessen bist?'"*.

Christus antwortete:
„*Ich bin von keinem Dämon besessen, sondern ich ehre meinen Vater, aber ihr entehrt mich. Ich jedoch suche nicht meine Ehre, es ist einer da, der sich darum kümmert und der richtet. Wahrlich, wahrlich, ich sage euch: Wer mein Wort bewahrt, wird den Tod nicht schauen in Ewigkeit."*

Was soll das heißen? Eine weitere dieser besonderen Aussagen: Wenn ihr mir gehorcht, wenn ihr meine Lehren beherzigt, werdet ihr nicht sterben. Lächerlich!

Jeder stirbt. Er will sagen, dass man nicht mehr zu sterben braucht. Der Körper mag sterben, ihr jedoch werdet die Einheit mit Gott erlangen, werdet aufgehen im *Avatar*. Dann werdet ihr nicht immer wieder aufs Neue geboren werden und sterben, denn ihr habt die Individualität, eure Getrenntheit von Gott verloren. Ihr erreicht es einfach durch Vertrauen. Das ist das Großartige am Vertrauen in den *Avatar*. Es ist so einfach und leicht; es bedarf keiner großartigen Philosophie. Wenn ihr euch einem *Avatar* hingebt, dann wird dies euch retten. Zur Zeit des Todes wird der er in eurem Bewusstsein auftauchen und euch in sich aufnehmen. Das ist das Ende des Kreislaufs von Geburt und Tod. Ihr müsst nicht denken: „Oh, ich muss viele tausende von Geburten lang *Sadhana* machen, ich muss ein großer *Mahatma*, ein großer Weiser werden." – Nein. Das ist der Grund, warum *Avatare* so großen Nachdruck darauf legen, ihre Göttlichkeit zu offenbaren und Hingabe in den Menschen zu erwecken.

Sie wissen, dass darin der eigentliche Wert ihrer Geburt besteht. Einfach dadurch, dass ihr sie liebt, dass ihr an sie denkt, durch euren Glauben an sie erhaltet ihr das, was ihr durch *Sadhana* und *Tapas* vieler Geburten nicht erreichen könnt, wenn nicht zu Lebzeiten, dann im Augenblick des Todes.

Ein Avatar kann nicht getötet werden ohne sein Einverständnis

Bestimmt habt ihr schon oft Darstellungen von Christus als Hirte gesehen. Er trägt ein kleines Schaf in seinen Armen. Die Quelle für dieses Bild ist folgende Stelle aus dem Evangelium: *„Ich bin der gute Hirte. Der gute Hirte gibt sein Leben für die Schafe. Der Arbeiter aber, der nicht Hirte ist, dem die Schafe nicht gehören, sieht den Wolf kommen. Lässt die Schafe im Stich und flieht, und der Wolf raubt und versprengt sie; dem Angestellten aber liegt nichts an den Schafen. Ich bin der gute Hirte und kenne die meinen, und die meinen kennen mich, wie mich der Vater kennt und ich den Vater kenne. Und ich gebe mein Leben für die Schafe. Ich habe noch andere Schafe, die nicht aus dieser Herde sind. Auch diese muss ich führen, und sie werden auf meine Stimme hören, und es wird eine Herde werden mit einem Hirten. Deshalb liebt mich der Vater, weil ich mein Leben hingebe, um es wieder zu nehmen. Niemand nimmt es mir, sondern ich gebe es freiwillig hin."*

Das deckt sich mit dem, was Amma äußerte, als sie gefragt wurde, wieso Christus durch unwissende und bösartige Menschen getötet werden konnte. Was sie sagte, war etwa das Folgende: Kein *Avatar* stirbt durch die Hand eines anderen. Wenn es geschieht, so ist es sein freier Wille. Wenn sie dazu nicht ihre Zustimmung geben würden, könnte es nicht passieren.

Krishna wurde durch einen Jäger getötet, der einen vergifteten Pfeil durch seinen Fuß schoss.
Es war nicht die Größe des Jägers, es war der Wille *Bhagavans.* Ebenso hätte Christus verhindern können, gekreuzigt zu werden, und an mehreren Stellen in der Bibel wird gesagt, dass obwohl sie versuchten, ihn zu steinigen, er einfach aus dem Dorf hinausging, ohne dass sie irgendetwas dagegen tun konnten; er erlaubte es ihnen einfach nicht. Deshalb sagt er an dieser Stelle, dass niemand in der Lage wäre ihn zu töten ohne sein Einverständnis.

„Ich habe die Vollmacht, es hinzugeben, und ich habe die Vollmacht, es wieder zu nehmen. Diesen Auftrag habe ich von meinem Vater empfangen."

„Wie lange noch hältst du uns in Spannung? Wenn du der Messias bist, so sage es uns offen."
Selbst nach all den Wundern, die er vollbracht hatte, fragten sie ihn noch: *„Wann sagst du uns endlich, dass du der Messias bist?"* Er hat es ihnen doch schon ein Dutzend Male versichert.

„Jesus antwortete ihnen: Ich habe es euch schon gesagt, aber ihr glaubt mir nicht. Die Werke, die ich im Namen meines Vaters tue, die legen Zeugnis über mich ab. Aber ihr glaubt mir nicht, weil ihr nicht zu meinen Schafen gehört. Meine Schafe hören meine Stimme, und ich kenne sie; sie folgen mir.
Und ich gebe ihnen ewiges Leben. Und sie werden in Ewigkeit nicht verloren gehen, und niemand wird sie meiner Hand entreißen. Der Vater, der sie mir gegeben hat, ist größer als alle und niemand kann etwas der Hand des Vaters entreißen. Ich und der Vater sind eins.'" (Jo.10.25-30)

Christus, der Avatar 2

Das ist wohl eine der stärksten Aussagen, die von Christus stammen. Er ist nicht nur vom Vater gesandt, er ist auch eins mit ihm. Doch müssen wir uns erinnern, dass das nicht allein für ihn gilt. Jede Person, die Gottverwirklichung erreicht, wird eins mit ihm. Das ist es, was die *Upanishad* sagt: „*Brahmavid brahmaiva bhavati.*" Wer von *Brahman* weiß, wird zu *Brahman*.

Für die ganze Welt wird er zum Objekt der Anbetung. Durch ihn wird man der Gnade teilhaftig und erreicht Befreiung. Die Schönheit der *Mahatmas* liegt darin, dass sie wie ein Hirte zu ihren Schafen sind, kein angestellter Schäfer, sondern ein wahrer Hirte. So ist es auch mit Amma. Sie ist bereit, ihr Leben für ihre Schafe hinzugeben. Alle ihre Kinder sind wie ihre Schafe und was es auch für Mühen gibt, was immer an Opfern vonnöten ist – sie ist bereit dazu. Ihr Leben dient den Menschen. Wie sie zu sagen pflegt, ihr Gott sind die Menschen.

Es war einmal eine Frau, die sehr religiös war und gewohnt war, jeden Tag zum Tempel zu gehen. Sie empfand sehr viel Liebe für Gott. Auf dem Weg zum Tempel warteten zahlreiche arme Menschen und hofften, Almosen von ihr zu bekommen. Das erinnert mich an eine andere Sache. Es tut mir leid, dass ich ein wenig abschweife, ich möchte das einfach mitteilen:

Ein ungewöhnlicher Traum

Letzte Nacht hatte ich einen sehr ungewöhnlichen Traum. Niemals zuvor in meinem Leben hatte ich ein solches Erlebnis. Ich träumte, ich wäre in Bombay. Das ist nicht so schwer zu verstehen, denn ich liebe Indien sehr und nachts träume ich, ich würde mich dort aufhalten.

Ich ging also in Bombay umher, als plötzlich jemand meine Geldbörse entwendete. In ihr befand sich alles, was ich besaß: mein Geld, mein Ausweis, einige Adressen von Devotees in Bombay. In einem einzigen Augenblick war alles weg! Nun begriff ich meine Situation: Ich kenne niemanden, ich weiß nicht, wo einer von ihnen wohnt. Ich bin hilflos. So wurde ich also zu einem Bettler, einem Bettler in den Straßen. Ich hatte keine Ahnung, wie man bettelt.

Ich meine, ein *Sanny asin* sollte eigentlich wissen, wie man bettelt, aber ich hatte niemals zuvor die Erfahrung gemacht. Also dachte ich darüber nach, was ich tun sollte. Ich wollte mich ausruhen, aber es gab keinen Platz zum Ausruhen; ich wusste ja nicht, wo ich ohne Geld hingehen sollte. Ich ging also zu einem Haus und klopfte an die Türe. Jemand öffnete sie und fragte mich: „Was willst du?" Ich versuchte, ihm zu erklären, dass ich hier schon lange lebte und dass jemand meine Geldbörse gestohlen hatte. Nun habe ich keinerlei Geld. Ich möchte nur etwas zu essen. Darauf sagte er: „Nein, hinaus mit dir!", und schloss die Tür. Und ich fühlte, was ein armer Mensch empfinden muss, eine wirkliche arme Person. Ammas Belehrungen zu lesen, dass wir Mitgefühl mit den Armen haben, dass wir Gott in ihnen sehen und ihnen dienen sollen, ist eine Sache. So etwas zu lesen ist einfach; doch eine arme Person zu sein, die hungert und nicht weiß, wo sie sich niederlegen kann, ist etwas ganz anderes.

In diesem Augenblick wachte ich auf und hatte immer noch die Empfindung, ich sei jener arme Mensch auf der Straße. Nun begriff ich die Tiefe dessen, was Amma empfindet, wenn sie von armen Menschen spricht. Ich weiß, dass sie in ihrem Leben bittere Armut erlebt hat, insbesondere in ihrer Kindheit. In ihrem Dorf gab es viel Armut und Hunger, auch heute ist es noch so. Wenn sie also davon spricht, man solle den Armen helfen, dann sagt sie das nicht von einem abgehobenen Standort, etwa so: Lasst uns ihnen helfen, wir wollen ihnen dienen, diesen armen Mitmenschen! Nein, sie war selbst eine von ihnen. Sie erlebte, was es heißt, arm zu sein; sie weiß, was Leiden bedeutet. Das ist die wirkliche Bedeutung dieser Aussage, man solle ihnen dienen, als sei man einer von ihnen. Versucht, in ihrer Haut zu stecken. So hatte ich denn diesen Traum, der mich wirklich empfinden ließ, was Armut bedeutet.

Zurück zu der Geschichte! Diese Dame ging also zum Tempel oder zur Kirche, und jeden Tag waren da die vielen armen Leute zu beiden Seiten der Tür. Sie war in ihre Hingabe an Gott so vertieft, dass sie nur darauf aus war, zum Gebet in den Tempel zu kommen, dass sie die Leute nicht einmal wahrnahm. Sie eilte einfach hinein. Eines Tages nun ging sie die Straße hinunter, erreichte den Tempel, und die Türen waren verschlossen. Gewöhnlich waren die Türen täglich zur selben Zeit geöffnet. Aber als sie diesmal um diese Zeit dort hinkam, war die Türe zu, sie war abgeschlossen. Sie war aufgeregt und wusste nicht, was sie tun sollte. Sie begann, sich umzusehen; zum ersten Mal in all den Jahren konnte sie nicht in den Tempel hinein.

Schließlich bemerkte sie, dass sich rechts ein Zettel an der Tür befand. Wisst ihr, was auf ihm stand?

„Ich bin dort draußen."

Habt ihr es verstanden? – Gut

OM NAMAHA SHIVAYA

Satsang im M A Center, 1995
Kassette Nr. 13

Glossar

Advaita Vedanta:
Die in den Upanishaden formulierte und später vor allem von Gaudapada und Shankara philosophisch begründete Erkenntnis des Absoluten Seins (Parabrahman), in welchem alle kosmischen und individuellen Beziehungen aufgehoben sind.

Agnyana (Ajnana):
Wörtlich: „Nicht-Erkenntnis"; synonym mit avídya. Die Unwissenheit, die alle nichterleuchteten Lebewesen von ihrer eigenen Wesensnatur- dem Atman - fernhält.

Aham brahma asmi:
Wörtlich: „Ich bin das Unermessliche" (Brihadaranyaka Upanishad I. 4.10.). Eines der vier großen Mantren (Mahavakyas) aus den Upanishaden, in welchen die Identität der Einzelseele mit dem Urwesen ausgesprochen wird.

Ahamkara:
Das Ego. Ein zentraler Begriff der vedantischen Metaphysik. Es handelt sich um diejenige Instanz im Menschen, die sich als das Selbst empfindet, obwohl sie tatsächlich nur die Widerspiegelung (Pratibimba) des Atman innerhalb der Unwissenheit ist.

Akhanda Saccidananda:
„Ungeteiltheit von Sein-Bewusstsein-Glückseligkeit". Im Absoluten (Parabrahman) sind diese drei nicht voneinander zu unterscheiden sondern völlig identisch. Tatsächlich besteht die Transzendenz Brahmans in dieser Identität: Sein ist Glückseligkeit. Glückseligkeit ist Bewusstsein. Bewusstsein ist Sein. So macht es Sinn, Saccidananda als ein Wort zu schreiben ist. Unterhalb davon, auf den höheren Ebenen der kosmi-

schen Manifestation, erscheint das EINE dann trinitarisch: Obwohl immer noch im Einklang miteinander werden die drei (sat – cit – ananda) hier doch voneinander unterscheidbar und treten als selbstständige Wesenheiten hervor, wobei mal das eine, mal das andere überwiegen kann. So vermag sich das Absolute etwa als kosmische Personalität des Ananda (Krishna), des reinen Bewusstseins (Shiva) oder auch als apersonale Existenz (Avyakta) zu offenbaren.

Ananda:
Glückseligkeit, Wonne

Anandamaya Kosha:
„Die Seligkeitshülle". Der letzte Schleier, der das Individuum noch von der Erkenntnis des Atman abtrennt.

Annamaya Kosha:
Wörtlich: „Die Nahrungshülle"; der grobstoffliche Körper.

Arcana:
Rituelle Anbetung, Verehrung einer Bildgestalt Gottes

Artha:
Wohlstand, Reichtum. Das zweite der in der Tradition des Sanatana Dharma formulierten Lebensziele des Menschen.

Ashrama (Ashram):
1. Die vier aufeinander folgenden Lebensstadien im antiken Indien: enthaltsam lebender Jugendlicher, verheirateter Haushälter, im Wald lebender Eremit, Asket. 2. Aufenthaltsort eines Heiligen und seiner Schüler.

Atma oder Atman:
wörtl.: „Der Selbe" oder „Der Selbige" (mask.) - in Übersetzungen zumeist durch das Neutrum („das Selbst") wiedergegeben. Das Eine in allen Kreaturen und jenseits aller Kreatu-

ren; der Herr; das Absolute; synonym mit „Brahman". Auf dem Gipfel der Betrachtung zeigt er sich als der Eine-ohne-ein-Zweites und wird Paramatma genannt, der weder Vielheit noch Relativität zur Existenz gelangen lässt. Wird andererseits die Relativität (Maya) akzeptiert, erscheint derselbe Atman in zwei Existenzformen: einmal als Universalselbst (Sarvatma), das gleichzeitig der Höchste Herr (Parameshvara) ist, zum anderen als Individualselbst (Jivatma), wobei das erste ewig frei, das zweite zeitweise gebunden ist.

Atmananda:
Die Seligkeit des Atman.

Atmagnyana (atmajnana):
Die Erkenntnis des Atman, Selbstverwirklichung

Atma-vicara:
Introspektive Erforschung des Atman; ein vedantisches Erkenntnisprinzip, das die Reflexion als Mittel zur Selbstverwirklichung verwendet.

Amar Chitra Katha:
Indische Kinderbücher in Comic-Form, in denen spirituelle Begebenheiten der Vergangenheit (z.B Ramayana) geschildert werden.

Apta-kama:
Wörtlich: „Erfüllung der Wünsche". Das Zur-Ruhe-Kommen allen Begehrens im Zustand der Selbstverwirklichung.

Avadhuta:
Selbstverwirklichter Einsiedler, der alle gesellschaftlichen Bindungen und Verhaltensnormen abgelegt hat.

Glossar

Avarana Shakti:
„Die Macht der Verschleierung". Eine der beiden Kräfte, durch die Maya die verkörperte Seele karmisch bindet.

Avatar:
Herabkunft des Göttlichen in die niedrigen Ebenen der kosmischen Manifestation. Dabei kann es sich sowohl um feinstoffliche Welten (Devaloka) wie auch um die Erde handeln. In letzterem Falle spricht man auch von einer Inkarnation, d.h. von einer Menschwerdung des Göttlichen. Der Begriff des Avatars spielt vor allem in der vishnuitischen Tradition eine wichtige Rolle. Dies erscheint nur folgerichtig, da ja Vishnu als der Erhalter des Universums in besonderer Weise um das Wohlergehen der Schöpfung besorgt ist.

Bhava:
Sein, Zustand, Stimmung

Bhagavan:
Das Absolute in seiner Eigenschaft als höchste Person; der Herr als Besitzer der göttlichen Vollkommenheiten.

Bhagavata Purana (auch Shrímad Bhagavatam genannt):
Heilige Schrift, in welcher das Wirken der Inkarnationen Vishnus, vor allem aber das Leben Sri Krishnas ausgiebig beschrieben werden. Sie genießt unter den Vishnu-Verehrern größte Wertschätzung und rangiert bei ihnen gleichberechtigt neben dem Veda.

Bhakti:
Hingabe

Bhakti Marga:
Der Pfad der Hingabe

Bhajan
Wörtl: „Verehrung". Gesänge zur Lobpreisung des Göttlichen

Brahma:
Die Gottheit, in der sich der Wunsch nach Aktivität (rajas) regt; innerhalb der kosmischen Trinität von Entstehung, Erhaltung und Auflösung repräsentiert sie die Entstehung; ein anderer Name für sie ist Hiranyagarbha (Goldkeim).

Brahmachari(n):
Ein enthaltsamer, in Ehelosigkeit lebender spiritueller Schüler; Novize; auch ein Name für die erste der vier Lebensstufen innerhalb der antiken indischen Sozialordnung.

Brahmacarini:
Weibliche Entsprechung zu Brahmachari; Novizin.

Brahmacarya:
Keuschheit

Brahmaloka:
Die Welt Brahmas oder Hiranyagarbhas, der jeweils einen neuen Schöpfungszyklus ins Dasein treten lässt. Brahmaloka gilt als der höchste Ort innerhalb des Kosmos, der, obwohl unermesslich lange andauernd, noch der Zeitlichkeit unterliegt und damit vergänglich ist.

Brahman:
Wörtlich: „Das Größte", „das Unermessliche", „das Sich-Ausweitende"; synonym mit Atman; der upanishadische Name für das Sein. Brahman ist Das, was jenseits aller Beziehungen liegt und somit das Eine-ohne–ein-Zweites ist. Wird es hingegen mit irgendeiner Art von Nichtsein, d.h. mit Verschiedenheit oder Bewegtheit in Zusammenhang gebracht, so ist es nicht mehr das Absolute, sondern erscheint als Ursache kosmischer Mannigfaltigkeit. Dieser Schein wird von

Shankara „Maya" genannt. Also ist zu unterscheiden zwischen Brahman im eigentlichen Sinne (Para-Brahman) und Brahman im sekundären Sinne als Herr des Universums (Sarveshvara). Siehe auch „Paramashiva".

Brahmagnyanin (Brahmajnanin):
Wörtlich: „Kenner Brahmans". Jemand, der in der Gegenwart des Absoluten lebt.

Ciranjivi:
Eine freie Seele, die ihren physischen Körper für unbegrenzte Zeit beibehält.

Deví:
Wörtl.: „Die Strahlende"; die göttliche Mutter; die Offenbarungsmacht des Höchsten.

Devi-Bhava:
Ein Zustand, in welchem sich Amma auf die göttliche Mutter einstimmt und deren Bhava (=„Stimmung") enthüllt.

Dhammapada:
Heilige Schrift der Buddhisten.

Dharma:
Sitte, Gesetz, Ethik, Religion. Dharma ist das universale Prinzip, das sowohl den Gesetzen des Kosmos als auch den ethischen Verhaltensnormen des Menschen zugrunde liegt.

Díksha:
Einweihung

Gaunabhakti:
Sekundäre, noch nicht zu ihrer höchsten Fülle gelangte Hingabe

Gopí:
Die Hirtenmädchen von Vrindavan. Ihre Liebe zu dem damals zehnjährigen Krishna gilt als ein zeitloses Seelen-Symbol, als Ausdruck der innigsten Beziehung (Madhurya-Bhava), die zwischen Seele und Gott möglich ist.

Guru:
Wörtlich: „Die Dunkelheit (gu) fortnehmend (ru)"; Meister. In einem ganz allgemeinen Sinne kann Guru auch „Lehrer" heißen, jemand der eine bestimmte Disziplin gemeistert hat und sie an den Schüler weitergibt. Guru im eigentlichen Sinne (Sadguru) ist jedoch nur ein selbstverwirklichter Mensch, der in der Lage ist, andere auf den Weg der Befreiung zu führen.

Guru-Seva:
Dienst am Meister

Homa:
Opfergabe; vedische Feuerzeremonie

Ida:
In der tantrischen Tradition bezeichnet Ida-Nadi den linken (feinstofflichen) Nervenkanal längs der Wirbelsäule, durch den weibliche pranische Energie fließt.

Indra:
Der Herr von Deva-Loka, der himmlischen feinstofflichen Existenzebene.

Ishta Devata:
Die erwählte Gottheit. In der vedantischen Tradition Shankaras werden die verschiedenen Gottheiten als gleichberechtigte Formen des Höchsten Brahman betrachtet. Der spirituelle Sucher wählt je nach persönlicher Neigung eine dieser Gottheiten aus, die für ihn das Göttliche verkörpert.

Glossar

Itíhasa:
Wörtlich: „So war es". Eine antike indische Literaturgattung. Ihr werden die Epen „Ramayana" sowie „Mahabharata" zugeordnet.

Jivanmukta:
„Der im Leben Befreite." Jemand, der Selbstverwirklichung erlangt hat, während er in dieser Welt lebt.

Gnyana (jnana):
Wörtlich: „Kenntnis". Zumeist wird dieser Ausdruck für die Erkenntnis des Absoluten verwendet. Seltener wird er in Bezug auf endliches, weltliches Wissen gebraucht.

Kama:
Begehren, Wunsch

Kailas:
Der Sitz Shivas. Ein Berg im heutigen Tibet, der sowohl von Buddhisten wie von Hindus als heilig verehrt wird.

Kalí:
Wörtlich: „Die Zeitige". Die göttliche Atma-Shakti in ihrem furiosen, schreckenerregenden und weltvernichtenden Aspekt. Ihr Zorn markiert jene Leidenschaft für das Absolute, die allein in der Lage ist, dem Sucher die nötige Kraft zu verleihen, alle Hindernisse auf dem Weg zur Befreiung hinwegzuräumen.

Kali-Yuga:
Das Zeitalter des Streits, der Ignoranz und der Rohheit, in welchem wir uns laut Aussage der indischen heiligen Schriften seit einigen tausend Jahren befinden. In ihm verstärken sich die dämonischen Tendenzen bis zu dem Ausmaß, dass das Ziel der Gottverwirklichung völlig aus dem Blickfeld der Menschen verschwindet bzw. als eine Fiktion betrachtet wird.

Karma:
Wörtlich: „Handlung, Tat." Ein zentraler, jedoch unübersetzbarer Begriff der hinduistischen und buddhistischen Geisteswelt. Während in der westlichen Tradition die lückenlose Geltung des Kausalitätsgesetzes auf den materiellen Bereich beschränkt bleibt, beinhaltet sie in der indischen Tradition jene universale Folgerichtigkeit, die Gedanken, moralisch relevante Handlungen und physische Ereignisse miteinander synchronisiert. Der Grund für diesen weit gefassten Kausalitätsbegriff besteht in der Einsicht, dass Bewusstsein und Welt, Geist und Stoff zwei Pole derselben Wirklichkeit sind; demnach müssen Geschehnisse im Bereich des Bewusstseins – Gefühlsregungen und Willensimpulse – die ihnen exakt entsprechenden Rückwirkungen (Karma-Phala) in der vermeintlichen Außenwelt haben, allerdings mit einer ungleich längeren „Reaktionszeit". Nur aus dem angemessenen Verständnis des Karmabegriffs erschließt sich dann auch die logische Notwendigkeit der Reinkarnation.

In einem anderen Sinne wird mit Karma auch das vedische Ritual früherer Zeiten benannt, durch welches ein Kontakt und ein wechselseitiger Einfluss zwischen der menschlichen und der himmlischen Schöpfungsebene hergestellt wurde.

Karmayogi:
Ein spiritueller Suchender, der vor allem durch das Handeln zur Selbstverwirklichung zu gelangen sucht. Dies erreicht er dadurch, dass er allem Begehren nach den Ergebnissen seiner Handlungen entsagt (Nishkama Karma).

Karma Marga:
Der Pfad der Tat; Streben nach Gottverwirklichung durch selbstloses Handeln.

Kaivalya:
Bei Patanjali der Ausdruck für die Befreiung der Seele (Purusha) von Geburt und Tod.

Kanda:
Teil.

Kosha:
Hülle; die verschiedenen Schichten des weltverhafteten Bewusstseins, die den Atman umhüllen, werden Koshas genannt.

Krishna:
Wörtlich: „Der All-Anziehende". Er gilt als der Purna-Avatar, als die vollkommene Inkarnation des Göttlichen auf Erden. Arjuna identifiziert ihn in der Bhagavad Gita mit dem Höchsten Sein (Para-Brahman) selbst, das sich in seinem alldurchdringenden Aspekt (Vishnu) offenbart. Sein Lebensende markiert laut Aussage einiger Puranas den Beginn des dunklen Zeitalters (Kaliyuga).

Krishna-Bhava:
Wörtlich: „Stimmung Krishnas". Ein Bhava (Seinszustand) durch welchen Amma früher ihre Einheit mit Shri Krishna offenbarte.

Kumbhakam:
Eine Pranayama-Übung, bei der der Atem angehalten wird.

Lakshya Bodha:
Das unaufhörliche Streben nach dem Ziel der Selbstverwirklichung

Maha-Raj(a):
Wörtlich: „Großer Herrscher"; König

Mahatma:
Wörtlich: „Großes Selbst"; eine selbstverwirklichte Person.

Mahabharata:
Eines der beiden großen indischen Epen (Itíhasa), in welchem das Schicksal zweier verfeindeter Dynastien – der Kauravas und der Pandavas - erzählt wird. Auch Krishnas Rolle als Freund und Berater der letzteren wird dort eingehend geschildert. Tragischer Höhepunkt der Geschichte ist die Darstellung der Schlacht von Kurukshetra, aus der die Pandavas zwar siegreich hervorgingen, allerdings auf Kosten riesiger Verluste. Ein Teil dieses großen Epos ist auch die Bhagavad Gita.

Manomaya Kosha:
„Die Hülle des Gemüts"; der Mentalkörper, der im Menschen soweit entwickelt ist, dass eine gewisse Unabhängigkeit von animalischen Instinkten erreicht wird.

Mantra:
1.Die Ausssprüche des Veda. Diese Mantren gelten als zeitlose, unerschaffene Klang-Manifestationen des Göttlichen, die den antiken Sehern offenbart wurden. Das entscheidende Wesensmerkmal eines Mantras ist die untrennbare Einheit von Klang und Bedeutung. Sie ermöglicht faktisch einen Kontakt zwischen Mensch und Gott durch Vibration der im Mantra verkörperten Macht (Mantra-Shakti). 2. Aussprüche aus anderen Schriften wie etwa den Puranas oder den Agamas. Vor allem in der tantrischen Überlieferung erhalten diese Mantren, mit denen die jeweilige Gottheit angerufen wird, eine große Bedeutung. Ein Beispiel dafür sind die 1oo Namen Lalitambikas.

Mantra Japa:
Innere oder äußerliche Rezitation eines Mantra.

Manushya Loka:
Die Welt der Menschen.

Marga:
Pfad

Maya:
Wörtlich: „Die Nichtheit". Maya ist weder zu erklären noch zu begründen, sie ist anirvacanīya (unsagbar). Sie ist weder seiend noch nichtseiend; besitzt weder Teile noch ist sie unteilbar. Sie wird, wie es heißt, „von den Weisen aus den Erscheinungen erschlossen". Maya ist ein entscheidender Begriff in Shankaras nichtdualistischer Philosophie. Sie ist ein unverzichtbarer Schlüssel zum Verständnis des Veda, wo es lakonisch heißt: „Ekam Sat"- „Das Sein ist Eines." Am ehesten kann man das Wort mit „Schein" übersetzen. Maya ermöglicht erst Bewegung und Vielheit, die das eine Sein überschatten.

Moksha:
Befreiung von Geburt und Tod, Erlösung von allem Leiden.

Nadi:
Feinstoffliche (nichtatomare) Kanäle längs der Wirbelsäule, durch welche die Lebensenergie (Prana) fließt.

Narada:
Ein sogenannter Deva-Rishi, der sich in den himmlischen Welten frei umherbewegt, zeitweilig aber auch auf Erden erscheint. Er ist ein Verehrer Gottes in Seiner Vishnu-Form. Bekannt sind auch seine „Bhakti-Sutras", die die Hingabe als königlichen Weg zu Gott anpreisen.

Nishkama Karma:
Tätigsein ohne jegliches Begehren nach den Früchten der Handlung.

Om Namah Shivaya:
Das fünfsilbige Panchakshara Mantra, das Shiva geweiht ist. Es stammt aus dem Yajur Veda.

Paramashiva:
"Der Höchste Gütige"; synonym mit Parabrahman bzw. Paramatma. Shiva als das Absolute, das jenseits aller Tattvas (Kategorien) liegt.

Paramatma:
Der Atman im höchsten, im eigentlichen Sinne - nicht als ob es verschiedene Selbste gäbe und eines davon das höchste wäre. Vielmehr erlangen wir Identität mit dem Einzigen Atman, wenn alle Beziehungsvielfalt der Maya aufgehoben ist und Individualität ebenso wie kosmische Existenz ihr Ende finden. Amma sagt: „Nur solange Maya existiert, gibt es Gott. In Brahman ist nicht einmal eine Spur von Maya."

Parvatí:
In den Puranas wird sie als Shivas Ehefrau geschildert. Ein Name für die Göttliche Mutter (Parashakti), die sich immer in Einheit mit Brahman, dessen Macht sie ist, befindet.

Pingala:
Feinstofflicher Kanal auf der rechten Seite der Wirbelsäule, durch welchen männliche Prana-
Energie fließt.

Pranam:
Ehrfürchtige Begrüßung, indem man seine Handflächen zusammenlegt.

Pranamaya Kosha:
„Die Lebenshülle", der pranische Energiekörper, der den materiellen Leib durchdringt.

Pranayama:
Atemübungen, die vor allem im Hatha Yoga und Raja Yoga verwendet werden, um die pranischen Ströme zu beherrschen

Puja:
Verehrungsritual, bei welchem einer Gottheit oder einer spirituellen Persönlichkeit Gegenstände (Blumen, Speise etc.) geopfert werden.

Purana:
Gattung heiliger Texte, in welchen die symbolisch verschlüsselten Geschichten verschiedener Gottheiten erzählt werden – hauptsächlich Vishnu, Shiva und Devi – wobei jeweils ein Gott als alle anderen überragend herausgestellt wird. Aus der puranischen Tradition sind die heutigen drei Hauptsekten des Hinduismus hervorgegangen: die Shaivas, die Vaishnavas und die Shaktas. Wenn dies auch von außen schwer verständlich erscheinen mag, so ist dabei doch im Hintergrund das integrierende vedische Prinzip leitend: Ekam sat, vipraha bahudha vadanti. – „Eins ist das Sein, doch die Weisen benennen es auf vielfältige Weise."

Purushartha:
Die vier Lebensziele der vedischen Religion, durch die eine Harmonisierung der vielfältigen Aspekte des menschlichen Daseins erreicht werden soll. Dabei fungiert jedes Ziel als Stufe für das jeweils nächste: Da ist zunächst die Sinnenbefriedigung (Kama), der unmittelbarste Willensimpuls in allen Kreaturen, auch im Menschen. Ihre Notwendigkeit liegt in der Erhaltung und dem körperlichen Wohlergehen des einzelnen Individuums bzw. der Fortpflanzung der menschlichen Gattung begründet. Sie leitet über zum zweiten Ziel, dem Reichtum (Artha), durch welchen der Rohzustand der Bedürftigkeit überwunden und der Spielraum für kulturelle Tätigkeit und eine Verfeinerung des Genusses erst geschaffen wird. Das

fordert jedoch drittens die Beachtung ethischer menschlicher Normen (Dharma), die sich letztlich aus dem im gesamten Kosmos herrschenden göttlichen Dharma herleiten. Seine Befolgung sowie die heranreifende Einsicht in den Scheincharakter der weltlichen Existenz befähigen das verkörperte Lebewesen schließlich, die Befreiung (Moksha) von aller Bindung und Fremdbestimmung zu erreichen und seine Identität mit dem Höchsten zu entdecken.

Raga:
Neigung, Anhaftung. Eine der beiden Kräfte, die alle Kreaturen im samsarischen Kreislauf der Geburten und Tode gefangenhalten. Die andere ist Dvesha (Abneigung).

Ragabhakti:
Die wünschenswerte göttliche Anhaftung, die mit der Hingabe an den Herrn einhergeht.

Rishi:
Der Seher des Veda. Die Mantren wurden von den Rishis gesehen (mantra-drishta), nicht erdacht oder erfunden.

Sangha:
Buddhistische Gemeinde; ursprünglich bestand sie nur aus Mönchen. Später kamen auch Laien dazu.

Sarasvati:
Göttin der Gelehrsamkeit; Gattin Brahmas; ein prähistorischer Fluss.

Sarvam khalv'idam brahma:
„All dies ist fürwahr das Unermessliche (Brahman)." Ein Satz aus der Chandogya Upanishad (3.14.1.)

Sad:
Sein; synonym mit Brahman.

Glossar

Satguru:
Der im Sein (sad) verankerte Meister.

Sakshí:
Zeuge

Sakshí-Bhava:
Der Zeugenzustand, der Beobachterstatus der inneren Person (Purusha) gegenüber allen äußeren Bewegungen der Natur.

Sadhana:
spirituelle Praxis

Sadhu:
Wörtlich: „Weise, tugendhafte Person"; Wandermönch.

Samadhi:
Versenkung in den Zustand des Überbewusstseins

Samartha Ramdas (1608-1682):
Maharathi- Heiliger und Verehrer von Rama; Zeitgenosse und Guru von Shivaji.

Sanatana Dharma:
Der ewige Dharma; der eigentliche Name für „Hinduismus".

Sankalpa:
Die souveräne Entschlusskraft einer verwirklichten Seele, die den Willen Gottes ausführt; wird aber gelegentlich auch für den festen Entschluss einfacher Menschen verwendet

Sannyasin:
Ein Asket, der aller weltlichen Anhaftung entsagt hat und einzig nach dem Absoluten strebt; in der antiken indischen Sozialordnung der letzte Lebensabschnitt, der als Vorbereitung auf die Selbstverwirklichung angesehen wird.

Satsang:
Umgang mit Heiligen oder spirituellen Suchern.

Seva:
Selbstloser Dienst gegenüber Gott, dem Guru oder anderen Menschen.

Shakti:
Wörtlich: "Macht." Synonym mit Deví oder Parvatí; der dynamische Aspekt des Göttlichen. Die Selbstreflexion (Vimarsha) des Eigenschaftslosen Absoluten wird „Ursprüngliche Macht" (Adishaktí) genannt. Durch sie wird das Spiel der Offenbarung (Líla) ermöglicht, d.h. der Kosmos tritt ins Dasein. In einem allgemeinen Sinne bedeutet Shakti jede Art von Kraft.

Shastras:
Die heiligen Schriften des Sanatana Dharma (Hinduismus)

Shiva:
Wörtlich: "Der Gütige"; eine der personalen Formen des Höchsten Wesens; im Shivaismus der erste Name Gottes (Ishvaras), der sich jenseits des Universums, jenseits von Existenz und Nichtexistenz befindet. Andererseits wird er auch oft mit Rudra identifiziert, der die universale Macht der Auflösung repräsentiert.

Shiva-ratri:
Die Nacht Shivas. Eine Neumondnacht im Februar, die zu Ehren Shivas mit spiritueller Praxis verbracht wird.

Shiva-Tandava:
Der kosmische Tanz Shivas bei der Auflösung des Universums.

Shivaji (1630-1680):
König von Maharashtra. Er wurde berühmt als Kämpfer gegen die Fremdherrschaft der Moslem-Invasoren.

Shivalingam:
Ein im Shivaismus verehrtes Symbol Gottes, das eine ovale Form besitzt.

Shraddha:
1. Im Sanskrit heisst es Vertrauen, Glaube. 2. Auf Malayalam bedeutet es Aufmerksamkeit

Siddha:
Ein vollkommene Person; eine befreite Seele, die eins mit Brahman ist und menschliche Begrenzungen hinter sich gelassen hat.

Siddhi:
Wörtlich: „Vollendung". Im höchsten Sinne die Vollkommenheit, die durch die Selbstverwirklichung erreicht wird. In abgeleiteten Sinne gewisse übernatürliche Fähigkeiten, die ein Yogi im Laufe seines Sadhana erlangt.

Sthita Pragnya:
Verankerung in der höchsten Weisheit.

Sushumna:
Ein feinstofflicher Nervenkanal, der sich in der Mitte der Wirbelsäule, zwischen Ida und Pingala, lokalisieren lässt.

Svatman:
Wörtlich: „Das eigene Selbst". Der Atman als Essenz der Individualität.

Swami:
Wörtlich: „Eigentümer". Bezeichnung für einen Sannyasin (Mönch); auch ein Beiname Shivas

Swamiji:
Anrede für einen Entsagenden (Sannyasin).

Svarupa:
Wörtlich: "Eigene Gestalt"; die Essenz oder Wesensform eines Seienden.

Tapas:
Wörtlich: "Hitze". Askese, Buße.

Tattva:
Wörtlich: "Das-heit". Prinzip; metaphysische Kategorie. In der antiken Sankhya-Philosophie gibt es 24 Tattvas, die das Universum ins Dasein treten lassen.

Uttama Adhikarin:
Ein überaus befähigter spiritueller Aspirant.

Valmiki:
Er gilt zusammen mit Kalidasa als größter indischer Dichter. Ursprünglich ein Räuber, entwickelte er sich durch das Chanten des Namens „Rama" zu einem Heiligen und verfasste das Epos „Ramayana".

Vaikuntha:
Die Welt oder der Himmel Vishnus.

Vicara:
Erforschung, Befragung (siehe auch Atma-Vicara).

Vasana:
Geistiger Impuls. Die Neigungen des Gemüts, die der spirituellen Disziplin gegenüber Widerstand leisten.

Veda:
Wörtlich: „Wissen". Veda gilt als göttliche Offenbarung (Shruti), als zeitlose Selbstauslegung des Absoluten, von der

gesagt wird, dass sie keinen Autor besitzt. In einem zweiten – vom ersten abgeleiteten – Sinne bedeutet Veda die älteste Gattung indischer heiliger Schriften, die von allen hinduistischen Traditionen als oberste Autorität akzeptiert wird. Es gibt insgesamt vier Veden (Rik, Yajur, Sama, Atharva).

Vignyanamaya Kosha:
„Die Erkenntnishülle"; Sitz der höheren Intuition.

Vipassana:
Buddhistische Meditationsform

Vedanta:
„Das Ende (Ziel) der Veden". 1. Der letzte Teil der Veden, in welchem das Wissen Brahmans abgehandelt wird (Gnyana-Khanda), wird Vedanta oder auch Upanishad genannt und besitzt Offenbarungscharakter (Shruti). 2. Vedanta kann auch als philosophische Erläuterung und Kommentierung der Upanishaden begriffen werden (Darshana). In diesem Falle besitzt er keine übermenschliche Autorität mehr und muss sich auf dem Feld der logischen Argumentation behaupten und bewähren.

Vedanga:
Ergänzungsschriften zum Veda, denen kein Shruti-Charakter mehr zugeschrieben wird, z.B. Grammatik, Astrologie usw.

Vishnu:
wörtl.: „der Alldurchdringende". Innerhalb der Dreiheit Brahma – Vishnu – Rudra ist er derjenige, der die kosmische Manifestation stützt und aufrechterhält. Er repräsentiert Sattva-Guna, also Reinheit, Harmonie und Klarheit. In der Vaishnava-Tradition steht er über aller kosmischen Relativität und wird mit Brahman selbst identifiziert. Auch Shankara bezeichnet das Absolute manchmal als Vishnu.

Vishnu-Sahasranama:
Die tausend Namen Vishnus

Yama:
Der Gott des Todes

Yama-Loka:
Die Heimstatt Yamas; die Unterwelt

Yamuna:
Fluss in Nordindien, der traditionellerweise mit Krishna in Verbindung gebracht wird

Yoga:
Wörtlich: „Das Joch". Im allgemeinen Sinne jede spirituelle Disziplin, die bestrebt ist, Kontakt zum Göttlichen herzustellen. Im engeren Sinne bedeutet es die Kontrolle, Reinigung und Sublimierung der psychischen Ströme, die Patanjali in der Definition zusammenfasst: „Yoga ist die Auflösung der geistigen Regungen."

Yogi:
Jemand, der Yoga praktiziert.

Yuga:
Ein bestimmter kosmischer Zeitzyklus. Es gibt vier aufeinander folgende Yugas: Satya Yuga, Treta Yuga, Dvapara Yuga und Kali Yuga. (Siehe Kaliyuga)

Weitere Informationen von:

Deutschland
Verein Amrita e.V.
Laubenweg 28
53639 Königswinter
Tel. 02244-8762981
Fax 02244-872022
eMail: amrita.ev@amma.de

Schweiz:
Amrita Vereinigung Schweiz
Wagenhalde 8
8162 Steinmaur
Tel./Fax 01 853 04 29
eMail: info@amma.ch

Österreich:
Amrita Austria e.V.
c/o Dr. Elisabeth Rüth
Ausstellungsstrasse 1/14
1020 Wien
Tel. 02955/71299
eMail: e.rueth@aon.at

Webseite:
www.amma.de